Wolfram F. Hanrieder · Die stabile Krise

Studienbücher
zur auswärtigen und internationalen Politik

Herausgegeben von

Ernst-Otto Czempiel
und
Gilbert Ziebura

Band 1

Wolfram F. Hanrieder

Die stabile Krise

Ziele und Entscheidungen der bundesrepublikanischen Außenpolitik 1949 – 1969

Bertelsmann Universitätsverlag

Aus dem Amerikanischen übersetzt von Ursula Schmiederer und Karin Thornton
Titel der Originalausgabe:
The Stable Crisis. Two Decades of German Foreign Policy
Harper & Row, Publishers, New York, 1970

Library of Congress Catalog Card Number: 72-109578

Gesamtherstellung: Mohndruck Reinhard Mohn OHG, Gütersloh

Printed in Germany
ISBN 3 571 09085 3

Inhalt

Meinen Eltern

Vorwort der Herausgeber zu dieser Reihe

Die neue Reihe »Studienbücher zur auswärtigen und internationalen Politik«, die mit diesem Band von Wolfram F. Hanrieder über die Außenpolitik der Bundesrepublik Deutschland eröffnet wird, verfolgt einen wichtigen Zweck: Sie will einer breiteren Öffentlichkeit die von der Wissenschaft im Bereich der auswärtigen und internationalen Politik erarbeiteten Ergebnisse zugänglich machen. Den Spezialisten, die an Universitäten und in Forschungsinstituten auf diesem Gebiet arbeiten, fällt eine besondere Verantwortung für die Art und Weise zu, wie die öffentliche Diskussion über Fragen der Weltpolitik geführt wird. Es geht dabei keineswegs um eine »Verwissenschaftlichung« von Auseinandersetzungen, die in letzter Instanz doch politisch, das heißt im Konflikt von Interessen, von Wert- und Zielvorstellungen, durchgefochten werden müssen. Auf der anderen Seite aber kann kein Zweifel bestehen, daß zur Urteilsbildung als unabdingbarer Voraussetzung politischen Engagements gerade im Bereich der auswärtigen und internationalen Politik ein erhebliches Maß an Information und analytischem Geschick vonnöten ist. Der Bedarf an beidem wird in einer Epoche wachsender Verflechtung aller Phänomene auf internationalem Schauplatz nur noch zunehmen.

In kaum einem anderen Bereich der Politik stößt man auf so viel Ignoranz, Mystifizierungen, illusionäres Denken, mangelhafte Einschätzung einer Konstellation und demagogisch geweckte Erwartungen; in kaum einem anderen Bereich glaubt jeder, schnell sein Wort sagen zu dürfen. Auswärtige Politik und internationales Geschehen aber greifen zu tief in die Substanz, ja die Existenz einer Gemeinschaft ein, als daß sie leichtfertig den »schrecklichen Vereinfachern« überlassen bleiben dürfen.

Die »Studienbücher« wollen ein Werk politischer Aufklärung leisten. Sie wollen all denen helfen, die versuchen, sich in der Flut tagtäglich auf sie einströmender, dazu noch zwangsläufig manipulierter Informationen und Meinungen ein eigenes, abgesichertes Bild zu machen. Die »Studienbücher« wenden sich in erster Linie an die Lehrer, denen sie es erleichtern wollen, ein kritisches und gesichertes Bild unserer Welt zu vermitteln. Das von ihnen ausgebreitete und verarbeitete Material soll auch dem Studenten in seinem Studium nützlich sein. Auch die Schüler der Oberstufe sollen diese Studienbücher zur Hand nehmen können – zur Vertiefung des Gelernten und zur ersten eigenen Erarbeitung schwieriger Komplexe. Schließlich wendet sich die Reihe an alle, die beruflich mit der auswärtigen und der internationalen Politik zu tun haben oder sich aus Interesse damit näher beschäftigen wollen. Sie will eine Lücke füllen, die bisher so empfindlich auf diesem Gebiet geherrscht hat.

Aus dieser Zielsetzung versteht sich die Anlage der Reihe. Jeder Band wird eine zuverlässige und zugleich verständliche Einführung in das von ihm behandelte Thema geben, und zwar so, daß der Leser auf der Grundlage des erarbeiteten Wissens jene Orientierungshilfe erhält, die er für seine Urteilsbildung braucht. Die Reihe wird sich bemühen, möglichst alle sich in Theorie und Praxis stellenden Fragen zu behandeln; sie verfolgt die sicherlich nicht leicht zu realisierende Ambition, eines Tages eine regelrechte wissenschaftliche Enzyklopädie im Bereich der auswärtigen und internationalen Politik darzustellen.

Die »Studienbücher« verfolgen näherhin drei Ziele. Sie liefern:

1. Einführungen in die Außenpolitik der wichtigsten Akteure im internationalen System.
2. Untersuchungen zu Problemen der internationalen Politik.
3. Einführungen in Fragen der Methodologie und Theorie.

Die neue Reihe will Arbeitsbücher bereitstellen. Die Bände sollen nicht im Bücherregal stehen, sondern für das Studium oder den Beruf genutzt werden. Sie sollen damit die Grundlage für einen Lernprozeß *aller* Beteiligten abgeben: der Autoren wie der Leser. Was an den Büchern unvollkommen und verbesserungswürdig ist, muß im Lichte der Erfahrungen geändert werden. Daher sollte sich niemand scheuen, den Autoren und Herausgebern der Reihe mit Kritik und Ratschlägen zu helfen, dieses Experiment zu einem Erfolg zu führen. Wenn es gelingt, die Gruppe der kritisch informierten, selbständig denkenden und damit nicht mehr ohne weiteres manipulierbaren Bürger in unserem Lande zu vergrößern; wenn es gelingt, das Niveau der öffentlichen Diskussion zu verbessern, hat die Reihe ihr wichtigstes Ziel erreicht.

Ernst-Otto Czempiel — Frankfurt/Main, 1971

Gilbert Ziebura — Berlin, 1971

Einleitung

In der zwanzigjährigen Geschichte der Bundesrepublik Deutschland sind die primären Ziele der Außenpolitik – Sicherheit, politischer und wirtschaftlicher Wiederaufbau und Wiedervereinigung – bemerkenswert konstant geblieben. Freilich wurden diese Ziele und die Mittel und Wege zu ihrer Durchsetzung angesichts von Rückschlägen und Erfolgen oder in Reaktion auf Veränderungen in der internationalen Politik und in der Innenpolitik modifiziert; charakteristisch für die Schwerpunkte der Außenpolitik Westdeutschlands ist jedoch ihre erstaunliche Kontinuität.

Der entscheidende Faktor hierfür war vermutlich, daß Ziele und Mittel der westdeutschen Außenpolitik durch internationale Bedingungen festgelegt wurden, über die die Bonner Republik keine Kontrolle hatte. Durch die Niederlage des nationalsozialistischen Deutschland, durch die Jahre politischer Ohnmacht und wirtschaftlicher Not während der Besatzungszeit und durch den kalten Krieg wurden nicht nur die wesentlichen außenpolitischen Fragen, mit denen die Bundesrepublik sich zu befassen hatte, vorgegeben, sondern offenkundig auch die Wege zu ihrer Lösung vorgezeichnet oder gesperrt. In der Tat verdankt die Bundesrepublik (wie auch die Deutsche Demokratische Republik) ihre Existenz den Meinungsverschiedenheiten zwischen den vier Besatzungsmächten. Diese Meinungsverschiedenheiten verhinderten die gemeinsame Verwaltung Deutschlands, wie sie zu Ende des Zweiten Weltkriegs vorgesehen war, und führten dazu, daß die Herrschaft über Deutschland zum Brennpunkt und zur begehrtesten Prämie des kalten Krieges wurde. Der Kampf zwischen zwei feindlichen Bündnissen im kalten Krieg führte nicht nur zur Entstehung der Bundesrepublik, sondern er verfestigte in Westdeutschland auch die Sorge um die Sicherheit gegenüber äußerer Bedrohung; eine Sorge, die auch noch besteht, nachdem die Frontstellung des kalten Krieges in einen unsicheren Waffenstillstand der Koexistenz übergegangen ist. Gleichzeitig erstand das Ziel des politischen und wirtschaftlichen Wiederaufbaus aus dem äußerst begrenzten und unsicheren Maß an Unabhängigkeit und Bewegungsfreiheit, über das die Bundesrepublik 1949 (innen- wie außenpolitisch) verfügte, und aus den wirtschaftlichen Zuständen in Deutschland im Jahre 1949. Mit der Teilung Deutschlands, die 1949 durch die Errichtung von zwei deutschen Staaten institutionalisiert wurde, wurde die Bonner Regierung vor ihre – in Vergangenheit und Gegenwart – schwierigste außenpolitische Aufgabe, nämlich die Wiedervereinigung Deutschlands, gestellt; eine Aufgabe, der die Bundesrepublik durch ihre Verfassung, das Grundgesetz, ganz besonders verpflichtet ist. Konkret sollte mit den drei außenpolitischen Hauptzielen Bonns folgendes erreicht werden: Erstens die räumliche Integrität des westdeutschen Gebiets gegen äußere Bedrohung. Zweitens die Wiederherstellung der Souveränität, die erneute Zulassung Deutschlands zur Gemeinschaft der freien Völker, die innere politische Stabilität und eine gesunde Wirtschaft mit den entsprechenden sozialen Leistungen. Schließlich drittens die Wiedervereinigung der getrennten Einheiten Westdeutschland, Ostdeutschland, der sogenannten Ostgebiete (unter polnischer Verwaltung) und der Saar; diese Einheiten entsprachen in ihrer Gesamtheit ungefähr der territorialen Ausdehnung Deutschlands im Jahr 1937.

Daß diese Ziele vergleichsweise beständig und unverändert blieben, hing nicht nur von ihrer anfänglichen Festlegung durch umfassende internationale Bedingungen ab, sondern auch davon, daß diese Bedingungen trotz ihres beträchtlichen Wandels in den letzten zwei Jahrzehnten für die Außenpolitik Bonns weiterhin enorme Hindernisse schufen. Dies gilt natürlich in erster Linie für das Ziel der Wiedervereinigung; hier wurde nur die Saarfrage zugunsten Westdeutschlands gelöst. Westdeutschland hat jedoch die rechtliche Souveränität und ein gewisses Maß an Handlungsfreiheit im internationalen Bereich erlangt; das Ausmaß an wirtschaftlichem Wohlstand und sozialer und politischer Stabilität ist beneidenswert; die territoriale Integrität ist unverletzt und, soweit absehbar, in der näheren Zukunft keiner direkten Bedrohung ausgesetzt. Dieser scharfe Gegensatz zwischen dem Scheitern der Wiedervereinigungspolitik und den beträchtlichen (wenngleich Teil-)Erfolgen der Bundesrepublik auf dem Gebiet der Sicherheit und des politischen und wirtschaftlichen Wiederaufbaus ist nicht zufällig. Er entwickelte sich aus der Schwierigkeit oder Unmöglichkeit, angesichts der Zwänge des internationalen Systems alle drei Zielkomplexe gleichzeitig mit denselben Erfolgsaussichten zu verfolgen. Tatsächlich waren es gerade die Erfolge der pro-westlichen Sicherheits- und Wiederaufbaupolitik Bonns, die die Bundesrepublik als Gegenleistung für politische und wirtschaftliche Zugeständnisse zum europäischen Bollwerk der Eindämmungspolitik Washingtons machten, die zur Ziel- und Machtpolarisierung der beiden Blöcke des kalten Krieges in Mitteleuropa und damit zur Vertiefung der Teilung Deutschlands beitrugen. Auch hier jedoch bleibt es äußerst fraglich, ob sich die Bundesrepublik, die durch politische und vertragliche Verpflichtungen gegenüber dem westlichen

Bündnissystem gebunden war und sich einem feindlichen Ostblock gegenüber sah, wirklich zwischen sich ausschließenden Alternativen hätte entscheiden können.

Diese fatalistische Betrachtung des Gangs der westdeutschen Außenpolitik, die eine vorbestimmte historische Notwendigkeit unterstellt und den westdeutschen Politikern abspricht, daß sie überhaupt tragfähige Entscheidungen fällen konnten, ist natürlich selbst für die Entstehungsjahre der Bundesrepublik etwas einseitig. Auch wenn internationale Faktoren den außenpolitischen Entscheidungsspielraum Deutschlands eingeengt haben, so wurden doch die Reaktionen des westdeutschen Volkes und der westdeutschen Politiker durch Impulse bestimmt, die sowohl aus dem westdeutschen politischen System selbst als auch von außen kamen und die Innen- und Außenpolitik unentwirrbar verzahnten.

Das Verhältnis von Innen- und Außenpolitik, das schon als das »zentrale Mysterium« bezeichnet wurde, stand schon immer im Zentrum des Interesses der Analytiker des politischen Geschehens. Die Beschäftigung mit diesem Verhältnis führt nämlich zu einer der weitreichendsten Fragen nach dem Wesen des politischen Prozesses überhaupt. Der Gegenstand dieser Frage ist nicht nur, wie eine politische Einheit sich mit einer häufig feindlichen (oder doch unzugänglichen) Umwelt auseinandersetzt. Er berührt auch die gesellschaftlichen Dimensionen, wie Motivationsstrukturen, vorherrschende Wertsysteme und ihre institutionelle Äußerung, Vorstellungen über Grenzen und Möglichkeiten im internationalen Bereich, Rollen von Gruppen und von individuellen Entscheidungsträgern, usw.; mit anderen Worten: alle die Faktoren, die bestimmend sind für die Art, wie ein politisches System seine Forderungen an die Umwelt auffaßt, artikuliert und vertritt. Die Frage nach dem Verhältnis von Innen- und Außenpolitik ist die Frage nach allen wichtigen Elementen, die die Macht- und Interessenmuster im Gesellschaftssystem und im internationalen System formen.

Das Ziel der vorliegenden Studie ist nicht so weitgreifend. Allerdings ist das Verhältnis von Innen- und Außenpolitik gerade im Falle Westdeutschlands von besonderer Relevanz. Von Anfang an gingen nämlich die meisten politischen Gruppen in der Bundesrepublik davon aus, daß die Außenpolitik sich direkt auf die politische, soziale und wirtschaftliche Gestaltung der Gesellschaftsordnung auswirke. Der eigentliche Grund hierfür war, daß die von der Bonner Regierung gegenüber dem westlichen Bündnis eingegangenen politischen und militärischen Verpflichtungen, die die Voraussetzung für die Wiedererlangung der Souveränität und für den wirtschaftlichen Wiederaufbau waren, nicht nur den zukünftigen Handlungsspielraum der Bonner Außenpolitik begrenzten, sondern auch den Rahmen für die zukünftige Richtung und den zukünftigen Inhalt des politischen Systems und der Gesellschaftsordnung Westdeutschlands absteckten. Hierbei handelt es sich nicht um einen weiteren Beleg für den *Primat der Außenpolitik* – diese These geht ja von der Innen- und der Außenpolitik als getrennten Bereichen aus (vgl. Czempiel, »Der Primat der Auswärtigen Politik«) –, sondern um ein Beispiel für das unauflösliche Ineinandergreifen von innen- und außenpolitischen Erwägungen. Es ist verblüffend, wie tief die Schöpfer und die Kritiker der Bonner Außenpolitik davon überzeugt waren, daß die Ergebnisse außenpolitischer Problemstellungen über die Gesellschaftsform, die sich in Deutschland schließlich durchsetzen werde, entscheiden würden. Die außenpolitischen Pläne wurden ständig im Hinblick auf die Grenzen und Möglichkeiten eingeschätzt, die sie für die Schaffung der Sozialordnung, die die interessierten Parteien aufzubauen wünschten, darstellten. So etwa war Kurt Schumacher, der Vorsitzende der deutschen Sozialdemokratie in den Nachkriegsjahren, der Auffassung, daß »die Auseinandersetzung über die Außenpolitik im Grunde die Auseinandersetzung über die Innenpolitik und über die sozialen Inhalte der politischen Ordnung ist ... Die Außenpolitik bestimmt die Grenzen für die Möglichkeiten unserer Wirtschafts- und Sozialpolitik« (Schumacher, »Die Staatsgewalt«). In ähnlicher Weise hofften Bundeskanzler Adenauer und seine Anhänger, daß die Ergebnisse der Außenpolitik dazu beitragen würden, die Voraussetzungen für die sozialen, politischen und kulturellen Werte zu schaffen, die in das deutsche Staatsgebilde eingehen sollten. Diese Einstellung ist in ihren Auswirkungen kaum zu übersehen: sie hatte einen entscheidenden Einfluß auf den Verlauf des westdeutschen politischen und sozio-ökonomischen Wiederaufbaus; sie prägte nachhaltig die institutionellen und nichtinstitutionellen Kanäle des politischen Prozesses; sie sorgte für die charakteristischen Merkmale der politischen Auseinandersetzung in den Entstehungsjahren des neuen Staates und sie trug vermutlich (wie Otto Kirchheimer annahm) zur innenpolitischen Stabilität der Bundesrepublik bei.

Die enge Verbindung zwischen der äußeren Rolle und den inneren Strukturen Deutschlands legt nahe, daß bei der Untersuchung der westdeutschen Außenpolitik beide Dimensionen zu berücksichtigen sind. Die Berücksichtigung sowohl der externen als der internen Dimension der Außenpolitik wird gerade dadurch wichtig, weil die Schöpfer und die Kritiker der Außenpolitik es offenbar selbst für sinnlos oder unmöglich hielten, sie zu trennen. Aus diesem Grund werden (Kap. IV und V) die innenpolitischen Voraussetzungen, die die westdeutschen Reaktionen auf die Herausforderungen des internationalen Systems prägten, ausführlich behandelt. Die Bemühungen um die Ziele der Sicherheit, des Wiederaufbaus und der Wiedervereinigung inmitten bedeutsamer Wandlungen des internationalen Systems werden in den ersten drei Kapiteln, die je einen Zielkomplex in der Zeit von 1949 bis 1969 behandeln, untersucht.

Die großen methodologischen Schwierigkeiten, die sich beim Versuch, die externen und internen Dimensionen der Außenpolitik zu integrieren, ergeben, habe ich an anderer Stelle in meinem Buch *West German Foreign Policy 1949–1963: International Pressure and Domestic Response* (Stanford University Press, 1967) ausführlich erörtert. Auf diese Arbeit stütze ich mich auch bei der historischen Behandlung der Adenauer-Zeit. Im Vergleich zu der früheren Arbeit wurde jedoch in der vorliegenden Studie der analytische Ansatz etwas verlagert. Die frühere Arbeit ist stark methodisch orientiert; sie geht nach recht präzisen chronologischen Einteilungen (1949–1955 und 1955–1963) vor, in denen die internationalen und innenpolitischen Verzweigungen der deutschen außenpolitischen Ziele untersucht werden. In der vorliegenden Studie wird in den ersten drei Kapiteln die Sicherheits-, Wiederaufbau- und Wiedervereinigungspolitik im internationalen Rahmen jeweils durchgehend von 1949 bis 1969 untersucht und im vierten und fünften Kapitel folgt eine chronologisch angelegte Erörterung des innenpolitischen Hintergrunds durch zwei Jahrzehnte.

Diese Verlagerung erschien sinnvoll, um die konkrete historische »Funktion« mit der angemessenen analytischen Form in Einklang zu bringen: Die internationalen (und die innergesellschaftlichen) Faktoren, die nach der Mitte der fünfziger Jahre auf die westdeutsche Außenpolitik einwirkten, sind weit komplexer, als sie es in den ersten Jahren der Adenauer-Zeit waren. Daher hätte eine scharfe chronologische Einteilung historische Einschnitte vorgegeben, die nicht bestehen – und dies besonders im Hinblick auf die allmählichen, aber weitreichenden Veränderungen im internationalen System, die die Bonner Politik im letzten Jahrzehnt beeinflußten. Die Aufteilung der Adenauer-Ära in zwei Perioden wurde jedoch im Kapitel IV über die innenpolitischen Prozesse beibehalten, um die wichtigen Veränderungen, die in der Mitte der fünfziger Jahre im innenpolitischen System als Reaktion auf sich wandelnde internationale Bedingungen stattfanden, besonders zu betonen.

Kapitel I

Sicherheit und Integrität

Da es bis zum Ende der fünfziger Jahre noch keine deutschen Streitkräfte gab, war die Sicherheit der Bundesrepublik am Anfang einzig und allein durch das Potential und die Absichten des Ostblocks und durch das Gegengewicht und das Ziel des westlichen Bündnisses bestimmt. Doch hatte die frühe Entscheidung der Bonner Regierung, das Ziel der Sicherheit durch die Wiederaufrüstung im Rahmen der westlichen Allianz durchzusetzen, unmittelbare und bedeutende Folgen: Sie war der Ausgangspunkt für den zunehmenden Beitrag Deutschlands zum westlichen Verteidigungssystem und sie wurde zum Angelpunkt des gesamten außenpolitischen Programms der Adenauer-Regierung. Die Chancen Westdeutschlands, seine außenpolitischen Ziele – Sicherheit, politischen und wirtschaftlichen Wiederaufbau und die Wiedervereinigung – zu erreichen, wurden unmittelbar (positiv im Falle der Sicherheit und des Wiederaufbaus und negativ im Falle der Wiedervereinigung) beeinflußt durch die Entscheidung, dem westlichen Verteidigungssystem beizutreten. Darüber hinaus wurde die Wiederaufrüstung das Problem, an dem die Möglichkeiten und Grenzen des internationalen Systems und der gesamte Komplex der westdeutschen außenpolitischen Ziele zusammenstießen. Ohne die Polarisierung der Spannungen und Interessen des kalten Krieges hätten die Westmächte kaum Grund gehabt, sich wenige Jahre nach dem Ende des Zweiten Weltkrieges für den Wiederaufbau eines deutschen Militärpotentials einzusetzen. Ohne die Notwendigkeit der deutschen Wiederaufrüstung hätte kaum ein Anlaß bestanden, der westdeutschen Regierung in ihrem Streben nach politischem und wirtschaftlichem Wiederaufbau und bei ihren Wiedervereinigungsbemühungen entgegenzukommen. Die Wiederaufrüstung war die Brücke zwischen den Merkmalen des internationalen Systems im kalten Krieg und den Erfolgen und Mißerfolgen der Bonner Außenpolitik.

Nach mehreren spannungsreichen Jahren des kalten Krieges und nach der Gründung der Nordatlantischen Verteidigungsgemeinschaft im Jahre 1949 und dem Ausbruch des Korea-Krieges im Juni 1950 begannen die westlichen Alliierten, die Wiederaufrüstung Westdeutschlands als unerläßlich für die Eindämmungspolitik Washingtons in Europa zu betrachten. Die neu gebildete Regierung in Bonn unter Bundeskanzler Konrad Adenauer war ansprechbar. Das Hauptproblem war die wirksame Kontrolle eines westdeutschen Militärkontingents, da Bonns zukünftige Verbündete Sicherheit vor Deutschland und Sicherheit für Deutschland suchten. 1950 einigten sich die Westmächte auf die Schaffung deutscher mobiler Polizeieinheiten und planten, deutsche Einheiten in die unteren Ränge einer integrierten europäischen Armee einzugliedern. Außerdem beschloß der NATO-Rat, die im nordatlantischen Vertrag vom April 1949 vorgesehenen Verteidigungsmaßnahmen beschleunigt zu verwirklichen; er wies die Verteidigungskommission der NATO an, Pläne zur Eingliederung westdeutscher Einheiten in ein westliches Verteidigungssystem aufzustellen.

Die Kontrollfrage führte zu ensthaften Problemen in der NATO. Die Vereinigten Staaten schlugen vor, daß keine deutsche Einheit Divisionsstärke übersteigen solle und daß zehn deutsche Divisionen in die Verteidigungsarmee der NATO eingebracht werden sollten. Frankreich, das der bevorstehenden deutschen Wiederaufrüstung mit tiefem Mißtrauen gegenüberstand, entwickelte den sogenannten Pleven-Plan für eine Europäische Verteidigungsgemeinschaft (EVG). Dieser Plan sollte erstens dem amerikanischen Drängen auf deutsche Wiederaufrüstung nachkommen und zweitens die europäische Integration auf den europäischen Verteidigungsbereich ausdehnen. Frankreich bestand auf deutschen Einheiten weit unter Divionsstärke und auf der »vollständigen Verschmelzung aller menschlichen und materiellen Elemente« in den vorgeschlagenen europäischen Streitkräften, die einer gemeinsamen atlantischen Befehlsgewalt unterstehen sollten. Die Vereinigten Staaten und Frankreich konnten sich auch nicht über die wiederholten Versuche Frankreichs einigen, Deutschlands politischen Einfluß in einer internationalen Militärorganisation zu beschneiden und Deutschlands militärische Aufgaben im wesentlichen auf Hilfsfunktionen zu beschränken. Nach langwierigen Verhandlungen einigte man sich darauf, daß Deutschland innerhalb einer europäischen Armee zwölf Divisionen stellen sollte, ohne daß die BRD selbst NATO-Mitglied werden sollte.

Als 1952 der EVG-Vertrag von der BRD, Frankreich, Italien und den Beneluxstaaten unterzeichnet wurde, war die Frage einer deutschen Wiederaufrüstung noch brennender geworden. Von Anfang an hatten NATO-Planer auf der Basis von drei Verteidigungsplänen operiert; außer zwei kurzfristigen Notplänen hatten sie einen langfristigen Bedarfsplan entwickelt, der, vom Eventualfall eines massiven sowjetischen Vorstoßes über die Norddeutsche Tiefebene ausgehend, die Truppenstärke errechnete, die notwendig war, um dieser Bedrohung standzuhalten und Europa in einem großen Krieg zu verteidigen. Um 1952 verbreitete sich unter den NATO-Mitgliedern das Gefühl, daß diese

Pläne dringend verwirklicht werden mußten, denn die Sowjetunion hatte inzwischen bereits Atomwaffen gezündet, und man nahm an, daß die strategisch-atomare Überlegenheit der USA sich allmählich vermindern würde. Der Nordatlantik-Rat beschloß dann auch auf der NATO-Konferenz in Lissabon im Februar 1952 als Ziel eine Truppenstärke von 96 Divisionen, von denen 35–40 kampf- und einsatzbereit und der Rest innerhalb eines Monats nach Kampfbeginn mobilmachungsfähig sein sollten. Angesichts dieses Bedarfs an Streitkräften war es weiter nicht überraschend, daß die Ratsmitglieder »erneut die Dringlichkeit bestätigten, zur Verteidigung Westeuropas so früh wie möglich eine militärisch wirksame europäische Verteidigungsarmee, einschließlich eines deutschen Beitrages, aufzustellen«.[1]

Der Inhalt der Lissaboner Strategie erweckte in Bonn Befürchtungen, die die später geäußerten ernsteren Sorgen ansatzweise schon vorwegnahmen. Zwar war der Adenauer-Regierung völlig klar, daß die Wiederaufrüstung zum politischen Hebel werden konnte bei ihrem Bestreben, die westdeutsche Souveränität zu erlangen, und um dem Hauptziel Adenauers, der gleichberechtigten Partnerschaft Westdeutschlands in einer westeuropäischen Gemeinschaft, näherzukommen. Ferner gab das Drängen der Westmächte auf westdeutsche Wiederaufrüstung Bonn die Gelegenheit, durch die deutsche Unterstützung des Westens politische und wirtschaftliche Zugeständnisse von den Alliierten einzuhandeln. Trotzdem führte der Plan von Lissabon zur Besorgnis in Bonn, denn in ihm wurde offenbar ein »begrenzter Krieg« in Europa, in dem die Bundesrepublik auf Grund ihrer exponierten Lage am meisten zu leiden hätte, als Möglichkeit betrachtet.

Die ehrgeizigen Ziele, die in Lissabon für die konventionellen Streitkräfte gesetzt wurden, erwiesen sich als unrealistisch, denn ihre Verwirklichung wäre kostspielig gewesen und politisch kontrovers geblieben. Außerdem betrachteten viele Europäer konventionelle Streitkräfte primär als Stolperdraht, der im Angriffsfall einen sofortigen amerikanischen atomaren Gegenschlag auslösen würde. Für diesen Zweck schien ein viel kleineres Kontingent auszureichen, zumal die wirksamsten Stolperdrahtkräfte – amerikanische Einheiten – bereits am Eisernen Vorhang stationiert waren. Das atlantische Bündnis verließ sich weiterhin hauptsächlich auf die amerikanische atomare Abschreckungsmacht. Als daher die Eisenhower-Regierung ihre Doktrin der »massiven und sofortigen Vergeltung« mit Mitteln und an Orten, die nach dem Belieben Washingtons bestimmt werden sollten, verkündete, bereicherte sie die ohnehin vorhandene und akzeptierte Abschreckungshaltung lediglich um ein eingängiges Schlagwort.

Die Vorstellung vom »automatischen« atomaren Gegenschlag der

Amerikaner auf eine konventionelle Provokation, die in der Doktrin der massiven Vergeltung erneut betont wurde, war für Bonn höchst attraktiv; durch sie wurde die Abschreckung bestärkt und die Wahrscheinlichkeit, daß Westdeutschland in einem konventionellen Krieg zum Schlachtfeld würde, verringert. Aber Washingtons »New Look« in der Strategie der massiven Vergeltung, die mit der Ankündigung der Verringerung des amerikanischen stehenden Heeres um 18 % im Laufe der nächsten vier Jahre gekoppelt war, wurde sehr schnell durch die Verschiebung des Machtverhältnisses zwischen den USA und der Sowjetunion in Frage gestellt. Die massive Vergeltung war in hohem Maße von den überseeischen Stützpunkten der B-47-Bomber, die zunehmend durch mögliche sowjetische Angriffe verwundbar wurden, abhängig. Im August 1953 zündete die Sowjetunion ihre erste Wasserstoffbombe und im Laufe des Jahres 1954 führte Moskau eine beträchtliche Anzahl Langstreckenbomber vor. Die Lissaboner Ziele für die NATO-Streitkräfte waren jedoch noch immer längst nicht erreicht.

Der sowjetische Machtzuwachs wurde zum Teil durch die Fortschritte der NATO ausgeglichen. 1954 hatte die NATO annähernd 15 Divisionen unter Waffen, und Planung und Aufbau einer komplizierten Infrastruktur von Kommunikationsnetzen, Versorgungslinien für Brennstoff, Hafenanlagen, Nachschublinien und Einrichtungen für Hauptquartiere hatten beträchtliche Fortschritte gemacht. Dennoch erforderte der absolute und relative Zuwachs des sowjetischen Potentials, besonders im atomaren Bereich, eine gründliche Überprüfung der amerikanischen Strategie. 1954 bemühte sich das Pentagon um eine Neuformulierung des amerikanischen Abschreckungssystems, um durch die Schaffung einer glaubwürdigen Verteidigungsstrategie die Doktrin der massiven Vergeltung zu ergänzen. Dieser Prozeß gipfelte in der Entscheidung, die westliche Frontlinie der Verteidigung durch taktische Atomwaffen zu verstärken.

Durch den sowjetischen Machtzuwachs und durch das Unvermögen der NATO-Mächte, die Ziele von Lissabon zu verwirklichen, sah sich der NATO-Rat auf einer Tagung im Dezember 1954 zu der Ankündigung einer Revision des Lissaboner Plans veranlaßt: Im zentralen Verteidigungsbereich sollten 30 stehende Divisionen stationiert werden, die mit »modernen«, das heißt atomaren Waffen ausgerüstet würden. Während des Jahres 1953 hatten die Vereinigten Staaten taktische atomare »Schlachtfeldwaffen« entwickelt, die bald einsatzfähig und lieferungsbereit sein sollten. Sich auf diese taktischen Kernwaffen zu verlassen, um die Überlegenheit des sowjetischen Blocks auszugleichen, schien höchst attraktiv, da man sich Einsparungen an Geld und Mannschaften versprach und darüber hinaus den allmählichen Verlust des amerikanischen Atomwaffenmonopols wettmachen konnte. Die Planung der NATO ging offiziell von dem Grundsatz aus, daß taktische Kernwaffen zur Abwehr fast jeder Art von Angriff eingesetzt würden, und der NATO-Rat bevollmächtigte den Oberbefehlshaber der Alliierten Streitkräfte in Europa (SACEUR), die Bedarfsplanung nach diesem Grundsatz zu formulieren. Atomwaffen sollten als das »Schwert« der NATO und konventionelle Streitkräfte, deren Funktion sich auf eine kurze Aufhaltetaktik beschränkte, als der »Schild« der NATO eingesetzt werden.

Für die Sicherheit Westdeutschlands war die Bedeutung des Wandels der NATO-Planung zweideutig, wenn nicht gar widersprüchlich. NATO-Sprecher betonten, daß die für den zentralen Sektor geplanten 30 Divisionen in erster Linie die »Vorwärtsstrategie«, zu der sich die NATO bekannte, im Falle eines totalen Krieges erfüllen sollten. Diese Berechnung entsprang der Erwartung, daß ein Atomkrieg wahrscheinlich von kurzer Dauer sein würde und daher nicht genügend Zeit für die Mobilmachung und Umgruppierung von Reservetruppen bliebe. Mit dieser Annahme war die Hoffnung verbunden, daß eine Vorwärtsstrategie mit taktischen Kernwaffen den Verteidigern die Zerstörung der massierten Kräfte des Angreifers noch vor dem Beginn des Angriffs ermöglichte. Aber taktische Atomwaffen können auch vom Angreifer wirksam eingesetzt werden, wenn die Strategie des Verteidigers darauf beruht, eine unbewegliche Frontlinie zu halten. Da die Sowjetunion auch taktische Kernwaffen entwickelt hatte, war der Vorsprung, den die NATO-Planer zu gewinnen hofften, bereits in Frage gestellt. Infolgedessen wiesen die NATO-Planer den 30 Divisionen eine zweite, der ersten verwandte Funktion zu, nämlich, einen kleineren Angriff zu bewältigen und die Sowjetunion daran zu hindern, einen schnellen, begrenzten Überraschungsangriff zu starten und damit den Westen vor vollendete Tatsachen zu stellen. Für diese Aufgabe wurde die neue Vorwärtsstrategie der NATO durch eine Doktrin der flexiblen Verteidigung ergänzt, die höchst bewegliche Einheiten verlangte, die je nach Gefechtslage sich zurückziehen oder vorgehen und sich der Bewegung eines sowjetischen Hauptvorstoßes angleichen sollten.

Dieser doppelte Zweck der NATO-Planung, der den Verteidigungsfall vorbereitete und gleichzeitig die Glaubwürdigkeit der atomaren Abschreckung zu erhalten suchte, wurde in offiziellen Bonner Kreisen vorsichtig aufgenommen. Das Konzept der mobilen Strategie und der elastischen Verteidigung hatte in der deutschen Presse und unter deutschen Militärexperten bereits eine lebhafte Debatte ausgelöst, da in ihm anscheinend mit der Möglichkeit gerechnet wurde, daß ein Angreifer weit in westdeutsches Gebiet eindringen könnte. Damit würde

Deutschland erst überrollt und anschließend »befreit«. Aber was immer Regierungskreise auch insgeheim befürchten mochten, die eingegangenen politischen und vertraglichen Verpflichtungen und die damit eingehandelte Belohnung durch die Souveränität ließen keine Revision und noch nicht einmal eine öffentliche Neueinschätzung der Wiederaufrüstungspolitik der Regierung zu. Im März 1955 behauptete Adenauer rundheraus, nur durch die Mitgliedschaft in der NATO könne ausgeschlossen werden, daß die Bundesrepublik in einem heißen Krieg zwischen der Sowjetunion und den Vereinigten Staaten zum Schlachtfeld würde.

Die Regierung Adenauer mußte eigentlich die politische Machtposition, die durch die Entscheidung, die NATO mit atomaren Kampfwaffen zu verstärken, geschaffen wurde, ausnutzen. In der neuen Strategie waren konventionelle westdeutsche Streitkräfte noch notwendiger als zuvor. Den zwölf Divisionen, die sich Westdeutschland in den Pariser Verträgen vom Oktober 1954 zu stellen bereit erklärt hatte, wurden nun zwei Funktionen zugewiesen: einmal sollten sie die Hauptlast im zentralen Verteidigungsbereich tragen (besonders nachdem die anderen NATO-Mitglieder ihr Soll der Lissaboner Truppenziele nicht erfüllt hatten); zum anderen sollten sie für eine starke Frontlinie der Bodentruppen sorgen, da die neue Strategie es erforderte, den Feind zu einem konzentrierten Angriff zu zwingen, um taktische Atomwaffen wirksam im Gegenschlag einzusetzen. So waren die geplanten deutschen Einheiten über einen wesentlichen Anteil an den Bodenstreitkräften hinaus zu einem integralen Bestandteil der Bemühungen Washingtons geworden, die amerikanische nuklear-strategische Position zu verstärken. Noch im Stadium der Planung »war Anfang 1954 die deutsche Wiederaufrüstung, die zur Zeit der Lissaboner Beratungen nur als Bruchteil einer ausgewogenen Streitkraft zur Ergänzung der Überlegenheit der Vereinigten Staaten betrachtet worden war, in der Meinung von SACEUR zum sine qua non einer nuklearen Strategie für Europa geworden«.[2]

Die sich wandelnde militärstrategische Lage war Ausdruck bedeutender Veränderungen des Machtgleichgewichts zwischen Ost und West und bildete den Hintergrund der Überlegungen der Westmächte zur europäischen Verteidigungsgemeinschaft. Nach komplizierten Verhandlungen wurde das Abkommen über die EVG am 27. Mai 1952 von der Bundesrepublik, Frankreich, Italien und den Beneluxstaaten unterzeichnet und damit wurde die Verknüpfung zwischen der Wiederaufrüstung und der Souveränität Westdeutschlands nun eigens in vertraglicher Form anerkannt. Am Tage davor hatten die Besatzungsmächte und die westdeutsche Regierung die sogenannten Bonner Konventionen unterzeichnet. Durch sie wurde mit der Aufhebung des Besatzungsstatuts und der Alliierten Hohen Kommission das Besatzungsregime beendet und die Wiederherstellung der deutschen Souveränität in außen- und innenpolitischen Angelegenheiten, wenn auch mit einigen Vorbehalten, vorgesehen. Die westlichen Alliierten behielten sich das Recht vor, in Deutschland Truppen zu stationieren und über Fragen zu entscheiden, die Gesamtdeutschland betrafen – wie die Wiedervereinigung, einen endgültigen Friedensvertrag und Berlin. Diese Konventionen sollten zur gleichen Zeit wie das Abkommen über die EVG in Kraft treten. In dem Abkommen selbst war festgelegt, daß Bonn für eine europäische Armee 12 Divisionen stellen sollte und daß Deutschland zwar technisch die Mitgliedschaft in der NATO verweigert wurde, daß es jedoch faktisch Mitglied werden würde, da die EVG ein Teil der NATO bilden sollte. Das nordatlantische Verteidigungsbündnis sollte erweitert werden und damit das Gebiet der EVG abdecken. Das einzige größere Zugeständnis an die französischen Forderungen war die Bestimmung, daß deutsche Einheiten auf Korpsebene integriert werden sollten, um zu verhindern, daß deutsche Generäle nationale deutsche Einheiten kommandierten.

Als die Ratifikation des EVG-Vertrags im August 1954 von der französischen Nationalversammlung verhindert wurde[3], brach das Vertragssystem, das zur deutschen Wiederaufrüstung und zur Wiederherstellung der deutschen Souveränität führen sollte, zusammen. Das gesamte westliche Verteidigungssystem schien bedroht, und die Vereinigten Staaten deuteten an, daß sie sich auf Grund der französischen Obstruktionspolitik aus Europa zurückziehen könnten. Die Lage schien besonders gespannt, weil bereits Pläne über die Lagerung von taktischen Atomwaffen an der NATO-Frontlinie in Deutschland entworfen wurden und weil mit der neuen Strategie den geplanten deutschen Einheiten neue und entscheidende Aufgaben übertragen werden sollten.

Unmittelbar nach dieser beunruhigenden Entwicklung unternahm der britische Premierminister Anthony Eden seine berühmte Verhandlungsreise nach Italien und in die Beneluxstaaten, um den Beitritt Deutschlands zur NATO vorzubereiten und um für die Mitgliedschaft Deutschlands und Italiens in einem erweiterten und erneuerten Brüsseler Pakt zu sorgen. Der Brüsseler Pakt, der im März 1948 zwischen Großbritannien, Frankreich und den Beneluxstaaten geschlossen wurde, war kaum mehr als ein gegenseitiges Verteidigungsabkommen; und praktisch war er seit 1949 durch die Gründung der NATO überholt. Der erweiterte Brüsseler Pakt, der in die Westeuropäische Union

(WEU) umbenannt wurde, verpflichtete Großbritannien, eine Armee am Rhein zu unterhalten, er setzte Überwachungsorgane zur Kontrolle der deutschen Wiederaufrüstung ein und ordnete die geplanten deutschen Kontingente der NATO-Kommandostruktur unter. Auf diese Weise kam man einigen französischen Einwänden gegen die Wiederaufrüstung entgegen.

Für die Bundesrepublik war dieses Ergebnis ein voller Erfolg. Zwar wurden die bescheidenen politischen Beschränkungen der Bonner Konventionen beibehalten, doch wurde Deutschland die volle Gleichberechtigung als Mitglied der NATO unter dem Vorbehalt versprochen, daß Bonn auf die Herstellung atomarer, biologischer und chemischer Waffen und einiger anderer Waffengattungen wie Lenkwaffen, Raketen, Unterseeboote sowie anderer Schiffstypen verzichtete. (Darüber hinaus war eine wirksame internationale Überwachung der deutschen Streitkräfte durch den Rat der WEU vorgesehen.) Diese Bestimmungen schlossen den Besitz oder die Verwendung atomarer Waffen durch Deutschland nicht aus. Bonn verzichtete damit nicht auf eine atomare Strategie, sondern lediglich auf die unabhängige Herstellung nuklearer Waffen auf deutschem Gebiet. Die Bundesrepublik erklärte sich bereit, ein nationales Kontingent von 12 Divisionen aufzubauen, das völlig dem Oberbefehl der NATO unterstand; als Gegenleistung verpflichteten sich die Mitglieder der NATO, die Wiedervereinigung Deutschlands mit allen diplomatischen Mitteln zu unterstützen und die westdeutsche Regierung als den einzig legitimen Sprecher für Gesamtdeutschland anzuerkennen. Im Oktober wurde Deutschland offiziell aufgefordert, der NATO und dem erweiterten Brüsseler Pakt beizutreten. Am 23. Oktober trat die Bundesrepublik dem Brüsseler Pakt bei, und am gleichen Tag unterzeichneten die Besatzungsmächte und Westdeutschland eine leicht veränderte Fassung der Bonner Konventionen von 1952, die auf das neue europäische Verteidigungssystem zugeschnitten war. Die sogenannten Pariser Verträge wurden von Deutschland im Februar 1955 ratifiziert und traten am 5. Mai 1955 in Kraft. An diesem Tag wurde das Besatzungsstatut aufgehoben und die Alliierten Hohen Kommissare wurden Botschafter. Am 9. Mai wurde Westdeutschland Mitglied der NATO, und im Juli trat eine Gruppe deutscher Offiziere ihren Dienst im Obersten Hauptquartier der Alliierten Streitkräfte in Europa (SHAPE) an.

Wenig später wurden die Veränderungen in den Machtbeziehungen zwischen den beiden Blöcken des kalten Krieges und ihre Bedeutung für die Sicherheit Westdeutschlands durch das atomare Manöver von SHAPE, »Carte Blanche«, eindringlich beleuchtet. In diesem Manöver, das 335 Atombombenabwürfe auf deutsches Gebiet simulierte, wurde die Zahl der Toten und Verwundeten auf über fünf Millionen geschätzt. Abgesehen von den innenpolitischen Nachwirkungen des Manövers, hatte »Carte Blanche« unmißverständlich die möglichen Risiken aufgezeigt, denen ein NATO-Partner ausgesetzt war, nachdem die Sowjetunion nun auch Kernwaffen und Trägersysteme besaß. Diese Risiken sollten nach Ansicht der Bonner Regierung gerade durch die deutsche Mitgliedschaft in der NATO vermieden werden. In der Empörung über »Carte Blanche« versuchte die Bonner Regierung die Begründung ihrer Wiederaufrüstungspolitik mit dem Argument zu retten, daß durch die atomare Bipolarität der konventionellen Aufrüstung wieder ein entscheidender Platz zukomme und daß, auch im Falle eines Atomkrieges, reguläre Truppen immer noch wichtige Aufgaben zu erfüllen hätten.

In der Strategie des »New Look« der Eisenhower-Regierung wurde zwar die massive Vergeltung auf eine konventionelle Herausforderung betont, doch die Berechnungen des Pentagon über die Streitkräfte, die zur Verteidigung des Westens benötigt würden, wichen von den Schätzungen Adenauers nicht wesentlich ab. Die Frage war weniger, welche Streitkräfte erforderlich waren, als wer sie stellen sollte. Admiral Arthur Radford, Vorsitzender der Vereinigten Stabschefs, setzte sich beispielsweise für ein globales »Gleichgewicht der Streitkräfte« ein, in das die USA ihre atomare Schlagkraft einbringen würden, während der Beitrag der Verbündeten Amerikas den Löwenanteil der Bodentruppen und der örtlichen See- und Luftstreitkräfte ausmachen sollte. Dieses Thema einer strategischen Arbeitsteilung zwischen den westlichen Verbündeten war bereits von britischen Regierungssprechern angeschnitten worden, die der Meinung waren, daß die amerikanischen Überlegungen auch für Großbritannien zuträfen.

In Bonn betrachtete man diese Entwicklungen notgedrungen mit einiger Besorgnis. In den westlichen Hauptstädten herrschten bereits Zweifel darüber, ob man sich angesichts der sowjetischen Atommacht noch auf einen umfassenden amerikanischen Gegenschlag verlassen könne. Eine strategische Arbeitsteilung, die die in Europa stationierten konventionellen Truppen zahlenmäßig verringern und damit die Glaubwürdigkeit des amerikanischen Engagements schwächen würde, mußte diese Zweifel nur noch verstärken. Gleichzeitig deuteten die umfangreichen Vorbereitungen für einen konventionellen Gegenschlag (die durch die Präsenz einer starken konventionellen amerikanischen Armee verstärkt wurden) darauf hin, daß ein amerikanischer atomarer Gegenschlag nicht automatisch ausgelöst und vielleicht mit Verzögerung erfolgen würde. Es wurde zu Recht darauf hingewiesen, daß der Westen zu diesem Zeitpunkt eine Abschreckungsmacht hätte organisieren müssen, mit der er der Sowjetunion auf *allen* militärischen Ebenen entgegentreten konnte, und daß die Aufstellung ausreichender konventioneller Streitkräfte für eine glaubwürdige strategische atomare Abschrekkungsmacht wesentlich war. Auf Grund seiner exponierten Lage war die Aussicht, sowjetische Bodentruppen durch westliche Bodentruppen abzuschrecken, für Westdeutschland nicht besonders angenehm. Gleichzeitig – ob es nun aus der Perspektive des gesamten atomaren Machtverhältnisses zwischen Ost und West sinnvoll war oder nicht – hatte der amerikanische Plan, taktische Kernwaffen in Europa zu lagern, für Bonn eine erhebliche Anziehungskraft, auch wenn sie zugegebenermaßen eher den Charakter von Abschreckungsmitteln als von Verteidigungsinstrumenten hatten. Die Regierung Eisenhower war der Auffassung, daß die Drohung mit einem unmittelbaren atomaren Gegenschlag, die sich daraus ergab, daß man die Wahrscheinlichkeit einer konventionellen Reaktion bestritt, die Sowjetunion von einem konventionellen Angriff abschrecken würde. Diese Abschreckungshaltung war für die westeuropäischen Mächte und besonders für die Bundesrepublik solange äußerst attraktiv, als sie halbwegs glaubwürdig war. In der Bundesrepublik und auch sonst in Europa war die Auffassung weit verbreitet, daß die Vorbereitungen auf einen konventionellen Gegenschlag die Wahrscheinlichkeit eines Krieges erhöhten, da die Glaubwürdigkeit der massiven Vergeltung untergraben und ein »atomares Disengagement« Amerikas von Europa gefördert wurde. Da schon begrenzte Kampfhandlungen mit konventionellen Streitkräften Deutschland zum Schlachtfeld machen würden, hielt man es aus Bonner Sicht für besser, den Spielraum der Vergeltungsmöglichkeiten nicht auszudehnen, da dadurch die »Automatik« eines atomaren Gegenschlages offenbar geschwächt würde. Ab 1956 begann die Bonner Regierung ihre Sicherheitspolitik zu überprüfen. Als im Sommer dem Bundestag ein Gesetzentwurf über die Einberufung deutscher Soldaten vorgelegt wurde, setzte sich die Regierung immer noch mit Nachdruck und offenkundiger Überzeugung für den Aufbau konventioneller Streitkräfte ein. Adenauer bezeichnete die Verlagerung des Nachdrucks von konventionellen Streitkräften auf Atomwaffen als Fehler und unterstrich die Notwendigkeit, durch die Anwendung konventioneller Gegenschläge Konflikte örtlich zu begrenzen. Doch verlagerte die Regierung die Betonung von dem Argument, daß die deutsche Wiederaufrüstung dazu beitragen würde, eine sowjetische Aggression abzuhalten, auf das Argument, daß deutsche Streitkräfte zur Verhinderung eines Atomkrieges beitragen würden. Sehr wahrscheinlich »entsprach diese Verlagerung des Nachdrucks einem Wandel der allgemeinen Besorgnis. In den frühen fünfziger Jahren, zu Beginn der Debatte über die Wiederaufrüstung, mußten sich deutsche Politiker mit der Furcht vor einem sowjetischen Angriff auseinandersetzen. In den Jahren 1955 und 1956 ließ diese Furcht nach und wurde ersetzt durch die Angst vor Atomwaffen«.[4] Im September 1956 wurden die ersten Anzeichen einer Veränderung der Politik sichtbar. Das Kabinett kündigte die Herabsetzung der Wehrpflichtzeit von 18 auf 12 Monate an; das bedeutete, daß die gesamte Truppenzahl von 500000 auf 325000 reduziert wurde. Im Oktober löste Franz Josef Strauß, der frühere Minister für atomare Fragen, Theodor Blank als Verteidigungsminister ab. Im Oktober und November wurde die Veränderung im Machtverhältnis zwischen Ost und West eindringlich demonstriert, als der Westen den ungarischen Revolutionären nicht zu Hilfe kam und als Chruschtschow während der Suez-Krise mit dem Einsatz von Raketen drohte. Gegen Ende des Jahres äußerten Adenauer und Strauß zum erstenmal ein Interesse am Erwerb taktischer Atomwaffen für die westdeutschen Streitkräfte.

Zur Erläuterung des Wandels der Politik verwies Adenauer darauf, daß eine nichtatomare Reaktion der NATO auf einen sowjetischen Angriff in Anbetracht der neuen Komponenten, etwa des Radford-Plans, der französischen Truppenverlegungen nach Algerien, des Vertrauens Großbritanniens auf atomare Verteidigung und der Verkürzung der Wehrpflichtzeit in Belgien, nicht länger wahrscheinlich sei. Tatsächlich wurde in Bonn angenommen, daß der Westen sich weiterhin auf die nukleare Abschreckung verlassen könne und daß das konventionelle Potential der westeuropäischen Mächte nun so erschöpft sei, daß der NATO nur noch übrigbleibe, taktische Atomwaffen zur Abwehr eines sowjetischen Angriffs einzusetzen. (Dieser Wandel in der Militärpolitik der Regierung war auch innenpolitisch interessant. James Richardson schreibt dazu: »Nachdem Adenauer nicht länger eine strategische Begründung für starke Bodentruppen vorweisen konnte, hatte er auch keinen besonderen Anlaß mehr, sich dem politischen Druck zu widersetzen, der gegen eine Wehrdienstzeit von eineinhalb Jahren entstanden war. Es hätte schon groteske Züge gehabt, die Existenz seiner Regierung für einen militärischen Beitrag aufs Spiel zu setzen, der im Rahmen der aktuellen Bündnisstrategie nur noch einen marginalen Wert hatte.«)[5]

Hinter den etwas vereinfachten Äußerungen Bonns standen eine überzeugende strategische Begründung und ein fundamentaler Mangel an Vertrauen in die Bodentruppen der NATO. Die schwindende Glaubwürdigkeit des atomaren Engagements der USA und die Tatsache, daß der Westen in Ungarn nicht eingriff, bestärkten Bonn offensichtlich darin, um ein Mitspracherecht im atomaren Entscheidungsprozeß des westlichen Bündnisses zu ersuchen. Die Bonner Regierung begann an dem Nutzen eines großen deutschen Kontingents konventioneller Streitkräfte zu zweifeln. Dieses Kontingent würde nämlich der NATO und dem Pentagon eben jenen Bereich an Reaktionsmöglichkeiten liefern, der die atomare Abschreckung schwächte und das Risiko erhöhte, daß Deutschland in einem konventionellen Krieg zum Schlachtfeld würde. Diese Befürchtungen wurden durch die Verminderung konventioneller Truppen in anderen NATO-Ländern noch verstärkt, denn durch sie wurde die Funktionsteilung zwischen der deutschen Verantwortung für konventionelle Streitkräfte und der atomaren Verpflichtung der USA in der NATO noch betont. Je weniger die Verbündeten Westdeutschlands in das Anfangsstadium eines sowjetischen Angriffs verwickelt wären, desto weniger wahrscheinlich oder desto stärker verzögert wäre der amerikanische Vergeltungsschlag. Da Deutschland keinen Ersatz für eine »Vorwärtsstrategie« akzeptieren konnte, versuchte es ständig, seine Verbündeten an der Peripherie des Ostblocks festzulegen. Durch die deutsche Mitbestimmung über Atomwaffen sollte die atomare Präsenz des Westens an der ostdeutschen Grenze verstärkt werden, indem die atomare Verpflichtung Washingtons unzweideutig sich auf den gesamten Bereich der Bundesrepublik ausdehnen sollte.

Strategische und militärische Kalkulationen wurden durch politische Überlegungen verstärkt. Im Januar 1956 wurden die ostdeutschen Streitkräfte offiziell in das System des Warschauer Paktes eingegliedert, und bald danach setzte sich die Sowjetunion für die Verringerung der Streitkräfte und für das Verbot von Atomwaffen in den beiden Teilen Deutschlands ein. Diese Vorschläge, die Vorläufer der verschiedenen Disengagementvorschläge auf beiden Seiten des Eisernen Vorhangs Mitte und Ende der fünfziger Jahre waren, drohten die klare militärische Trennungslinie in Mitteleuropa, die sich Bonn als Abschreckungsfaktor wünschte, zu zerstören. Diese Vorschläge enthielten auch die gefährliche Aussicht, daß ein militärisches Disengagement mit einer de-facto- oder sogar de-jure-Anerkennung Ostdeutschlands verknüpft wurde. Durch die Einbeziehung von Ost- und Westdeutschland in ein einziges internationales Abkommen hätte Walter Ulbrichts ostdeutsche Regierung in Pankow wenigstens die de-facto-Anerkennung erreicht, die Bonn seinerseits unter allen Umständen zu verhindern suchte. Dagegen konnte ein deutscher Anteil an der atomaren Kontrolle oder Planung Bonn doch ein Vetorecht in westlichen Gremien verschaffen, das ein militärisches Disengagement der USA in Mitteleuropa verhindern konnte.

Die Gestaltung der Bonner Verteidigungspolitik traf auf wenig Gegenliebe. Mitglieder der NATO kritisierten eine – ihrer Meinung nach – lähmende Reduzierung des deutschen Beitrags zu den gemeinsamen

Verteidigungsanstrengungen, und Bonns Vorstellungen zur nuklearen Mitbestimmung wurden kühl aufgenommen. Im Dezember 1956 wurde die Bonner Regierung aus einer peinlichen politischen Lage befreit, als Großbritannien von sich aus nachdrücklich das Argument im NATO-Rat vertrat, die Vereinigten Staaten sollten die atomare Mitbestimmung durch die Ausrüstung europäischer Streitkräfte mit taktischen atomaren Sprengköpfen institutionalisieren. Im April 1957 stimmten die Vereinigten Staaten der Lieferung taktischer atomarer Waffensysteme zu (wobei die atomaren Sprengköpfe unter amerikanischer Kontrolle bleiben sollten) und damit entsprachen sie auch dem Wandel der NATO-Strategie von 1954. Noch im selben Jahr forderten die NATO-Planer die Aufstellung und Stationierung von 30 Divisionen im zentralen Verteidigungsbereich der NATO (Dokument MC 70) und Bonn tat vorsichtig sein Interesse an der Lagerung amerikanischer Mittelstreckenraketen (IRBMs) in Westdeutschland kund. Von Washington wurde dies als Ausgleich für die Entwicklung sowjetischer Interkontinentalraketen (ICBMs) betrachtet.

Die neue Verteidigungsstrategie der NATO lief darauf hinaus, daß Westdeutschland und andere europäische Verbündete zunehmend von Waffen abhängig wurden, über die sie keine Verfügungsgewalt hatten. Die Sprengköpfe der taktischen Kernwaffen, die in wachsender Zahl den Bodentruppen in Deutschland zugeordnet wurden, blieben unter strenger amerikanischer Kontrolle und Bonn war von der Planung über ihre Verwendung und ihren Einsatz weitgehend ausgeschlossen. Die Zweifel Bonns an der Wirksamkeit dieser Anordnung wurden von NATO-Mitgliedern in anderen europäischen Hauptstädten geteilt. Insbesondere war Frankreich daran interessiert, letztlich eine eigene strategische Kernstreitmacht zu entwickeln, durch die der französische Zutritt zum besonderen anglo-amerikanischen Atombündnis als gleichberechtigter Partner möglich werden sollte. Das hatte de Gaulle gemeint, als er 1958 ein atomares Triumvirat der NATO forderte. Nachdem de Gaulle 1958 wieder an die Macht kam, sollen Deutschland und Frankreich die Gründung einer Art nuklearer Partnerschaft zwischen den beiden Ländern erörtert haben. Es ist nicht sicher, ob Frankreich Kontrolle und Geheimnisse nicht teilen wollte, oder ob Bonn die Zeit für ein politisch solchermaßen strittiges Abenteuer für verfrüht hielt. Aus den Diskussionen wurde jedenfalls nichts.[6] Die Folgerung, die de Gaulle aus dem sich wandelnden atomaren Gleichgewicht zwischen Ost und West zog, daß nämlich die europäischen Staaten unabhängige nationale atomare Abschreckungskräfte benötigten, konnte von Westdeutschland (selbst wenn Bonn gewollt hätte) nicht gezogen werden, da politische und vertragliche Beschränkungen sowie strategische Überlegungen die westdeutsche Verteidigungsposition zwingend an das strategische nukleare Potential der USA banden. Zugleich befürchtete Bonn die Erweiterungstendenz des atomaren Klubs, denn durch sie wurde das Bündnis der NATO zersplittert und die Grundlage der westdeutschen Sicherheit geschwächt.

Der logische Mittelweg zwischen unabhängigen Atomstreitkräften und keinerlei atomarer Mitbestimmung war ein stark integriertes atomares Bündnis mit gleichberechtigtem Mitspracherecht. Entsprechend versuchte Westdeutschland weniger, seinen militärischen und politischen Einfluß auf der Grundlage eines »besonderen Einvernehmens« mit den Vereinigten Staaten oder durch die Forderung nach einem unabhängigen Atomwaffenvorrat zu verstärken, als vielmehr durch die Betonung der Dringlichkeit einer politischen und militärischen Integration des Bündnisses und einer größeren deutschen Verfügungsgewalt über Atomwaffen. Im Herbst 1960 äußerte die Bonner Regierung zögernd ihr Interesse an einer integrierten Force de frappe der NATO als Alternative zu der von de Gaulle bevorzugten nationalen Force de frappe. Das Interesse Bonns an einem Mitspracherecht in atomaren Gremien (das innenpolitisch und im internationalen Bereich auf starken Widerstand stieß) wurde um 1962 modifiziert und richtete sich nun hauptsächlich auf die deutsche Beteiligung an der atomaren Planung und weniger auf eine gemeinsame atomare Verfügung.

So wie Bonn waren auch andere europäische Regierungen an einer gemeinsamen atomaren Verwaltung interessiert, und gegen Ende der fünfziger und zu Anfang der sechziger Jahre wurden zahlreiche Vorschläge für eine NATO-Streitkraft unter gemeinsamer Kontrolle (oder wenigstens für Beratungen und gemeinsame Planung) in Europa vorgelegt. Die amerikanische Politik wurde dadurch vor ein heikles Problem gestellt. Die Regierung Eisenhower hatte konsequent jede atomare Verbreitung zu verhindern versucht, und Washington stimmte der Einrichtung atomarer Kontrollabmachungen, die NATO-Mitgliedern die gemeinsame Entscheidung über den Einsatz zugestanden, nur unter dem Vorbehalt eines Vetorechts der Vereinigten Staaten zu. (Beispielsweise hatten Großbritannien, die Türkei und Italien 1957 der Stationierung atomarer Jupiter-Raketen in einem Abkommen zugestimmt, bei dem die Vereinigten Staaten die Sprengköpfe unter Verwahrung hielten und die Vereinigten Staaten und die Empfängerländer ein Veto gegen ihren Einsatz hatten.) Nach einigen mißlungenen Vorschlägen boten die Vereinigten Staaten im Dezember 1960 der NATO fünf Unterseeboote mit 80 Polaris-Raketen an, die bis 1963 geliefert werden sollten – vorausgesetzt, daß die NATO-Mächte sich auf einen multilateralen Kontrollplan einigen konnten. Doch angesichts des bevorstehenden Regierungswechsels in Washington und der erforderlichen Zustimmung des Kongresses – was aller Wahrscheinlichkeit nach bedeutet hätte, daß die Sprengköpfe unter amerikanischer Verwahrung blieben – reagierte der NATO-Rat nur durch ein unverbindliches Kommuniqué auf den amerikanischen Vorschlag.

Die fortgesetzte Debatte in der NATO über das Verhältnis der Rolle von atomarer Streitmacht und konventionellen Streitkräften erhitzte sich erst recht, als die Regierung Kennedy mit einer gründlichen Überprüfung der amerikanischen Strategie begann. Präsident John F. Kennedy erneuerte bald nach seinem Amtsantritt recht lustlos das Angebot Eisenhowers vom Dezember 1960, fünf Unterseeboote für eine NATO-Atomstreitmacht zur Verfügung zu stellen. Er fügte jedoch die wichtige Bedingung hinzu, daß die konventionelle Truppenstärke der NATO, die zu diesem Zeitpunkt aus 22 Divisionen bestand, auf 30 Divisionen erhöht werden müsse, ehe ein gemeinsames atomares Abkommen getroffen werden könne. Während jedoch der Vorschlag Eisenhowers noch im Rahmen der massiven atomaren Vergeltung gemacht wurde, stand – und das ist hier besonders wichtig – der Vorschlag Kennedys in Beziehung zu einer flexibleren strategischen Doktrin Amerikas, die die strategischen und taktischen Möglichkeiten Washingtons vergrößern sollte und die den Ausbau einer konventionellen Streitmacht erforderte. Die neue Regierung hatte die feste Absicht, die Tendenz, sich auf strategische und taktische Atomwaffen zu verlassen, die für die NATO-Planung während der Regierungszeit Eisenhowers charakteristisch war, zu revidieren und sie verlagerte das Schwergewicht auf eine flexiblere und glaubwürdigere »abgestufte« Skala von Reaktionen auf einen entsprechenden Fächer von Eventualfällen. Die Maxime des Verteidigungsministers Robert S. McNamara war, daß »man eine glaubwürdige Abschreckung nicht aus einer unglaubwürdigen Handlungsweise ableiten kann«. Deshalb sollte der Westen auf allen militärischen Stufen völlig vorbereitet sein, um dem Dilemma der Alternative zu entgehen, entweder einen atomaren Schlag mit dem naheliegenden Risiko eines sowjetischen Gegenschlags zu wählen, oder die politisch verheerenden Folgen, die sich ergeben mußten, wenn überhaupt nichts geschah, auf sich zu nehmen. Kurzum, die Regierung Kennedy wollte einen glaubwürdigen Vergeltungsschlag auf jeder möglichen Stufe der Herausforderung schaffen. 1962 legten Präsident Kennedy und Verteidigungsminister McNamara eine durchformulierte und teils ausgeführte »Doktrin der flexiblen Verteidigung« vor, in deren Eventualplanung die Möglichkeit und Annehmbarkeit eines begrenzten konventionellen Krieges in Europa stillschweigend eingingen. Im Dezember 1962 meinte McNamara, daß durch das sich wandelnde atomare Gleichgewicht

Atomwaffen zum Schild der NATO und konventionelle Waffen zum Schwert der NATO geworden seien (damit kehrte er die strategischen Prinzipien des Radford-Planes völlig um). Außerdem ließ er durchblikken, daß ein atomarer Gegenschlag auf einen konventionellen Angriff »aufgeschoben« werden könne.

Das Argument Washingtons, daß die Glaubwürdigkeit der amerikanischen atomaren Abschreckung durch den Aufbau konventioneller Streitkräfte nicht verringert, sondern im Gegenteil gesteigert würde, räumte jedoch in den europäischen Hauptstädten die Zweifel nicht aus. Vorweg wurde durch die von Washington geforderten 30 Divisionen keine Streitmacht geschaffen, die für eine zuverlässige regionale Verteidigungsstrategie stark genug war, andererseits schien durch sie ein atomarer Gegenschlag weniger glaubwürdig – dies war einer der Gründe dafür, daß die NATO die geplanten 30 Divisionen nicht schon früher aufgestellt hatte. Die europäischen NATO-Mitglieder waren mit Washington darin einig, daß angesichts der schwindenden amerikanischen Fähigkeiten zu einer gegen die militärischen Einrichtungen des Gegners geführten Strategie des Gegenschlags die Abschreckungsmacht der NATO gestärkt werden müsse. Doch die glaubwürdigste Antwort auf einen konventionellen Angriff, eine Antwort mit konventionellen Streitkräften, war für die Europäer wenig attraktiv, denn sie bedeutete einen wenn auch nicht atomaren, so doch totalen Krieg. Dies galt auf Grund seiner exponierten Lage besonders für Deutschland, und die Möglichkeit einer »konventionellen Pause« (in der Washington entscheiden würde, ob der atomare Vergeltungsschlag angemessen sei) machte Bonn zwangsläufig unruhig. Sicher hatte Henry Kissinger recht, als er 1962 sagte: »Diejenigen Europäer, die glauben, die Betonung der regionalen Verteidigung verringere die Glaubwürdigkeit der Abschreckung, verwechseln Ursache und Wirkung.« Er wies jedoch auch auf die Zweideutigkeit der strategischen Doktrin Washingtons hin, die nicht darauf zielte, die konventionelle Truppenstärke so weit auszubauen, daß sie einer sowjetischen Herausforderung auf jeder Stufe der Gewaltanwendung gewachsen war (dafür reichten 30 Divisionen auch nicht annähernd aus), sondern die vielmehr »den Ausbau der konventionellen Truppen in einem eher technischen Sinn rechtfertigte, um die Möglichkeit einer letzten Warnung zu schaffen, ehe eine Strategie gegen die militärischen Ziele des Gegners *eingesetzt* wird«. Durch diese Haltung erschienen die Beteuerungen Washingtons, »daß eine Verstärkung der Schildkräfte die Wahrscheinlichkeit eines atomaren Gegenschlags gegen die militärischen Ziele des Gegners erhöht . . ., wie ein Vorwand für unseren Widerwillen, einen Atomkrieg einzukalkulieren. Mit der Notwendigkeit einer flexiblen Reaktion in Europa läßt sich nicht die

Strategie des atomaren Gegenschlags auf die militärischen Ziele des Gegners rechtfertigen, sondern nur erreichen, daß wir uns in geringerem Ausmaß auf sie verlassen.« [7]

Veränderungen in der Lagerung und der taktischen Disposition der Verteidigungsmittel der NATO erhöhten in Bonn die Sorge um die Sicherheit. In der Regierungszeit Kennedys verlagerte sich das Schwergewicht der Verteidigungsplanung der NATO allmählich auf eine taktische Doktrin der »beweglichen Verteidigung« und der Mobilität, die zwar die Verteidigungspositionen bestimmte, sie aber sonst nicht weiter ausfüllte. Diese Verteidigungsdoktrin erforderte nicht nur Zeit, um die Hauptstöße des Gegners einzuschätzen und die militärischen Gegenschläge auf empfindliche kritische Teile der Front zu richten, sondern auch Raum – und beide Faktoren würden im Falle eines Angriffs entscheidend für Deutschland, da Zeit und Raum über das Ausmaß der Zerstörung auf deutschem Gebiet entscheiden würden. Die Kennedy-Regierung versuchte die Glaubwürdigkeit der atomaren Abschreckung zusätzlich durch die Betonung der Möglichkeit, den Atomkrieg unter Kontrolle zu halten und den »spasmischen«, unkalkulierbaren nuklearen Schlagabtausch zu verhindern, zu erhöhen. Damit entstand wiederum ein neuer Interessenkonflikt im Bündnis, da die europäischen Staaten überzeugt waren, daß für sie die »Betonung der Unkontrollierbarkeit des Atomkrieges zur Erhaltung der Glaubwürdigkeit der Abschreckungsmacht, die auf dem europäischen Kontinent vorhanden war« [8], am vorteilhaftesten war. Ferner verwiesen die kubanische Raketenkrise und das Teststop-Abkommen deutlich auf ein gemeinsames sowjetisch-amerikanisches Interesse in den atomaren Fragen. Nachdem die Verbündeten von den Überlegungen Washingtons bei der Konfrontation in der Kuba-Krise ausgeschlossen gewesen waren, wurde nun für viele Europäer das Teststop-Abkommen zum Zeichen dafür, daß im Falle einer umfassenden europäischen Krise die beiden atomaren Supermächte die Streitpunkte auf bilateraler Ebene lösen könnten und daß Washington die Doktrin der strategischen Flexibilität des Pentagon durch eine politisch-diplomatische Flexibilität ergänzen würde.

Während der letzten Jahre der Regierung Adenauer und während der Regierungszeit Erhards (1963–1966) versuchte Bonn in wachsendem Maße, dem Ziel seiner Sicherheit nahezukommen, indem es auf der Beteiligung an einer geplanten westlichen multilateralen Atomstreitmacht (MLF) bestand. Wie bereits erwähnt, wurden gegen Ende der fünfziger Jahre in Europa Vorschläge für eine gemeinsam kontrollierte NATO-Atomstreitmacht entwickelt, die in Washington nur beiläufige Reaktionen hervorgerufen hatten. Durch die Kontroverse über das Skybolt-Projekt im Dezember 1962 wurde jedoch eine Kette von Ereignissen ausgelöst, die den Vereinigten Staaten doch nahelegten, etwas ernsthafter auf solche Vorschläge einzugehen.

Großbritannien hatte geplant, die Skybolt-Rakete, eine Zweistufen-Rakete, die mit Bombern transportiert werden sollte, als »Ausgleichswaffe« zu verwenden, die ohne Boden-Boden-Raketen eine atomare Schlagkraft lieferte und damit die Verwendbarkeit der britischen V-Bomber verlängern sollte, die durch Abwehrraketen immer verwundbarer wurden. Als die USA sich im November 1962 nach umfassenden Berechnungen des Verhältnisses von Kosten und Wirkung entschlossen, das Entwicklungsprogramm der Skybolt-Rakete einzustellen, bedeutete das praktisch, daß Großbritannien entweder die Pläne für eine unabhängige Atommacht aufgeben mußte, da es nicht über ein ausreichendes Trägersystem verfügte, oder daß es die Entwicklung mit einem ungeheuren Kostenaufwand unabhängig weiterführen mußte.

Bei einem Treffen zwischen Präsident Kennedy und Premierminister Harold Macmillan im Dezember 1962 in Nassau wurde ein Abkommen getroffen, nach dem die Vereinigten Staaten an Großbritannien atomare Unterwasser-Raketen vom Typ Polaris unter der Bedingung verkaufen würden, daß Großbritannien die mit der Polaris-Rakete ausgerüsteten Unterseeboote als Kern einer möglichen zukünftigen NATO-Atomstreitmacht der NATO-Befehlsgewalt unterstellen würde. Eine »Ausweichsklausel« sah vor, daß die britische Regierung dann unilateral über ihren Beitrag zu dieser Streitmacht entscheiden könne, falls »höchste nationale Interessen« auf dem Spiel stünden. Dieses Abkommen war für Großbritannien sehr befriedigend, da es die Lebensdauer der unabhängigen britischen Atomabschreckung verlängerte. Für Paris und Bonn war es jedoch erheblich weniger attraktiv. Das Abkommen von Nassau wurde in weiten Kreisen – und besonders von de Gaulle – als Mittel zur weiteren Festigung der »besonderen Beziehungen« zwischen den USA und Großbritannien betrachtet. Frankreich wurden zwar Polaris-Raketen unter den gleichen Bedingungen wie Großbritannien angeboten, doch de Gaulle lehnte sowohl die direkte Abmachung über die Polaris im Abkommen von Nassau als auch die vorgesehene NATO-Streitmacht ab – und zwar teils, weil Frankreich weder die Unterseeboote noch die Sprengköpfe hatte, um die Polaris-Raketen zu verwenden, und teils, weil de Gaulle kein Interesse daran hatte, Washington bei der Befestigung des westlichen Bündnisses auf der Basis einer angloamerikanischen atomaren Achse zu helfen.

Die Reaktion Bonns war gemischt. Die Deutschen fühlten sich einerseits bei den Verhandlungen und bei dem daraus resultierenden Abkommen übergangen und sie waren von der ambivalenten militärstrategischen Bedeutung des Abkommens von Nassau nicht überzeugt. Andererseits bestand in Bonn jedoch eine gewisse Hoffnung, dadurch ein Mitspracherecht in atomaren Entscheidungen zu erhalten. Diese Hoffnung wurde zum Teil durch die Formulierung des Abkommens, das die bilateralen Züge herunterspielte und die Möglichkeit multilateraler atomarer Entscheidung betonte, selbst erweckt. Das Abkommen von Nassau, das Arthur Schlesinger jr. ein Stück »meisterhafter Zweideutigkeit« nannte [9], enthielt zwei Komponenten mit je verschiedener Bedeutung für die strategischen Interessen Bonns. Die »amerikanische« Komponente (der Paragraph 7) sah die Errichtung einer atomaren Seestreitmacht mit einer Besatzung aus verschiedenen Ländern unter einer multilateralen Befehlsgewalt in der NATO vor. Diese Streitmacht sollte bestehen aus dem britischen Anteil von vier oder fünf Polaris-Unterseebooten, einem gleichen oder größeren amerikanischen Anteil, einem französischen Kontingent und einem Kontingent von Überwasserschiffen der NATO, für das die nicht-atomaren NATO-Mitglieder, die dem Abkommen beitreten wollten, die Besatzung und die Finanzierung stellen sollten. Der Paragraph 6 jedoch, der von Großbritannien entworfen worden war, verlangte eine direktere Lösung in der Errichtung einer multinationalen Streitmacht, die mit Bombern der britischen Luftwaffe und mit amerikanischen Unterseebooten ausgerüstet sein sollte und unter einem atomaren Befehlskommando der NATO, an dem die nicht-atomaren Länder sich beteiligen konnten, stehen sollte. Die amerikanische Komponente des Abkommens betonte mit ihrem Entwurf einer nach Ländern gemischten Besatzung der Überwasserschiffe gewissermaßen noch den Unterschied zwischen atomaren und nicht-atomaren NATO-Staaten, da sie die besonderen nationalen Kontingente der amerikanischen und britischen Unterseeboote beibehielt. Die britische Komponente erschien demgegenüber mit ihrer Betonung der gemeinsamen Planung und Befehlsgewalt praktischer und für Bonn attraktiver, da sie einen größeren Einfluß (bei geringeren Kosten) auf die Lagerung und Verwendung von Atomwaffen gewährte. [10] Die Vereinigten Staaten hätten jedoch in beiden Fällen ihr Veto beim Einsatz beibehalten.

Die gesamte Idee der MLF litt jedoch, auch abgesehen von ihrer unglücklichen Verbindung mit dem Abkommen von Nassau, unter beträchtlichen militärischen Unzulänglichkeiten. Im Grunde entsprangen die verschiedenen Vorschläge zu einer gemeinsamen NATO-Atomstreitmacht aus der Vorstellung, daß es notwendig sei, die große Zahl der auf Westeuropa gerichteten sowjetischen Mittelstreckenraketen auszugleichen. Zwar standen dem Oberbefehlshaber der NATO-Streitkräfte in Europa (SACEUR), General Lauris Norstad, einige zielgerichtete atomare Waffensysteme, die einen Teil der in Westrußland gelagerten Raketen erfaßten, zur Verfügung, doch war dieser Zielbereich nicht vollständig gedeckt. Da die Regierung Kennedy die NATO nicht zur vierten Atommacht machen wollte, wie es SACEUR seit 1959 vorgeschlagen hatte, wurde diese »Ziellücke« durch eine Einheit amerikanischer Polaris-Unterseeboote, die vor den Küsten Europas lagen, ausgefüllt. Mit anderen Worten, die Verteidigungsplanung der NATO mußte sich auf Streitkräfte verlassen, die nicht der NATO angehörten, deren Standort nicht auf dem Kontinent lag und die nicht der NATO-Befehlsgewalt unterstanden. Um die Glaubwürdigkeit eines westlichen Atomgegenschlages auf einen sowjetischen Angriff zu erhöhen, sah der Plan für die MLF vor, daß das amerikanische Gegengewicht nun durch eine multilateral befehligte Streitmacht von 25 Überwasserschiffen und ungefähr 200 Raketen verstärkt werden sollte, die dem NATO-Befehl unterstehen und durch gemischte Besatzungen international ausgerüstet sein sollte. Der militärische Sinn der Überwasser-Stationierung wurde allerdings von europäischen und amerikanischen Experten weitgehend bezweifelt. Abgesehen davon, daß sich die Vereinigten Staaten ohnehin das Veto über den Einsatz vorbehalten hätten (was es zweifelhaft erscheinen ließ, wie die MLF die Glaubwürdigkeit eines westlichen Atomgegenschlages erhöhen sollte), war die Tatsache, daß die Vereinigten Staaten selbst sich auf die Unterseeboote und nicht auf die billigeren Überwasserschiffe stützten, ein deutliches Zeichen dafür, daß nach der Ansicht Washingtons diese minderwertig waren. Tatsächlich verfolgte die Regierung Kennedy mit der MLF keine strikt militärische Absicht; der Präsident betrachtete sie als »eine Art Vortäuschung falscher Tatsachen«.[11]

Der politische Wert der MLF war noch zweifelhafter. Mit dem Beginn der Regierung Kennedy unterstützten einige der »Europäer« im Außenministerium und im Weißen Haus nachdrücklich den Plan einer MLF, weil sie hofften, damit ein wirksames Mittel gegen die Verwirrung in der NATO und für die Förderung des »Grand Design« zu erhalten. Arthur Schlesinger sagt dazu: »Obwohl die MLF keine direkte militärische Funktion hatte (einige Militärs waren gegenüber der Idee der gemischten Besatzung sehr skeptisch, und die Vereinigten Stabschefs waren von der MLF nie begeistert), hatte sie für die Befürworter gegenseitiger strategischer Abhängigkeit ihren Reiz als Mittel zur Erhaltung der Einheit der Abschreckungsmacht, während sie gleichzeitig den NATO-Verbündeten eine atomare Rolle zuteilte ... [Auch] Befürworter einer wirtschaftlichen Partnerschaft waren für die MLF, da mit ihr die europäischen Regierungen erneut und nachdrücklich in die Richtung auf einen Zusammenschluß gedrängt werden konnten. Der Grund hierfür war, daß die einzige Körperschaft, an die wir unser atomares Veto abgeben würden, die Regierung eines geeinten Westeuropa wäre. Solange das amerikanische Veto weiter bestand, konnte die MLF nicht viel mehr sein als ein ziemlich durchsichtiger Reklametrick, um auf die vermeintliche europäische Forderung nach atomarer Gleichberechtigung einzugehen.« [12]

Obgleich die Bonner Regierung schon früh ein Interesse an dem Konzept einer kollektiven Atomstreitmacht gezeigt hatte und später zu deren einzigem begeisterten Befürworter in Europa wurde, sollte die amerikanische Unterstützung der MLF den mutmaßlichen Wunsch Westdeutschlands, eine Atommacht zu werden, nicht erfüllen, sondern verhindern. Nachdem Frankreich sowohl das Abkommen von Nassau als auch das Beitrittsgesuch Großbritanniens zur EWG abgelehnt hatte und nachdem 1963 der Deutsch-Französische Vertrag über die Zusammenarbeit beider Länder unterzeichnet wurde, betrachtete Washington in wachsendem Maße die MLF vor allem als Kunstgriff, um ein mögliches atomares Bündnis zwischen Paris und Bonn zu verhindern. Das heißt also, daß die ursprüngliche Unterstützung der MLF weit mehr aus Washington als aus Europa kam und daß ihr die Erwartung zugrunde lag, daß die MLF mit ihrem eingebauten amerikanischen Veto die NATO wiederbeleben und die Verbreitung von Atomwaffen verhindern würde, indem sie die »atomare Zentralisierung« des westlichen Bündnisses weiterhin gewährleisten würde. Bestenfalls hoffte man, daß die Idee der MLF die Integration wirklich fördern könnte, und falls sie auch das nicht erreichte, so doch wenigstens die Risse im westlichen Bündnis überdecken würde.

Doch an Stelle eines harmlosen Mittels zur Beschwichtigung wurden die MLF-Pläne zu einer lästigen Verpflichtung für die amerikanische Politik. Durch sie kühlten sich die französisch-amerikanischen Beziehungen noch weiter ab. Auch ein Rüstungskontrollabkommen zwischen den Vereinigten Staaten und der Sowjetunion wurde gefährdet, da Moskau von vornherein den ganzen MLF-Plan als Mittel, der »revanchistischen« Regierung in Westdeutschland Kernwaffen in die Hand zu geben, verurteilt hatte. Auch als Symbol der gegenseitigen amerikanisch-europäischen Abhängigkeit und als Mittel zur Förderung der europäischen Integration war die MLF erfolglos. Die militärstrategischen Mängel einer von Amerika dominierten gemeinsamen Streitmacht konnten in Europa kaum ein Gefühl der »gegenseitigen Abhängigkeit« stärken.

Schlesinger bezieht sich auf die Verwendung des Begriffs »gegenseitige Abhängigkeit« durch McNamara in dessen Rede in Ann Arbor im Juni 1962, wenn er bemerkt, daß dieser »eingängige« Begriff »irreführend war, denn im Grund meinte McNamara genau genommen die *Abhängigkeit* der westlichen Sicherheit von der atomaren Abschreckungsmacht unter amerikanischer Vorherrschaft«. A Thousand Days, S. 776, Hervorhebung im Original. (Für die vollständigen Angaben der in den Anmerkungen in Kurzform verwandten Titel vgl. das Literaturverzeichnis, S. 205 ff.)

Die deutsch-französischen Beziehungen, die während der ganzen Regierungszeit Erhards angespannt waren, wurden durch den Streitpunkt MLF noch mehr belastet, da de Gaulle ein europäisches Verteidigungssystem aufbauen wollte (das möglicherweise auf der wirtschaftlichen Grundlage und der Mitgliedschaft des Gemeinsamen Marktes beruhen sollte) und sich jeder deutschen Beteiligung am atomaren Entscheidungsprozeß, der Bonn enger an die Vereinigten Staaten gebunden hätte, unerbittlich widersetzte. Auch die deutsch-amerikanischen Beziehungen litten unter den Folgen des MLF-Projekts, obwohl Deutschland vermutlich sein Nutznießer gewesen wäre. Erstens hatte sich Bonn für den Plan der MLF vorbehaltlos eingesetzt, und zwar so sehr, daß es 1964 eine Zeitlang so aussah, als ob Bonn und Washington ihn auf bilateraler Basis weiterführen wollten.

Dies entsprach nicht ganz den Tatsachen. Präsident Johnson und Bundeskanzler Erhard hatten angeblich im Juni 1964 ein Übereinkommen unterzeichnet, daß spätestens bis zum Januar 1965 die Vereinbarung über die MLF von den Mächten in Kraft gesetzt werden sollte, die bereit waren, der MLF beizutreten. Gegebenenfalls wäre es möglich, diese Vereinbarung nur auf die USA und Deutschland zu beschränken. Angesichts der Einwände anderer NATO-Mitglieder, der Sowjetunion und amerikanischer Regierungsbeamter (einschließlich des amerikanischen Beauftragten bei der Genfer Abrüstungskonferenz) ist es unwahrscheinlich, daß der Präsident diese Möglichkeit ernsthaft erwog. Vgl. Der Spiegel, 42/1964, S. 33–34.

Entsprechend versetzte die Einstellung der MLF-Pläne durch die Regierung Johnson im Jahr 1965 den Bundeskanzler Ludwig Erhard in erhebliche Schwierigkeiten im innenpolitischen wie im internationalen Bereich. Dies war besonders gravierend, weil Erhard trotz der starken französischen Einwände die amerikanische Politik (in der NATO und in der Atlantischen Gemeinschaft, in Vietnam und durch das Eingehen auf Washingtons Forderung nach einer größeren konventionellen Truppenstärke in Mitteleuropa) konsequent unterstützt hatte und weil er sich durch die Unterstützung der MLF zu stark auf die Bereitwilligkeit Johnsons, sich erkenntlich zu zeigen, verlassen hatte. Das Ableben der MLF und außerdem die Weigerung Johnsons im Herbst 1966, eine Verminderung der deutschen Ausgleichskäufe für die in Deutschland stationierten US-Truppen zu akzeptieren, versetzten dem persönlichen Ansehen Erhards einen harten Schlag.

Die Frage der Kostenteilung für die in Deutschland stationierten amerikanischen Truppen erzeugte schon seit Jahren Spannungen. Washington verlangte von Deutschland, daß es durch Waffenkäufe in den USA weiterhin zur Behebung des Zahlungsbilanzdefizits beitrüge. Die Deutschen behaupteten demgegenüber, bereits ein ausreichendes Waffenlager zu besitzen. (Deutschland hatte in den Jahren 1961–1964 amerikanische Waffen und Munition im Werte von 2,5 Milliarden Dollar gekauft.) Dies verursachte auf beiden Seiten Ärger; die Amerikaner drohten mit Truppenabzügen, und ein deutscher Beobachter bemerkte, daß Verteidigungsminister McNamara »vielen wie ein unermüdlicher Waffenverkäufer mit knallharten Verkaufsmethoden vorkomme«. Vgl. Sommer, »Bonn Changes Course«, S. 483. Im Frühjahr 1967, während der ersten Monate der Regierungszeit der Großen Koalition, wurde die Angelegenheit endlich durch einen Kompromiß (den Bundeskanzler Erhard Präsident Johnson bereits vorgeschlagen hatte) beigelegt, der eine deutsch-amerikanische Zusammenarbeit in Geldfragen statt weiterer deutscher Waffenkäufe vorsah, um die Dollar-Kosten der amerikanischen Truppen auszugleichen. Ferner sollten die von den amerikanischen Truppen ausgegebenen Dollars nicht in Gold umgetauscht werden (die Deutsche Bundesbank nahm diesen Umtausch in der Regel ohnehin nicht vor) und Deutschland sollte in den USA mittelfristige Wertpapiere kaufen. Vgl. Mendershausen, *Troop Stationing in Germany.*
Ein ähnliches Problem stellte die 50000 Mann starke britische Rheinarmee (BAOR), die laut WEU-Vertrag von Großbritannien unterhalten werden mußte. Die britische Regierung drohte im März 1967 Bonn erneut mit »massiven Truppenabzügen«, falls die Deutschen nicht bereit seien, in Kürze größere Kostenausgleichsverpflichtungen zu übernehmen. Deutschland verpflichtete sich im Laufe des Jahres 1968, britisches Rüstungsmaterial zu kaufen, dessen Gegenwert zwei Drittel der Devisenkosten betrug, die Großbritannien durch den Unterhalt der Rheinarmee entstanden waren. Vgl. Hallett, »Britain and the Future of Germany«; Der Spiegel 28/1965, S. 19–22.

Dadurch wurden die außen- und innenpolitischen Probleme, die der Bonner Regierung ohnehin zu schaffen machten, noch verstärkt. Die innenpolitische Opposition gegen Erhard erhielt zusätzlichen Zündstoff und trug damit zu dem erzwungenen Rücktritt der Regierung Erhard Ende des Jahres 1966 bei.

Zweitens entstanden Spannungen zwischen grundlegenden amerikanischen Interessen und den wichtigsten politischen Absichten, die Bonn durch die atomare Mitbestimmung voranzutreiben suchte. Ein wichtiger Grund des Interesses Bonns an der MLF war (außer den Sicherheitsgründen) durchgängig die Aussicht, daß mit der MLF eine Verhandlungsposition, die die deutsche Wiedervereinigung möglicherweise im Rahmen von Abrüstungs- oder Rüstungskontrollverhandlungen förderte, geschaffen werden könnte. Obwohl man in Westdeutschland wesentlich davon ausging, daß ein vereintes Deutschland mit Sicherheit nicht-atomar sein werde, machte man sich doch gewisse Hoffnungen, daß der Verzicht Bonns auf die Verfügungsgewalt über Kernwaffen die Sowjetunion zu Zugeständnissen in der Deutschlandfrage bewegen würde. Außenminister Gerhard Schröder wies im Sommer 1965 ausdrücklich darauf hin, als er erklärte, daß Deutschland nur dann auf ein atomares Potential verzichte, wenn die Sowjetunion die deutsche Wiedervereinigung nicht blockieren würde. Diese erhoffte Machtstellung, die vermutlich von vornherein illusorisch war, erforderte natürlich eine fortgesetzte und direkte amerikanische Unterstützung der MLF – und dies besonders nachdem de Gaulle betont hatte, daß die deutsche Beteiligung an der MLF einer »europäischen Lösung« der Deutschlandfrage (der einzigen Lösung, die er zu unterstützen gewillt war) im Wege stehe, da Bonn durch sie zu eng an Washington gebunden würde. Mit anderen Worten: Mit dem Drängen auf die MLF lief die Bundesrepublik Gefahr, sich mit ihrer Wiedervereinigungspolitik diplomatisch zu isolieren, ohne im militärstrategischen Bereich mehr als ein Symbol gemeinsamer atomarer Verfügungsgewalt zu gewinnen.

Präsident Johnson war nicht bereit, eine solche Unterstützung zu gewähren. Gerade die antisowjetische Dimension, die in die MLF-Politik Bonns einging, veranlaßte die Regierung Johnson zur Aufgabe des Projektes, denn zwei der vorrangigen außenpolitischen Ziele Washingtons, eine Entspannung mit der Sowjetunion und ein Rüstungskontrollabkommen, setzten die Mitarbeit des Kreml voraus. Die Verhandlungen über ein Abkommen zur Nichtverbreitung von Kernwaffen waren bereits im Gange und die Sowjetunion gab wiederholt deutlich zu verstehen, daß Washington zwischen dem Abkommen und der MLF wählen müsse. Die deutsche Regierung bestand jedoch darauf, daß vor einem Nonproliferationsabkommen eine nukleare Streitmacht der NATO errichtet werden müsse.

Im Grunde sollte der Atomwaffensperrvertrag, wie ihn seine Initiatoren, die Vereinigten Staaten, die Sowjetunion und Großbritannien vorsahen, kleinere Staaten vom Erwerb von Kernwaffen abhalten, um ihren Einsatz in regionalen Konflikten, die sich eventuell zu einer globalen Katastrophe ausweiten könnten, zu vermeiden. Nach sechsjährigen Verhandlungen auf der Genfer Abrüstungskonferenz wurde der Vertrag endlich im Frühsommer 1968 von den drei Initiatoren abgeschlossen. Er manifestierte ein echtes gemeinsames Interesse der drei Mächte an der Verhinderung der weiteren Verbreitung von Kernwaffen und die dadurch zu erwartende Destabilisierung der politischen Verhältnisse. (Frankreich und China hatten zu verstehen gegeben, daß sie dem Vertrag nicht beitreten würden.) Um die Sicherheit der nicht-atomaren Unterzeichner während der fünfundzwanzigjährigen Gültigkeitsdauer des Vertrags zu gewährleisten, verpflichteten sich die Initiatoren, gegebenenfalls den UN-Sicherheitsrat einzuschalten. Außerdem verpflichteten sie sich (in Artikel VI), die Verhandlungen über die Rüstungskontrolle und die atomare Abrüstung aufrichtig weiterzuführen.
Zur etwas skeptischen Beurteilung der Sicherheitsversprechen siehe Beaton, »Kernwaffensperrvertrag«.

Während des ganzen Jahres 1965 waren die Frage der MLF und die Vorschläge für ein Nonproliferationsabkommen eng verknüpft. Im Januar 1965 wurde Präsident Johnson von einem Sondergremium unter dem Vorsitz des ehemaligen stellvertretenden Verteidigungsministers, Roswell L. Gilpatric, ein »geheimer« Bericht vorgelegt, in dem der Präsident angeblich gedrängt wurde, die Idee der MLF aufzugeben, um die Arbeit am Atomwaffensperrvertrag voranzutreiben. Die im Sommer 1965 folgende Erneuerung der amerikanischen Initiative bei der Genfer Abrüstungskonferenz führte zu einer intensiven deutschen Kampagne, die bewirken sollte, daß die Vereinigten Staaten die MLF nicht gegen die sowjetische Unterstützung des Atomwaffensperrvertrags eintauschten.

Zwar versuchte Washington, die Deutschen davon zu überzeugen, daß der Vorschlag von Gilpatric nicht zur Richtschnur der amerikanischen Politik geworden war, doch deuteten alle Zeichen in diese Richtung. Seit Anfang der sechziger Jahre hatten sich die amerikanischen Sicherheitsbemühungen allgemein von der regionalen auf die globale Ebene des strategischen Gleichgewichts zwischen den USA und der Sowjetunion verlagert.[13] Gleichzeitig versuchten die Vereinigten Staaten, ihr Bestreben nach einer regionalen Nonproliferation auf die globale Ebene auszudehnen, Bestrebungen, die nach der Zündung atomarer Waffen durch China besonders relevant schienen. Außerdem konnte von einem Abkommen mit der Sowjetunion über die Nichtverbreitung von Kernwaffen die Verbesserung der sowjetisch-amerikanischen Zusammenarbeit zu einem Zeitpunkt erwartet werden, als die Eskalation des Vietnamkonflikts die Beziehungen merklich belastete. Hier liegt in der Tat die eigentliche Bedeutung des Vietnamkriegs für die westdeutsche Außenpolitik. Es ist nämlich nicht unwahrscheinlich, daß das Weiße Haus stillschweigend oder ausdrücklich die Russen für ihre vergleichsweise starke Zurückhaltung in Vietnam mit Versicherungen darüber entschädigte, daß Deutschland der Zugang zu einer gemeinsamen Verfügungsgewalt über Atomwaffen verwehrt würde. Die unerschütterliche Unterstützung des amerikanischen Engagements in Vietnam durch Erhard und Schröder entbehrt hier nicht einer gewissen Ironie.

Es war für die Regierung Johnson recht einfach, die MLF zu opfern, da weder Großbritannien noch Frankreich für die Zulassung Deutschlands zu einer atomaren Politik waren und da die meisten NATO-Mitglieder kein wirkliches Interesse an der Beteiligung an der MLF zeigten. Verständlicherweise sahen jedoch die Deutschen ihre weitgehenden Befürchtungen vor einer sowjetisch-amerikanischen Einigung auf Kosten der deutschen Wiedervereinigung durch die Kehrtwendung Washingtons in der Frage der MLF bestätigt. Außerdem wurde der andere, der Sicherheitsaspekt des Interesses Bonns an der MLF noch dringlicher, nachdem de Gaulle im Februar 1966 den Rückzug Frankreichs aus der integrierten NATO-Befehlsgewalt angekündigt hatte.

General de Gaulle gab auf seiner Pressekonferenz vom 21. Februar 1966 bekannt, daß Frankreich bis zum 4. April 1969 die Verwaltung aller ausländischen Stützpunkte auf französischem Gebiet beanspruchen würde. Ein darauffolgendes Memorandum forderte den Rückzug aller Befehlsorganisationen der NATO. Obgleich Frankreich nominell Bündnismitglied blieb, löste es seine Einsatzverpflichtungen gegenüber der NATO; das NATO-Hauptquartier wurde daraufhin von Paris nach Brüssel verlegt. Dieser Beschluß de Gaulles kam nicht völlig unerwartet, da er schon immer die integrativen Züge der NATO scharf kritisiert hatte. Außerdem hatte Frankreich seinen beabsichtigten Rückzug schon im Frühsommer 1966 dadurch angedeutet, daß es nicht an der Stabsübung der NATO, »Fallex 66«, teilnahm. Daraufhin schlug Verteidigungsminister McNamara einen vier oder fünf Mitglieder starken »Sonderausschuß« der NATO für nukleare Planung vor (der später zur Nuklearen Planungsgruppe der NATO wurde), der wenigstens teilweise die Aufgabe hatte, die französische Obstruktionspolitik innerhalb des Bündnisses zu überwinden und die französische Force de frappe in die Strategie der NATO zu integrieren. Frankreich verweigerte die Teilnahme an beiden Ausschüssen. Vgl. Furniss, »De Gaulles France«; Goodman, »De Gaulles NATO Policy«; Hunt, *NATO Without France;* Amme, NATO Without France.

Die »Strategie der Vorwärtsverteidigung« der NATO, die schon immer wenig durchführbar wirkte, wurde nun durch den Verlust französischer Truppen, französischen Gebietes und französischen Luftraums noch weiter geschwächt.

Das Konzept der »Vorwärtsverteidigung« war eigentlich lange Zeit für die NATO nichts weiter als ein beschönigendes Schlagwort. Als es im Jahre 1951 von General Eisenhower zum erstenmal benutzt wurde, bedeutete es den »Rückzug« der NATO-Truppen bis an den Rhein; erst 1963 war die NATO in der Lage, den Plan der Frontlinienverteidigung an der Grenze Westdeutschlands mit dem Ostblock durchzuführen. Selbst zu diesem Zeitpunkt war die Wirksamkeit des Prinzips der Vorwärtsverteidigung ernsthaft in Frage gestellt, da es sowohl an Truppen wie an Bewegungsraum mangelte. Vgl. Der Spiegel, 33/1966, S. 30–39, besonders das Interview mit General Kielmansegg, Befehlshaber über den zentralen Sektor der NATO. Durch den Rückzug Frankreichs aus der Befehlsstruktur des Bündnisses wurde die NATO noch weiter geschwächt, da die gemeinsame strategische Planung zwischen der NATO und Frankreich nahezu aufhörte. Dies spiegelte sich in dem Vorschlag des französischen Stabschefs, General Ailleret, wider, daß Frankreich gegen »alle Himmelsrichtungen« ein atomares Verteidigungssystem errichten solle. Vgl. Ailleret, »Directed Defense«, in: Survival, Februar 1968, S. 38–43, sowie den Kommentar von Alfred Grosser, ebda. S. 43–44, 53.

Dadurch schien der Zugang zur Mitbestimmung in atomaren Gremien zwingendes Gebot zu werden, und das besonders, nachdem aus Washington zu hören war, daß der Rückzug Frankreichs die NATO zwingen könne, in einem entscheidenden Konflikt früher als vorgesehen auf Atomwaffen zurückzugreifen, da »wir einen nützlichen Teil der Verteidigung in der Tiefe verlieren«. Wie ein Beobachter meinte, konnten Leute bei solchen Ansprüchen »nicht überlegt haben, wie die Deutschen auf eine solche Bemerkung reagieren. Sie bedeutet ja schlicht, daß Deutschland vor dem Einsatz von Kernwaffen aufgegeben werden könnte«.[14] Die Deutschen waren ebensowenig durch die symbolischen Vorschläge für gemeinsame Beratungen in atomaren Fragen, die das Pentagon 1966 machte, beruhigt. Als im Februar Verteidigungsminister McNamara sich mit den Verteidigungsministern Großbritanniens, Deutschlands, Italiens und der Türkei traf, um über Mittel zur Sicherung einer breiteren Beteiligung der nicht-atomaren Mitglieder an der nuklearen Planung zu beraten, wiesen Westdeutschland und Italien darauf hin, daß sie die Gelegenheit zur Beteiligung an solcher Planung begrüßten (insbesondere weil damit der frühe Einsatz von Kernwaffen durch eine ausdrückliche Planung für den Ernstfall gesichert schien), daß sie diese jedoch nicht als Ersatz für eine alliierte Atomstreitmacht betrachten könnten und daß sie sich dem Nonproliferationsvertrag widersetzen würden, falls durch ihn der Aufbau einer solchen Streitmacht ausgeschlossen würde. Im Frühjahr, als schon Gerüchte kursierten (die offiziell noch dementiert wurden), daß Washington die Idee einer atlantischen Atomstreitmacht endgültig aufgegeben habe, trafen sich die fünf Verteidigungsminister erneut in London, um über die Folgen des französischen Rückzugs zu beraten. Sie beschlossen die Schaffung eines ständigen Beratungsforums über den Einsatz von Kernwaffen (das dann im Dezember als die Nukleare Planungsgruppe der NATO errichtet wurde). Angeblich erörterten sie auch die Wirksamkeit eines Systems abgestufter Vergeltungsmaßnahmen auf verschiedene Angriffsformen – wodurch sich das Pentagon umgehend zur Veröffentlichung eines offiziellen Dementis über die Erörterung einer Hinwendung zum automatischen atomaren Gegenschlag veranlaßt sah.

1966 betonten die Sowjets wiederholt, daß jede deutsche »Assoziierung« mit Atomwaffen (mit Ausnahme beratender Einrichtungen) einem Atomwaffensperrvertrag im Wege stünde. Dagegen bestanden die Deutschen ebenso hartnäckig auf der Beteiligung an einer Atommacht. Im März forderte der Verteidigungsminister Bonns, Kai-Uwe von Hassel, den »gemeinsamen physischen Besitz« an einem Kernwaffensystem, womit er meinte, daß ein »gemeinsames Waffensystem für die Atlantische Allianz aufgebaut werden sollte, mit gemeinsamer Finanzierung, gemeinsamer Verantwortung, gemeinsamer Eigentümerschaft, gemeinsamer Einigung über die Grundsätze – und dies unter amerikanischer Beteiligung, wobei das Vetorecht und die endgültige Entscheidung in den Händen des amerikanischen Präsidenten bleiben sollte«.[15] Im Juni, einige Tage nachdem sich McNamara für eine permanente NATO-Kommission für nukleare Planung eingesetzt hatte, forderte Erhard erneut die deutsche Beteiligung an einer Atomstreitmacht der NATO. Es wurde jedoch zunehmend deutlich, daß viele führende westliche Politiker die deutschen Bemühungen um ein atomares Mitspracherecht mit erheblichem Widerwillen betrachteten, da dadurch das Nonproliferationsabkommen gefährdet schien und da von vornherein wenig Begeisterung über die Aussicht eines deutschen Fingers am nuklearen Drücker bestand.

Auf dem Hintergrund dieser deutschen Befürchtungen ist es nicht verwunderlich, daß der Gedanke eines Nonproliferationsabkommens in Bonn von Anfang an kühl aufgenommen wurde. Angesichts der weitreichenden Auswirkungen eines solchen Übereinkommens auf die deutsche Außenpolitik beklagte sich die Bonner Regierung wohl zu Recht darüber, daß sie nicht genügend konsultiert worden war. Außerdem war die unglückliche Verbindung zwischen der MLF-Episode und den amerikanischen Bemühungen um die Nichtverbreitung von Kernwaffen kaum dazu geeignet, die deutschen Befürchtungen aus der Welt zu schaffen, daß eine sowjetisch-amerikanische Einigung über den Kopf der deutschen Regierung hinweg erzielt werden könnte. Die Widerstände der Regierung Erhard gegen ein Nonproliferationsabkommen resultierten hauptsächlich aus ihrer Entschlossenheit, sich vier grundsätzliche Wahlmöglichkeiten für die deutsche Außenpolitik offenzuhalten:

»Die erste war die Chance, den völligen Verzicht auf Atomwaffen bei den künftigen Verhandlungen mit Moskau über die deutsche Einheit einzusetzen; (das Außenministerium spielte tatsächlich mit dem Gedanken, eine Nonproliferationsverpflichtung nur mit den westlichen Verbündeten zu unterzeichnen). Die zweite war die Möglichkeit, sich auf der Basis des Mitbesitzes an einer alliierten Atomstreitmacht zu beteiligen. Die dritte war die Teilnahme an Bündnisabmachungen über atomare Planung und Krisenmanagement nach dem Grundsatz, daß ein ständiger Verzicht auf Kernwaffen durch ständige Beteiligung an einem zuverlässigen Abschreckungssystem ausgeglichen werden müsse. Die vierte war die Schaffung einer europäischen Atomstreitmacht.«[16]

Alle diese Möglichkeiten wären durch das vorgesehene Rüstungskontrollabkommen ernsthaft verringert worden.

Nach all seinen Erfahrungen mit Washington muß Erhard die Wahrscheinlichkeit, zum Mitbesitz an Kernwaffen zu gelangen, als recht abwegig betrachtet haben, doch die Bezüge, die die Bonner Regierung zwischen dem Atomwaffensperrvertrag und der Möglichkeit, einen Fortschritt in der Wiedervereinigungsfrage zu erzwingen, sah, erklärten auch weitgehend ihre Abneigung gegen die Einwilligung in eine Rüstungskontrollregelung. Die Vorbehalte gegenüber einem Nonproliferationsabkommen kamen nicht so sehr aus dem Verlangen nach dem Besitz von Kernwaffen als vielmehr daraus, daß man nur widerwillig auf die Drohung ihres Erwerbs verzichten wollte.[17] Doch angesichts der verbreiteten Bedenken gegen einen deutschen Finger am atomaren Drücker war der Wert des Mittels, diese Drohung beizubehalten, zweifelhaft. Andererseits jedoch ist es verständlich, daß die Deutschen nicht ohne weiteres eine Gelegenheit aufzugeben bereit waren, um Zugeständnisse in der Wiedervereinigungsfrage zu erreichen, denn sie hatten in dieser Frage schon bisher eine nur geringe Machtposition gehabt, und es war klar, daß die wesentliche Absicht der Russen bei den Verhandlungen über das Abkommen darin bestand, den Erwerb von Atomwaffen für Westdeutschland zu verhindern. Es ist jedoch bemerkenswert, daß der deutsche Widerstand gegen den Nonproliferationsvertrag sich sowohl gegen die Vereinigten Staaten als auch gegen die Sowjetunion richtete. Die Tatsache, daß Washington darauf bestand, daß Westdeutschland dem Vertrag ohne Zugeständnisse für die Wiedervereinigung beitreten solle, wurde von vielen Deutschen als ein weiterer Beweis dafür gesehen, daß Washington die Deutschlandfrage – möglicherweise für immer – ad acta gelegt hatte.

Es bestanden noch andere Bedenken gegen den Vertrag. Die Deutschen behaupteten beispielsweise, daß der Vertrag deutsche Wissenschaftler und Ingenieure bei ihrer Arbeit zur friedlichen Ausnutzung der Atomenergie behindern würde und daß damit die militärischen Atommächte in der wirtschaftlichen Konkurrenz bei der Errichtung von Atomkraftwerken bevorzugt würden; daß gewisse Teile des Vertrags über die Inspektion die Industriespionage fördern würden und daß der Vertrag die europäische Einigung behindere, da durch ihn die Bedeutung und die bisherigen Leistungen der Euratom herabgesetzt würden. Keiner dieser Einwände war jedoch ähnlich ernsthaft und grundsätzlich wie die Einwände, die sich auf die politischen und militärstrategischen Inhalte bezogen, die sich durch die Bestimmungen des Vertrags auf das allgemeine außenpolitische Programm Bonns auswirkten.

Die Regierung der Großen Koalition, die mit Kurt Georg Kiesinger von der CDU als Kanzler und Willy Brandt von der SPD als Außenminister die Regierung Erhard im Dezember 1966 ablöste, äußerte sehr schnell starke Bedenken gegen den Nonproliferationsvertrag. Ihr Unbehagen entsprang großenteils denselben Überlegungen, die die Vertragsidee bereits für die Regierung Erhard so wenig anziehend gemacht hatte, doch gab es einige bedeutende Veränderungen in den Schwerpunkten und der Linie der Argumentation. Am auffälligsten war wohl, daß die neue Regierung die beiden ersten Aspekte des Vertrags, auf denen Erhard so nachdrücklich bestanden hatte, herunterzuspielen schien: die Verbindung zwischen dem Verzicht auf Kernwaffen und Fortschritten in der Deutschlandfrage sowie die Hoffnung auf Mitbesitz an Kernwaffen im Rahmen einer alliierten atomaren Streitmacht. Dafür gab es mindestens drei Gründe: Erstens setzte sich die neue Regierung für eine positivere Realpolitik, besonders gegenüber den USA ein. Und da sie erkannte, daß die Regierung Johnson zur Aufstellung einer alliierten Streitmacht nicht bereit war, konnte Bonn sich nicht weiterhin für eine offensichtlich hoffnungslose Sache einsetzen, ohne seiner realistischen und positiven Haltung zu schaden. Zweitens wollte die Kiesinger-Brandt-Koalition die Beziehungen zwischen Bonn und Paris verbessern; doch dazu war sie nicht in der Lage, solange Bonn auf einem Kurs bestand, den de Gaulle hartnäckig ablehnte. Drittens war die neue Regierung entschlossen, eine flexiblere und realistischere Politik gegenüber Osteuropa einzuleiten, in der Hoffnung, daß eine Annäherung den Weg zur deutschen Einheit erleichtern würde. Jeder – von vornherein zweifelhafte – Versuch, als Gegenleistung für den Verzicht auf Kernwaffen Zugeständnisse in der Frage der Wiedervereinigung zu erreichen, hätte die Annäherungsstrategie, der ohnehin genügend Hindernisse entgegenstanden, noch zusätzlich belastet.[18]

Das heißt natürlich nicht, daß sich die neue Bonner Regierung nicht der Bedeutung eines Nonproliferationsabkommens für die deutsche Wiedervereinigung und für die Frage des gemeinsamen Besitzes an einer alliierten atlantischen Atomstreitmacht bewußt war oder ihr gleichgültig gegenüberstand. Doch in ihren öffentlichen Reaktionen konzentrierte die Regierung ihre nachhaltigen Einwände insbesondere auf die Folgen, die ein solches Abkommen für die Schaffung einer europäischen Atomstreitmacht und für die deutsche Beteiligung an gemeinsamer atomarer Planung haben würde. Washington versicherte Bonn schriftlich, daß der Nonproliferationsvertrag, auch wenn er die Bildung einer Kernstreitmacht der NATO ausschließe, die Schaffung einer europäischen Atomstreitmacht bei der Entstehung eines politisch geeinten Europas nicht verhindern würde. Außerdem betonte die Bonner Regierung noch besonders, daß die Beteiligung Westdeutschlands an der nuklearen Planungsgruppe der NATO nicht als Ersatz für eine deutsche Rolle in einer europäischen Atomstreitmacht zu betrachten sei.[19]

Beide Punkte gewannen neue Bedeutung, als die Doktrin der flexiblen Erwiderung (flexible response) Washingtons, die seit der Kennedy-Regierung für die Vereinigten Staaten galt, im Mai 1967 zur offiziellen und ausdrücklichen Politik der NATO wurde. Dies war besonders beunruhigend, da eine Politik der flexiblen Vergeltung seit dem französischen Rückzug aus der integrierten Kommandostruktur der NATO noch weniger einleuchtete.

Der französische Rückzug führte zu erhöhten amerikanischen Anstrengungen, kleinere, »saubere« und genauere taktische Kernwaffen zu produzieren, die angesichts der verringerten Truppenstärke und des kleineren Kampfraumes für den Einsatz in Europa besser geeignet wären. Bonn verlangte nun ein Veto beim Abschuß amerikanischer taktischer Kernwaffen von deutschem Boden. Eine Kommission von Kernwaffenexperten der UNO kam jedoch in einem Bericht an Generalsekretär U Thant zu dem Ergebnis, daß die durch einen atomaren Krieg mit taktischen Kernwaffen angerichtete Zerstörung in Europa sich nur geringfügig von den Folgen eines Schlagabtausches mit strategischen Kernwaffen unterscheiden würde.
(The New York Times, 25. Oktober 1967, 9:1). Zu den deutschen Ansichten über die Doktrin der flexiblen Erwiderung der NATO siehe Baudissin, »NATO-Strategie«; und Nau »Die Sicherheitspolitik«. Siehe ebenfalls Mendershausen, »West Germany's Defense Problem«.

Im Dezember hatten NATO-Planer drei mögliche »Konfliktphasen« formuliert, die eine Reaktion der NATO auf einen Angriff durchlaufen müsse, ehe ein umfassender amerikanischer Atomschlag ausgelöst würde (Dokument MC 14/III). Die erste Phase sah eine räumlich begrenzte und auf konventionelle Streitkräfte beschränkte Reaktion der NATO vor. Die zweite bestimmte drei Eskalationsmöglichkeiten, die dem Gegner das ganze Ausmaß an Entschlossenheit der NATO vorführen sollten: die Vergrößerung des Konfliktgebietes, der Einsatz weiterer konventioneller Truppen und ausgewählte taktische Atomschläge gegen spezifische Ziele, etwa gegen massive Truppenkonzentrationen. Die dritte Phase war der Atomkrieg in Mitteleuropa. Dieses Drehbuch für den Ernstfall war gekoppelt mit dem Beschluß, die in Deutschland stationierten amerikanischen, britischen und belgischen Bodentruppen um nahezu 75000 Mann zu verringern, und zwar auf Grund der Annahme, daß die Kapazität der amerikanischen Luftbrücke einen ausreichenden Ersatz bieten würde. Natürlich konnte man von Bonn nicht erwarten, daß es mit großer Begeisterung auf ein Mitspracherecht im atomaren Entscheidungsprozeß verzichten würde zu einem Zeitpunkt, an dem die deutsche Verwundbarkeit durch die Politik der NATO offiziell hervorgehoben wurde.

Die Regierung der Großen Koalition war über die Stellung zum Vertrag ernstlich gespalten. Außenminister Brandt setzte sich für den Beitritt Deutschlands ein, während Bundeskanzler Kiesinger darauf bestand, die Entscheidung bis nach den Wahlen im September 1969 aufzuschieben. Der Finanzminister und CSU-Vorsitzende, Franz Josef Strauß, ein eindeutiger Kritiker des Nonproliferationsabkommens, das er ein »Versailles von kosmischen Ausmaßen« nannte, behauptete, daß der Vertrag die NATO, die EWG und Deutschlands »gleichberechtigte Partnerschaft« mit den Vereinigten Staaten gefährden und Bonns Machtposition in der Deutschlandfrage schwächen würde. Anfang 1969 traten einige prominente, Strauß nahestehende CSU-Mitglieder im amerikanischen Kongreß als Lobby gegen die Ratifizierung des Vertrags auf, was im Weißen Haus Verstimmung hervorrief.

Die Sorge um die deutsche Sicherheit und die Bedenken der Regierung gegen den Nonproliferationsvertrag wurden durch die sowjetische Invasion der Tschechoslowakei im August 1968 weiter verstärkt. Die Westdeutschen fühlten sich durch die erhöhte Stärke und größere Nähe der Sowjetmacht an ihren Grenzen direkt bedroht. Und die russischen Versuche, die Invasion mit Argumenten zu rechtfertigen, in denen in harten Worten ein revanchistisches Deutschland als wesentliche Triebkraft hinter dem »Abweichlertum« des Dubcek-Regimes angeprangert wurde, konnten die Deutschen kaum beruhigen. Die Große Koalition hatte die alten Ansprüche auf direkten nuklearen Mitbesitz und nukleare Mitbestimmung aufgegeben, doch nach der Invasion erklärte Außenminister Brandt, daß Deutschland den Vertrag nur unterzeichnen werde, wenn er die Atommächte zu Abrüstungsmaßnahmen verpflichten, die Sicherheit Deutschlands nicht gefährden, die europäische Integration nicht verzögern und die friedliche Anwendung der Kernenergie nicht verhindern würde. Auch die meisten anderen NATO-Mitglieder äußerten sich besorgt. Die nicht-atomaren Streitkräfte der NATO waren, besonders an der deutschen Frontlinie, seit einigen Jahren verringert worden. Die Invasion der Tschechoslowakei stellte nun die geltende Auffassung des Westens in Frage, die nachstalinistische sowjetische Führung sei zu klug geworden, um zur Verfolgung politischer Ziele auf umfassende Gewaltanwendung zurückzugreifen. Als Folge der Invasion, die unter anderem gezeigt hatte, wie schnell, wirksam und verhältnismäßig geheim die Russen 20 Divisionen zusammenziehen konnten, wurde in der NATO ein gründlicher Prozeß der Neubeurteilung ihrer militärischen Bereitschaft eingeleitet, der in dem Treffen der Außen- und Verteidigungsminister der NATO-Staaten im November 1968 in Brüssel gipfelte.[20]

Die Brüsseler Konferenz brachte nur unbedeutende militärische Ergebnisse, die die konventionelle Schlagkraft der NATO im Vergleich zu der des Ostblocks nicht wesentlich verbesserte. Deutschland machte

Pläne zur Bereitstellung größerer finanzieller Mittel für die Behebung des Mangels an Unteroffizieren, Belgien erklärte sich bereit, die Stärke seiner stehenden Truppen zu erhöhen, Großbritannien versprach, Schiffe und Flugzeuge aus Südostasien zurückzuholen, und andere Mitglieder machten ähnliche Gesten zur Verbesserung des zu mobilisierenden Potentials der NATO. Die politischen Ergebnisse des Treffens waren auch nicht viel eindrucksvoller. Das Kommuniqué der Konferenz warnte die Sowjetunion und ihre vier Verbündeten bei dem tschechoslowakischen Unternehmen (Polen, Ostdeutschland, Ungarn und Bulgarien), daß jede direkte oder indirekte sowjetische Intervention, die die Lage in Europa oder im Mittelmeergebiet beeinträchtige, eine »internationale Krise mit ernsten Folgen« heraufbeschwören würde. Zwar konnte die NATO ihren schützenden Schirm nicht auf beispielsweise Rumänien, Österreich oder Jugoslawien ausdehnen, doch praktisch stand in dem Kommuniqué, daß die NATO eine Bedrohung aus Gebieten, die an Mitgliedländer angrenzen, nicht ignorieren würde. Diese sogenannte Harmel-Doktrin (nach Pierre Harmel, dem belgischen Außenminister) zielte offensichtlich nicht auf eine militärische Intervention, sondern sollte eher Maßnahmen einer »präventiven Diplomatie«, etwa in der Form diplomatischer oder militärischer Warnungen, betonen. Auf jeden Fall war die Harmel-Doktrin längst nicht so wirkungsvoll und glaubwürdig (angesichts der Ereignisse in der Tschechoslowakei) wie ihr sowjetisches Gegenstück, die sogenannte Breschnjew-Doktrin, die ebenfalls im Gefolge der sowjetischen Invasion formuliert wurde und die das Recht auf sowjetische Intervention in der gesamten »sozialistischen Völkergemeinschaft« zur Abwehr »konterrevolutionärer« Umtriebe betonte.

Die in der Öffentlichkeit weniger registrierte Sitzung der Nuklearen Planungsgruppe der NATO im Oktober, in der sieben Mitglieder vertreten sind, war politisch bedeutsamer als die Brüsseler Konferenz. Auf dieser Sitzung betrauten die Mitglieder der Planungsgruppe Großbritannien (als der führenden europäischen Atommacht) und Westdeutschland (als dem Land mit den größten konventionellen Streitkräften) mit der Aufgabe, Verteidigungsrichtlinien für das Bündnis auszuarbeiten. Der deutliche Hinweis, daß ein spezifisch »europäischer« Zugang zur Verteidigungsplanung sich hier entwickelte, erhielt den offiziellen Segen Washingtons und wurde sowohl in London als auch in Bonn günstig aufgenommen. Großbritannien sah in seiner Rolle bei der Verteidigungsplanung eine Gelegenheit, seine Vertrauenswürdigkeit in Europa weiter zu kräftigen und das Veto de Gaulles gegen die EWG-Mitgliedschaft zu überspielen. Deutschland, dessen Bemühungen um den Beitritt Großbritanniens zum Gemeinsamen Markt von de Gaulle wiederholt vereitelt worden waren, war darauf bedacht, die Beziehungen zu London zu festigen und sich an einem Unternehmen zu beteiligen, das Bonn einen größeren Einfluß auf die allgemeine Verteidigungsplanung für Europa sicherte.

De Gaulle hatte seinerseits mehrere Jahre lang versucht, die Deutschen zu einem europäischen Sicherheitssystem unter der Führung Frankreichs zu bekehren, doch der damit verbundene Ausschluß der NATO und der Vereinigten Staaten fand in Bonn aus militärischen und politischen Gründen wenig Unterstützung. So hatte de Gaulle beispielsweise 1964 angeblich die Regierung Erhard um einen finanziellen Beitrag der deutschen Industrie zur Force de frappe gebeten, um das Programm bis 1970 fertigzustellen, wobei er jedoch auf alleiniger französischer Kontrolle bestand. Dieser Fragenkomplex tauchte im Zusammenhang mit der »Christopher-Soames-Affäre« im Februar 1969 wieder auf, die einen Tiefpunkt der britisch-französischen Beziehungen markierte. Soames, der britische Botschafter in Frankreich, hatte seine Regierung von einem Gespräch mit de Gaulle unterrichtet, in dessen Verlauf der General einen neuen britisch-französischen Zugang zur europäischen Frage vorschlug – unter anderem die Auflösung des Gemeinsamen Marktes zugunsten einer breiteren und lockereren wirtschaftlich-politischen Organisation der westeuropäischen Staaten, mit einem internen Direktorium (aus Großbritannien, Frankreich, Deutschland und Italien), das zugleich den Kern eines europäischen Verteidigungssystems bilden konnte, durch das die NATO ersetzt werden sollte. Als Großbritannien den Inhalt dieser Unterredung seinen Verbündeten in der Westeuropäischen Union mitteilte, bestritten französische Sprecher, daß die Unterredung richtig wiedergegeben worden sei.

Die allgemeine Frage europäischer Sicherheitsvorkehrungen wurde durch die sowjetische Invasion noch auf andere Weise beeinflußt. In den letzten Jahren vor der Invasion waren in West- und Osteuropa verschiedene Vorschläge für europäische Sicherheitsabkommen zwischen Ost und West und für andere militärische Entspannungsmaßnahmen vorgelegt worden. Sie reichten von Vorschlägen über eine gegenseitige Herabsetzung der Truppenstärke bis zu Forderungen nach der Auflösung der NATO und des Warschauer Pakts.[21] Diese Vorschläge, die sich von denen der fünfziger Jahre in Absicht und Form nicht grundsätzlich unterschieden, schienen eine begrenzte europäische Übereinstimmung in den beiden Blöcken darüber widerzuspiegeln, daß die Bedeutung der NATO und des Warschauer Pakts als Folge der sich wandelnden politischen und strategischen Lage nachließ und daß eine institutionalisierte militärische Entspannung beiden Seiten Vorteile bringen könnte.[22] Einige dieser Vorschläge betonten nicht nur, daß die Schaffung sofortiger Vorkehrungen zur *Kontrolle* und *Handhabung* von Konfliktsituationen wünschenswert sei, sondern sie verwiesen auch auf Möglichkeiten für eine endgültige Konflikt*lösung*. Mit anderen Worten, man erwartete von militärischen Sicherheitsmaßnahmen die

Erleichterung einer politischen Aussöhnung durch vermehrte Ost-West-Kontakte und durch Bemühungen um eine wirtschaftliche und diplomatische Zusammenarbeit und hoffte, auf diese Weise die ungelösten politischen Probleme Europas (wie die Teilung Deutschlands und die nicht geregelten Grenzfragen) der Lösung näherzubringen.[23]

Diese unterschiedlichen Aspekte eines europäischen Rüstungskontrollabkommens – der militärische Aspekt, die Konfliktkontrolle, und der politische Aspekt, die Konfliktlösung – hatten für Bonn seit den fünfziger Jahren immer ein schmerzliches Dilemma bedeutet. Obgleich Konfliktkontrolle und Krisenmanagement für Deutschland auf Grund seiner exponierten Lage noch wichtiger waren als für seine Verbündeten, fühlte sich die Bonner Regierung immer wieder gezwungen, Vorschläge für ein europäisches Rüstungskontrollsystem zurückzuweisen, da solche Vorschläge nicht auf eine echte Lösung offenstehender Konflikte, sondern auf die Legitimierung des Status quo in Mitteleuropa, samt der Teilung Deutschlands, hinzuweisen schienen. Die Vorschläge des Ostblocks aus der Mitte der sechziger Jahre ließen sich auch durchaus so interpretieren. Seit dem 23. Parteitag erneuerten die Sowjetunion und ihre Verbündeten ihre Vorschläge für ein europäisches Sicherheitssystem als Alternative zum Warschauer Pakt, aber ihre Auffassung von »europäischer Sicherheit« zielte eindeutig auf die Auflösung der NATO, auf den Rückzug der Vereinigten Staaten aus Europa und auf die Legitimierung der ostdeutschen Regierung. Außerdem – so zeigt Pierre Hassner –[24]

»besteht aus der Sicht der Sowjetunion zwischen dem Vorschlag für einen Nonproliferationsvertrag und dem Vorschlag für ein europäisches Sicherheitssystem eine verblüffende Parallele. Der erste ist gedacht als ein bilaterales Unternehmen mit den USA gegen ihre nicht-atomaren Freunde und Verbündeten; der zweite als ein kontinentales Unternehmen mit den Europäern gegen die Vereinigten Staaten. In beiden Fällen jedoch ist der Gegner, gegen den sich das Projekt wirklich richtet, Deutschland.«[25]

Dennoch war die Große Koalition in Bonn bereit, die Position der Regierung Adenauer und der Regierung Erhard, daß ein Fortschritt in der Frage der Wiedervereinigung jeder Entspannung zwischen Ost und West vorausgehen müsse, aufzugeben und wenigstens in Erwägung zu ziehen, daß Rüstungskontrollmaßnahmen in den Dienst von Entspannungsbemühungen und langfristig hoffentlich auch in den Dienst der deutschen Einheit gestellt werden könnten. So entwickelte Bonn auch seine eigenen Vorstellungen zu einer europäischen Regelung. Man schlug vor, solche Fragen im sogenannten Harmel-Komitee der NATO, das 1967 zur Erarbeitung der zukünftigen Aufgaben der NATO eingerichtet worden war, zu erörtern. Seit dem Zustandekommen der Großen Koalition hatte die Möglichkeit einer Truppenreduzierung in Ost und West an führender Stelle im Entspannungsprogramm Bonns gestanden (obwohl es nicht ohne weiteres einsichtig war, weshalb die Sowjetunion nennenswerte Zugeständnisse machen sollte, wenn die NATO freiwillig unilaterale Truppenverminderungen vornahm). Im Sommer 1967 schrieb Außenminister Brandt dazu:

»Eine Entspannung zwischen Ost und West ist nützlich und wünschenswert, aber unsere Politik hat noch weitere Ziele. Wir betrachten es als unsere politische Aufgabe, die Gründe für die Spannungen aus der Welt zu schaffen . . . und eine Situation herzustellen . . . die keinen Grund für neue und gefährliche Spannungen liefert. Die Periode der Entspannung, die wir zu erreichen suchen, sollte dazu benutzt werden, ein solides Fundament für die europäische Sicherheit zu legen und eine dauerhafte und friedliche Ordnung in Europa zu schaffen – das heißt, die Deutschlandfrage zu lösen und nach einer Übereinkunft in dringlichen Fragen zu streben, die über die Grenzen Europas hinausgehen.« [26]

Brandt entwickelte auch zwei mögliche europäische Sicherheitsmodelle; das eine auf der Grundlage der Zusammenarbeit zwischen der NATO und dem Warschauer Pakt (das »Zwei-Bündnis-Modell«), das andere mit dem Ziel ihrer allmählichen Auflösung und Ersetzung durch eine neue Regelung (das »Ende-der-Allianz«-Modell). Es war dabei deutlich, daß zwischen dem Modell der zwei Bündnisse und der Konfliktkontrolle und einem militärischen Sicherheitspakt eine Beziehung bestand, ebenso wie zwischen dem Modell über das Ende der Allianz und der Konfliktlösung und einer europäischen Friedensregelung eine Beziehung bestand. Brandt unterließ es jedoch nicht zu betonen, daß sich Bonn weiterhin (aus Sicherheitsgründen und zur Koordinierung westlicher Entspannungsbestrebungen) auf die NATO verließ, denn, wie er sagte, »die NATO hat ihre militärische Aufgabe erst dann erfüllt, wenn wir unsere politische Aufgabe gelöst haben«.

Die Invasion der Tschechoslowakei zerstörte viele der hoffnungsvollen Annahmen für solche Erörterungen, da mit ihr unzweideutig demonstriert wurde, daß die Sowjetunion entschlossen war, die Herrschaft über Mitteleuropa aufrechtzuerhalten (d. h., daß sie entschlossen war, eine Konfliktlösung unter für Bonn annehmbaren Bedingungen zu verhindern). Damit verringerte sich der langfristige Impuls für Bonn, sich europäischen Rüstungskontrollmaßnahmen anzuschließen, beträchtlich. Allerdings muß hier betont werden, daß das Interesse der Westmächte an einer Konfliktkontrolle auch nach der Invasion der Tschechoslowakei nicht beeinträchtigt wurde, denn es beruhte auf nationalen Interessen an der militärischen Stabilisierung und Entspannung in Mitteleuropa. Für die Verbündeten Bonns war und ist die Konfliktkontrolle erheblich wichtiger als die Konfliktlösung, da sie keine wichtigen politischen Forderungen an die Sowjetunion und Osteuropa haben. Dieser Mangel an Übereinstimmung zwischen den Interessen Westdeutschlands und denen seiner Verbündeten besteht natürlich schon lange, doch er wurde durch die sowjetische Invasion, die sich auf die Aussichten einer Konfliktlösung erheblich schädlicher auswirkten als auf die Aussichten einer Konfliktkontrolle, erneut unterstrichen.

Dies zeigte sich in der recht harmlosen Reaktion des Westens auf die Invasion. Für diese zurückhaltende Reaktion gab es drei Gründe: erstens waren die Parlamente und Wähler in NATO-Staaten, die um die Haushaltsmittel besorgt waren, nicht gewillt, ein konventionelles Truppenkontingent zu finanzieren, das dem Potential des Ostblocks entspräche. Und natürlich konnte die atomare Abschreckungsmacht der NATO nicht eingesetzt werden in einer Situation, in die die Sowjetunion und einer ihrer Vasallenstaaten in der sowjetischen Einflußsphäre verwickelt waren. Zweitens betrachtete der Westen, nachdem der erste Schock und die erste Bestürzung abgeklungen waren, die sowjetische Invasion eher als eine harte, aber nicht völlig unberechenbare Maßnahme zur Aufrechterhaltung des Status quo in Mitteleuropa und nicht so sehr als den ersten Schritt in einer Folge von zügellosen Abenteuern zu seinem Umsturz.[27] Drittens war der bedeutsamste Faktor, daß die Vereinigten Staaten und die Sowjetunion darauf bedacht waren, ihre bilateralen Verhandlungen zur Rüstungskontrolle, die durch die Invasion unterbrochen worden waren, wieder aufzunehmen.

Tatsächlich war die Rüstungskontrolle gegen Ende der sechziger Jahre einer der anfälligsten Aspekte der deutsch-amerikanischen Beziehungen. Der vielleicht schwierigste und widersprüchlichste Punkt des geplanten sowjetisch-amerikanischen Rüstungskontrollentwurfs war die Frage der Raketenverteidigung (BMD), besser bekannt als Raketenabwehrsystem (ABM). Die Entscheidung der Regierung Nixon, die Entwicklung und den Aufbau einer verwässerten Fassung eines ABM-Systems voranzutreiben, stieß nicht nur auf eine recht starke Opposition innerhalb der Vereinigten Staaten, sondern wurde auch von den europäischen Verbündeten nicht besonders begeistert aufgenommen. Die Aussicht, daß die Vereinigten Staaten und die Sowjetunion ABM-Systeme errichteten, hatte schon 1967 in Europa Bedenken hervorgerufen, denn die Europäer befürchteten, daß selbst der Aufbau eines begrenzten Raketenabwehrsystems die Vereinigten Staaten zur Formulierung einer isolationistischen Strategie im Sinne der »Festung Amerika« veranlassen könnte. Verteidigungsminister McNamara versuchte, auf der Sitzung der Nuklearen Planungsgruppe der NATO in Ankara im September 1967 diese Befürchtungen zu zerstreuen. Dennoch erörterten die europäischen Mitglieder die Möglichkeit eines Raketen-Abwehrsystems für Europa, obgleich sie sich offenbar allgemein einig darüber waren, daß ein solches weder technologisch noch wirtschaftlich sehr viel Sinn habe.

Ebenso wie viele Amerikaner fürchteten auch viele Europäer, daß der Aufbau eines Raketen-Abwehrsystems das vergleichsweise stabile sowjetisch-amerikanische atomare Gleichgewicht durch die Entstehung von Ungewißheiten über die Wirksamkeit des Systems zerstören könnte, die ihrerseits durch die Absicht, die Abschreckungsmacht zu erhalten oder wiederherzustellen, zur Entwicklung neuer Waffensysteme führen würde. Ein amerikanischer Beobachter, Franklin Long, bemerkte im Dezember 1968, »daß die zusätzlichen Ungewißheiten, mit denen die Vereinigten Staaten und die UdSSR als Folge eines umfassenden Aufbaus einer Raketenabwehr konfrontiert sind, ihre Wirkung auch auf die europäischen Staaten haben werden. Die Hauptbelastungen werden sich vermutlich in den politischen und strategischen Bereichen und in der langfristigen Planung bemerkbar machen«. Auf lange Sicht und im Rahmen des fortgesetzten Rüstungswettlaufs, so fährt Long fort, wird

> »den Zwängen zu einer politischen Neuordnung der europäischen Bündnisse und zu der Entwicklung bestimmter unabhängiger atomarer Streitkräfte kaum widerstanden werden können. Es scheint fast unvermeidlich, daß ein fortgesetzter Rüstungswettlauf zwischen den USA und der UdSSR, der eindeutig darauf hinausläuft, daß die beiden Supermächte ihrer eigenen Sicherheit einen überwältigenden Vorrang geben, eine drastische Schwächung der gegenwärtigen Bündnisstruktur der NATO und des Warschauer Pakts zur Folge haben wird.«[28]

Einige europäische Beobachter sahen, ebenso wie auch einige amerikanische Senatoren, einen Widerspruch zwischen der »vertikalen Proliferation«, die aus einem durch die Abwehrsysteme ausgelösten sowjetisch-amerikanischen Rüstungswettlauf resultieren könnte, und der Verhinderung der horizontalen Proliferation, die der Nonproliferationsvertrag enthält. (Der Paragraph VI des Vertrags, der auf Drängen der nicht-atomaren Mächte eingefügt wurde, verpflichtet die Atommächte, Verhandlungen in der ehrlichen Absicht, den nuklearen Rüstungswettlauf zu bremsen, zu führen. Mit ihm wurde eindeutig beabsichtigt, den atomaren Besitzerstaaten ähnliche Verpflichtungen wie den nicht-atomaren Ländern aufzuerlegen.) Doch zur gleichen Zeit, als die europäischen NATO-Verbündeten ihre Bedenken gegen einen möglichen, neuen Rüstungswettlauf – und besonders über die Herstellung von Atomraketen mit mehrfachen Sprengköpfen (die MIRV) – äußerten, befürchtete die Bonner Regierung, daß die seit langem geplanten sowjetisch-amerikanischen »SALT«-Gespräche über die Beschränkung strategischer Waffen deutschen Interessen schaden könnten. Als im Sommer 1969 die beiden Supermächte im Begriff waren, über ein Abkommen zur Abschwächung des strategischen Rüstungswettlaufs zu verhandeln, hieß es in dem gemeinsamen Kommuniqué von Präsident Nixon und Bundeskanzler Kiesinger nach ihrem Treffen in Washington im August, sie seien der Auffassung, daß Fortschritte in den Gesprächen über die Rüstungsbeschränkung »mit einem für die Behandlung seit langem bestehender europäischer Probleme günstigen Klima in enger Wechselbeziehung stehen«. Offensichtlich war der unklare Begriff »Wechselbeziehung« ein Kompromiß, mit dem Kiesinger nicht ganz zufrieden war, da er die Lösung der noch offenen europäischen Probleme (wie der Teilung Deutschlands) ausdrücklich mit einem sowjetisch-amerikanischen Rüstungskontrollplan verbinden wollte. Deutlich war auch, daß Kiesinger den Beitritt Westdeutschlands zu dem Nonproliferationsvertrag weiter hinauszuzögern beabsichtigte, um einen gewissen Verhandlungsspielraum zu behalten, während er auf die genauen Ergebnisse der geplanten Gespräche über die Rüstungsbeschränkung wartete.

In den widersprüchlichen amerikanischen und europäischen (besonders deutschen) Standpunkten zu Rüstungskontrollmaßnahmen spiegelt sich ein bedeutsames Stück Wirklichkeit der Ost-West-Beziehungen in der zweiten Hälfte der sechziger Jahre: die Wahrscheinlichkeit eines Krieges in Europa ist im letzten Jahrzehnt wesentlich geringer geworden. Die Europäer befürchten nicht länger einen zentralen Konflikt in Europa und die Hauptinteressen Washingtons haben sich von der Eindämmungspolitik des kalten Krieges und einer regionalen »Vorwärtsstrategie« auf das Bemühen verlagert, in Fragen von überwiegend gemeinsamem Interesse, etwa der Stabilisierung des globalen strategischen Machtgleichgewichts, zu einer wesentlich bilateralen Verständigung mit der Sowjetunion zu kommen. Als Folge – so stellte Pierre Hassner 1968 fest – »hat gegenwärtig das Bemühen um ein europäisches Sicherheitssystem nichts mit einem direkten Bemühen um Sicherheit zu tun ... es kann nur noch durch politische Ziele begründet werden«.[20] Zwar ist dies, besonders in bezug auf Deutschland, eine gewisse Übertreibung, doch haben alle Hauptbeteiligten am Dialog zwischen Ost und West über die Rüstungskontrolle den Begriff »Sicherheitspolitik« verwendet, um politische Ziele zu artikulieren und voranzutreiben. Dies führte zu einer Situation, in der nicht nur militärtechnische

Fragen dem berechtigten politischen Führungsanspruch untergeordnet sind, sondern in der auch die Lösung politischer Probleme durch militärische Regelungen gesucht wird. Die Tendenz, politische Angelegenheiten in militärstrategische Rhetorik zu übersetzen, stellt besonders Bonn vor Probleme, denn auf diesem Gebiet müssen sich die Deutschen besonders zurückhalten. Die indirekte Drohung Bonns, durch die gemeinsame atomare Befehlsgewalt ein Machtmittel zu besitzen oder Fortschritte in den Entspannungsbemühungen durch den Widerstand gegen den Nonproliferationsvertrag zu behindern, stießen sowohl bei den Verbündeten wie bei den Gegnern Bonns auf beträchtlichen Widerstand. Die vorsichtigere Haltung der Großen Koalition in dieser Frage entsprang einer realistischen Neubewertung der Grenzen und Möglichkeiten der deutschen Politik.

Die Notwendigkeit der Zurückhaltung in der heiklen Frage der Atompolitik ist nur das Symptom für viel engere Grenzen, die Bonns Sicherheitspolitik gesetzt waren. In der gesamten zwanzigjährigen Geschichte des Bündnisses wurde die Militärpolitik der NATO, die weitgehend in Washington formuliert wurde, nicht nur technologischen Veränderungen, die das Machtgleichgewicht zwischen Ost und West beeinflußten, angepaßt, sondern auch politischen Wandlungen in den Beziehungen zwischen Ost und West und innerhalb der Allianz. Sowohl politische wie strategische Überlegungen führten zu periodischen und mehr oder minder drastischen Änderungen der Militärpolitik – Änderungen, für die die Bundesrepublik besonders empfindlich und empfänglich war, da ihre militärische Kommandostruktur völlig in die NATO integriert war. So etwa wurde in der Zeit von 1956 bis 1958, als die Bonner Regierung ihre NATO-Verpflichtungen durch den Aufbau einer konventionellen Armee zu erfüllen suchte, in Washington der Radford-Plan bekanntgegeben, und die deutsche Regierung mußte gegen eine starke innenpolitische Opposition ihre Planung von konventioneller Verteidigung auf taktische nukleare Verteidigung umstellen. In der Zeit von 1958 bis 1961, als sich die Bundesrepublik allmählich der neuen NATO-Strategie anpaßte, gab es sowohl im internationalen Bereich wie im eigenen Land eine beträchtliche Opposition gegen die Ausrüstung der Bundeswehr mit den Waffensystemen (vornehmlich taktischen atomaren Trägerwaffen), die diese Strategie verlangte. Von 1961 bis 1963, als die Bundeswehr bereits teilweise mit diesen Waffen ausgerüstet war, entschied sich die Regierung Kennedy für die konventionelle Lösung und setzte die europäischen Verbündeten unter Druck, ihre konventionellen Streitkräfte zu erhöhen. Diese Situation verbesserte sich in den folgenden Jahren durch umfangreichere Beratungen zwischen den Verbündeten, doch die Entscheidung der NATO im Jahre

1967, die »flexible Verteidigung« zur offiziellen NATO-Politik zu machen, war nicht ganz untypisch.

Im Jahre 1965 argumentierte Franz Josef Strauß: ». . . die Amerikaner könnten nicht unbedingt bereit sein, um der europäischen Freiheit willen das nukleare Risiko auf sich zu nehmen.
Durch die häufigen Änderungen der strategischen Doktrin und durch eine Reihe von Erklärungen prominenter Persönlichkeiten haben die Amerikaner zu dieser Unsicherheit noch beigetragen: Wir haben die Radford-Doktrin gehabt, die eine modifizierte John-Foster-Dulles-Doktrin war; wir waren Zeugen der Einführung von Atomwaffen in das Bündnis. Die Alliierten erhielten Träger für taktische Waffen, die unter amerikanischer Verfügungsgewalt und amerikanischem Verschluß blieben. Danach kam die McNamara-Doktrin, von der ›Counter-City-Strategie‹ (Einsatz nur gegen Städte) zur ›Counter-Force-Strategie‹ (Einsatz nur gegen militärische Ziele), die Theorie der Krisenplanung, die Theorie der ›Eskalation‹, die Theorie einer Pause, die eintritt, bevor die atomare Schwelle überschritten wird. Und jetzt geht die Entwicklung wieder zurück zur massiven Vergeltung, die jedoch nicht automatisch ausgelöst werden soll wie zur Zeit der Radford-Doktrin, sondern nur bei ausgedehnten militärischen Operationen oder in Fällen, in denen ein Angreifer schon bestimmte Positionen erreicht hat.«
Franz Josef Strauß, Entwurf für Europa, Stuttgart 1966, S. 92f.

Diese Wandlungen in Washington, zusammen mit den unvermeidlichen zeitlichen Intervallen, die die in Bonn und bei SHAPE notwendigen strategischen Reorientierungen verzögerten, führten zu ernsthaften zeitlichen Überschneidungen – so etwa, daß Bonn sich das Konzept der massiven Vergeltung zu eigen machte, als es in Amerika bereits heftig angegriffen wurde. Darüber hinaus bestanden noch andere Überschneidungen. Dazu meint Uwe Nerlich:[30]

»Trotz der Zuspitzung der strategischen Meinungsunterschiede zwischen Washington und Bonn in den Jahren 1961 und 1962 kam es in dieser Phase jedoch in der Entwicklung der Streitkräfte praktisch zu einer Annäherung. Die Bundesrepublik verlängerte unter dem Eindruck der Berlin-Krise von 1961 den Wehrdienst von 12 auf 18 Monate und erhöhte die Sollstärke der Bundeswehr von 350000 auf 500000 Mann, die Vereinigten Staaten erhöhten das nukleare Potential in Europa in dieser Zeit um 60 v.H.
Es ist ein bemerkenswertes Paradoxon, daß die strategischen Vorstellungen Bonns und Washingtons 1961/62 in einen extremen Gegensatz gerieten und zugleich die Verteidigungspolitik beider Länder – von zeitweiligen Spannungen als Folge amerikanischer Wünsche nach weiterer Erhöhung des konventionellen Beitrags der Bundesrepublik abgesehen – sich annäherte, während umgekehrt die strategischen Vorstellungen von Bonn und Paris sich weitgehend entsprachen, die Verteidigungspolitik beider Länder jedoch immer mehr aufhörte, gemeinsamen Interessen zu dienen, und trotz des Deutsch-Französischen Vertrags auch später nicht auf einen gemeinsamen Nenner gebracht werden konnte.«

Die Tatsache, daß Bonn gezwungen war, die politischen und militärischen Aspekte der von Washington verkündeten strategischen Richtlinien zu befolgen, war natürlich genau die Absicht der Westmächte gewesen, als Deutschland NATO-Mitglied wurde. Aber diese Ausrichtung wurde Anfang der sechziger Jahre für Bonn höchst problematisch, denn die politischen und militärischen Ziele der NATO fielen nun weit weniger zusammen als in den fünfziger Jahren, als die politische und die militärische Eindämmungspolitik Washingtons sich gegenseitig bestärkten und als das Bündnis nicht durch französische und amerikanische Meinungsverschiedenheiten gespalten war. Je mehr sich außerdem die Schwerpunkte der Ziele der NATO von militärischen auf politische Fragen verlagerten und je stärker das Bündnis unter zentrifugalen Spannungen litt – beide Veränderungen wurden durch das atomare Patt zwischen Ost und West und durch das offenkundige Nachlassen der militärischen Bedrohung durch die Sowjetunion beschleunigt –, desto schwieriger wurde die Lage der Bundesrepublik, denn der deutsche Einfluß innerhalb des Bündnisses war gerade auf der politischen Ebene besonders prekär. Der Wandel des internationalen Systems vom kalten Krieg zur Koexistenz verringerte die Machtposition Deutschlands innerhalb des Bündnisses, und Bonn konnte (selbst wenn es wollte) nicht darauf hoffen, einen ähnlich unabhängigen politischen und militärischen Kurs wie de Gaulle zu verfolgen. Statt dessen war die deutsche Regierung zur schmerzlichen Wahl zwischen Washington und Paris gezwungen – und sie konnte diese Schlüsselstellung auf Grund vertraglicher, politischer und psychologischer Beschränkungen nicht ausnutzen. Westdeutschland war nicht bereit und nicht in der Lage, seine unentbehrlichen Sicherheitsbindungen an die Vereinigten Staaten zu lockern, und dadurch setzte es sich der Opposition sowohl von seiten Frankreichs als auch von seiten der Sowjetunion aus – von Ländern, die (anders als beim Ziel der Sicherheit) für die beiden deutschen außenpolitischen Ziele, die die Vereinigten Staaten selbst nicht wesentlich fördern konnten, die Schlüsselstellungen einnahmen. Diese Ziele – der Wiederaufbau Deutschlands im europäischen Rahmen und die Wiedervereinigung – werden Gegenstand der folgenden Kapitel sein.

Kapitel II

Souveränität und Integration

Der neue deutsche Staat, der 1949 von den drei westlichen Besatzungsmächten unter dem Besatzungsstatut gegründet worden war, hatte nur ein beschränktes und widerrufbares Maß an Souveränität. Die Alliierte Hohe Kommission, Nachfolger der Militärgouverneure des Besatzungsregimes, kontrollierte praktisch die politischen und wirtschaftlichen Beziehungen der Bundesrepublik zu anderen Ländern und war bevollmächtigt, die politische und wirtschaftliche Entwicklung in Deutschland zu regeln oder zumindest zu überwachen. Die Hohen Kommissare waren insbesondere damit beauftragt, die Rekartellisierung der deutschen Industrie zu verhindern und dafür zu sorgen, daß der neue deutsche Staat sich auf einer demokratischen Basis entwickeln würde.

Für Konrad Adenauer und seine Anhänger war das Ziel bei der Schaffung einer politischen Ordnung im weitesten Sinn das Recht auf eine eigene Außenpolitik und die Wiedereingliederung eines demokratischen Deutschland in die Gemeinschaft der westlichen Nationen. Adenauer wollte, genauer ausgedrückt, Deutschland als gleichberechtigten und angesehenen Partner in eine westeuropäische Gemeinschaft einbringen und es fest mit den kulturellen, religiösen und politischen Traditionen Westeuropas verbunden sehen, um die Wiederkehr eines nazistischen oder anderen diktatorischen Regimes zu verhüten. Inhalt und Richtung der sozialen und politischen Ordnung Deutschlands sollten durch eine enge und dauerhafte Verbindung mit den kulturellen Werten der westlichen Demokratien bestimmt werden. Diese Ziele verlangten zwangsläufig eine grundlegende und dauerhafte Verständigung mit Frankreich und den Vereinigten Staaten sowie die Wiederherstellung der rechtlichen Unabhängigkeit, damit Deutschland als gleichberechtigtes Mitglied und aus freier Entscheidung an einem europäischen Integrationsunternehmen teilnehmen konnte. Die Souveränität, die Adenauer für den westdeutschen Staat zu erlangen suchte, war daher von besonderer Art: er war sogar bereit, einige ihrer Elemente, nachdem sie erworben worden waren, gegen vertragliche Regelungen, die Deutschland in integrativen internationalen Strukturen an den Westen binden würden, wieder aufzugeben. Folglich konnte die Bonner Regierung ihre Forderungen nach politischer und rechtlicher Gleichberechtigung im Namen der europäischen Integration und des westlichen Bündnisses, statt im Namen eines verrufenen deutschen Nationalismus stellen.

Angesichts der wachsenden Bedeutung des geplanten deutschen Militärbeitrages zur westlichen Allianz zu Beginn der fünfziger Jahre ist es nicht verwunderlich, daß die Machtstellung Bonns sich rasch stärkte. Der Erfolg bei der Schaffung einer politischen Ordnung war direkt mit der Wiederaufrüstung verbunden. Von Anfang an war die Verknüpfung zwischen der deutschen Wiederaufrüstung und der Wiederherstellung der Souveränität in den vertraglichen Abmachungen so deutlich festgelegt, daß die Bundesrepublik offensichtlich für ihre »Souveränität damit bezahlen sollte, daß sie unwiderruflich über die Europäische Verteidigungsgemeinschaft, auf der die gesamte Regelung basierte, an das westliche Militärbündnis gebunden war.« [1] Im Herbst 1951 vereinbarten die Westmächte, daß das Besatzungsstatut als Gegenleistung für die deutsche Wiederaufrüstung durch einen Vertrag über die Wiederherstellung der Souveränität ersetzt und Westdeutschland auf gleichberechtigter Basis zur Europäischen Gemeinschaft für Kohle und Stahl (Montanunion) zugelassen werden sollte. Da der sogenannte Deutschlandvertrag gleichzeitig mit dem Vertrag über die Europäische Verteidigungsgemeinschaft (EVG) in Kraft treten sollte, schien der Fortschritt Deutschlands auf dem Wege zu einer neuen politischen Ordnung abrupt abgebrochen, als die französische Nationalversammlung im August 1954 gegen den EVG-Vertrag stimmte. In Wirklichkeit jedoch nahmen die Alliierten viele der Bestimmungen des Vertrags bereits vorweg und verhielten sich in ihrem Umgang mit der Bonner Regierung soweit wie möglich im Einklang mit diesen Bestimmungen.

Die NATO und der erweiterte Brüsseler Pakt bildeten ohnehin rasch einen alternativen vertraglichen Rahmen für die Wiederherstellung der deutschen Souveränität. Die Pariser Verträge vom Oktober 1954 enthielten im wesentlichen die gleichen Bestimmungen wie der Deutschlandvertrag von 1952. Außer den Beschränkungen, die der deutschen Rüstung auferlegt waren (vgl. Kapitel I), behielten die drei Westmächte ihre Rechte bezüglich der deutschen Wiedervereinigung, eines endgültigen deutschen Friedensvertrages und Berlins. Die politischen Zusammenhänge, die von Anfang an eine Reihe außenpolitischer Fragen miteinander verknüpft hatten, spiegelten sich besonders deutlich in der rechtlichen Verzahnung der Einzelteile der Pariser Verträge. Am 23. Oktober wurden in Verbindung miteinander unterzeichnet: das Protokoll über die Beendigung des Besatzungsregimes, die Erklärung, die Deutschland offiziell zum Beitritt zur NATO und zum Brüsseler Pakt aufforderte, das Saarabkommen und die Konvention zum Status der Streitkräfte, die den westlichen Verbündeten gewisse Rechte vorbehielt. Als am 5. Mai 1955 die Pariser Verträge in Kraft traten, wurde die Bundesrepublik ein souveräner Staat.

Die Westmächte waren nicht nur am Militärpotential Deutschlands interessiert. Ein westdeutsches Militärkontingent hätte durch die Einberufung westdeutscher Soldaten unter der Befehlsgewalt alliierter Besatzungsbehörden aufgestellt werden können. Damit jedoch wäre die permanente Eingliederung Westdeutschlands in das westliche Bündnis nicht erfolgt. Die bloße »Abordnung« einer deutschen Armee unter westliches Kommando – wie Frankreich zu Beginn der Wiederaufrüstungsdebatte vorgeschlagen hatte – hätte einen westdeutschen Militärbeitrag in ein sozio-politisches und wirtschaftliches Vakuum gestellt. Die Westmächte wollten die Bundesrepublik durch grundlegendere und verbindlichere Faktoren in das westliche Bündnis integrieren: durch die Verpflichtung auf westliche Wertordnungen, durch gegenseitige wirtschaftliche Abhängigkeit, politische Konsultation und eventuell Kontrolle, durch innenpolitischen Konsensus und politische Stabilität usw. Dieser Punkt kann nicht deutlich genug betont werden, denn bei den Bemühungen um eine politische Neuordnung erhielt Bonn durch diese weitergehenden Erwägungen eine erheblich größere und wirksamere Verhandlungsposition als sie die Wiederaufrüstung allein hätte schaffen können.

Je mehr sich die Bundesrepublik dem Westen zuwandte, desto leichter fiel es den Alliierten, die Wiederherstellung der Souveränität zuzugestehen, zumal viele der Funktionen, die durch die Souveränität wiederhergestellt wurden, in den internationalen Organisationen, denen Deutschland sofort beitrat, »eingefroren« wurden. Für solche Vereinbarungen – wie der Beitritt Deutschlands zur NATO, zur Westeuropäischen Union, zur Montanunion etc. – wurde Bonn in erster Linie durch größere Gleichberechtigung und weniger durch größere Unabhängigkeit entschädigt. Die Bonner Regierung hatte dagegen nichts einzuwenden. Für Adenauer und die anderen »Europäer« in Bonn war die politische Normalisierung gleichbedeutend mit der Integration Westdeutschlands in eine festgefügte westeuropäische Gemeinschaft – und aus diesem Grund fiel es ihnen nicht schwer, auf ein gewisses Maß an Verhandlungsfreiheit zu verzichten, solange die von ihnen unterzeichneten Abkommen größere Gleichberechtigung mit sich brachten. Die Gründung internationaler und supranationaler Organisationen hatte einen positiven und vielleicht entscheidenden Einfluß auf diesen Prozeß: indem diese Organisationen Instrumente zur Kontrolle der deutschen Souveränität in dem Moment zur Verfügung stellten, in dem diese zugestanden wurde, machten sie die Wiederherstellung der Souveränität weniger riskant und schmerzlich für die Westmächte, besonders für Frankreich. Umgekehrt veranlaßte das ständige Drängen Bonns auf politische und wirtschaftliche Zugeständnisse die Alliierten, schnell Integrationsstrukturen zur Kontrolle der Bundesrepublik einzurichten. Auf diese Weise war die europa-orientierte Politik Adenauers eine wesentliche Voraussetzung für den politischen und wirtschaftlichen Wiederaufbau Deutschlands. Sie ebnete den Weg zur politischen Neuordnung, denn ihre von Adenauer unablässig betonten integrativen Züge demonstrierten die Bereitschaft Deutschlands, sich an den Westen zu binden, anstatt eine Schaukel-Politik zwischen Ost und West zu betreiben. Darüber hinaus schienen internationale Regelungen durch die Befürchtungen Frankreichs, der politische und wirtschaftliche Wiederaufbau Deutschlands könne sich auf nationaler Basis vollziehen, zwingend notwendig. Solche Regelungen konnten zumindest die Kontrolle des erneuten Aufstiegs Deutschlands erleichtern, und sie konnten im günstigsten Fall das politische und wirtschaftliche Potential Deutschlands in den Dienst französischer Ziele stellen und damit die Position Frankreichs gegenüber den anglo-amerikanischen Mächten stärken. Zugleich versuchte Frankreich konsequent, den deutschen Einfluß auf internationale Abmachungen zu beschneiden, während die Vereinigten Staaten dauernd auf eine Lösung drängten, die für die Bonner Regierung annehmbar war und damit Westdeutschland so schnell wie möglich in das westliche Militärbündnis einbeziehen würde.

Unstimmigkeiten zwischen den Vereinigten Staaten und Frankreich waren nicht die einzigen Belastungen, denen Bonn in seinem Streben nach der Schaffung einer politischen Ordnung ausgesetzt war. Auch aus der doppelten Natur des Zieles selbst entstanden Konflikte. Die Schaffung einer neuen politischen Ordnung hatte zwei deutlich getrennte Aspekte: der wesentlich *rechtliche* Aspekt, der in der Wiederherstellung der Souveränität lag, und der stärker politische Aspekt, der für Adenauer in der Eingliederung Deutschlands in eine westeuropäische Union bestand. Diese beiden Aspekte erhielten eine besondere Bedeutung nach 1955, als das rechtliche Ziel im wesentlichen erreicht worden war, während das politische Element im internationalen wie innenpolitischen Bereich immer noch ein Streitpunkt war. Doch schon vor 1955 stellten die Spannungen zwischen den rechtlichen und politischen Dimensionen der Neuordnung Bonn vor ernsthafte Probleme. Die Westmächte waren genügend an der deutschen Wiederaufrüstung und an europäischen Integrationsmaßnahmen interessiert, um der Bundesrepublik zu erlauben, ihre Wiederaufbaupolitik – in einem europäischen Rahmen – energisch und wirkungsvoll zu betreiben. In der Tat kam die Ähnlichkeit der französischen, holländischen und westdeutschen Auffassungen zur europäischen Integration dem Bestreben Bonns nach einer praktikablen Europapolitik sehr zugute. Doch mußten auf Grund der beharrlichen Versuche Frankreichs, Deutschlands Einfluß einzuschränken und die Bundesrepublik im Bündnis auf einen zweiten Platz zu verweisen, die rechtlichen Aspekte des Wiederaufbaus – d.h. die rechtliche Gleichberechtigung und die Wiederherstellung der uneingeschränkten Souveränität – im allgemeinen allein mit der Unterstützung der Vereinigten Staaten betrieben werden. Gleichzeitig erforderten Adenauers langfristige politische Ziele – eine europäische Union und die Aussöhnung mit Frankreich – von seiten Frankreichs eine wohlwollende und entgegenkommende Haltung. Diese Situation war für Bonn manchmal unbequem, doch kam Bonn so lange damit zurecht, als die westliche Allianz noch ihren Zusammenhalt bewahrte und Bonn seine Interessen im Namen eines integrierten westlichen Bündnisses verfolgen konnte. Aber die Spannungen zwischen den rechtlichen und politischen Aspekten des Wiederaufbaus aus der Zeit vor 1955 verwiesen schon auf das viel ernsthaftere Dilemma, dem sich Bonner Politiker einige Jahre später konfrontiert sahen, als sie erkennen mußten, daß die Parteinahme entweder für die USA oder für Frankreich die sich abzeichnenden Risse im Atlantischen Bündnis noch zu verstärken drohte.

Die internationale Entwicklung, die eine so starke Wirkung auf die politische Neuordnung hatte, war für den wirtschaftlichen Wiederaufbau von ebenso großer Bedeutung.[2] Ende der vierziger und Anfang der fünfziger Jahre gab es vier Hauptprobleme für den wirtschaftlichen Wiederaufbau. Erstens war ein beträchtlicher Teil der industriellen Anlagen zerstört oder demontiert worden, und die Produktion in den Schlüsselindustrien wurde gedrosselt; zweitens wurde der Außenhandel durch ein beträchtliches Zahlungsbilanzdefizit behindert; drittens wurde das wirtschaftliche Wachstum durch unzureichende Investitionen verlangsamt, und viertens war die Arbeitslosigkeit auf 10% angestiegen. Wirtschaftsphilosophie und Wirtschaftsprogramm der Bonner Regierung – die »soziale Marktwirtschaft« – wiesen in Theorie und Praxis der Regierung eine wichtige Rolle zu, aber sie setzten auch nachdrücklich auf die Eigeninitiative und auf das freie Spiel der Kräfte auf dem Markt. Beide Faktoren wären durch eine Inflation ernsthaft gefährdet worden. Durch die Währungsreform im Jahre 1948 hatte das Währungssystem eine äußerst drastische Kur überstanden; und wenn kurz danach inflationäre Tendenzen eingesetzt hätten, wären die psychologischen und wirtschaftlichen Folgen verheerend gewesen. Außerdem hätte eine Inflation es der Regierung schwer gemacht, ihrer Festlegung auf eine Liberalisierung des Binnen- und Außenhandels gerecht zu werden. Ferner hätten die Exporte darunter gelitten, so daß das Zahlungsbilanzproblem nicht hätte gelöst werden können.

Diese Situation schien eine straffe Währungs- und Finanzpolitik und wenn möglich einen ausgeglichenen Haushalt zu erfordern. In Anbetracht der hohen Arbeitslosigkeit war es gelegentlich schwierig, an einer solch konservativen Politik festzuhalten und sie zu verteidigen. Aber diese Politik wirkte sich auf die deutschen Exporte, die infolge eines nichtinflationären Preisniveaus und der durch die Arbeitslosigkeit bedingten Unterkonsumtion im eigenen Land höchst konkurrenzfähig wurden, günstig aus. Die Erzeuger waren gezwungen, sich auf Exportmärkte zu konzentrieren und die wachsenden Exporte ermöglichten eine allmähliche Liberalisierung der Importbeschränkungen. Die Liberalisierung des Außenhandels ergänzte die Ziele, die die Bonner Regierung durch die Lockerung der Kontrollen auf den Inlandsmärkten zu erreichen suchte.

Der kalte Krieg wirkte sich stark, wenn auch zeitweise eher allgemein und indirekt, auf die Wiederbelebung der deutschen Wirtschaft aus. Erstens wurde die westdeutsche Wirtschaft durch das vor 1949 von den amerikanischen und britischen Besatzungsbehörden betriebene wirtschaftliche Wiederaufbauprogramm auf einen bestimmten Kurs gelenkt. Dieser hätte zwar rückgängig gemacht werden können; doch eine fundamentale Neuorientierung wäre destruktiv und kostspielig gewesen. Neben dem Anstoß zur Währungsreform und der Lenkung von Hilfskapital in kritische Sektoren der Wirtschaft, leistete die alliierte Wirtschaftspolitik ihren wichtigsten und dauerhaftesten Beitrag zur westdeutschen Wirtschaft, indem sie die Notwendigkeit von freien Märkten und einem liberalisierten Handel betonte. Ursprünglich war diese Politik als Ergänzung des alliierten Programms der Dekartellisierung und Dezentralisierung der deutschen Wirtschaft geplant. Sie erhielt einen weiteren entscheidenden Anstoß durch den Marshall-Plan, der in der Absicht Washingtons den Wiederaufbau Europas nicht nur durch die massive Zufuhr amerikanischer Wirtschaftshilfe, sondern auch durch die langfristige Liberalisierung der europäischen Handels- und Zahlungspolitik bewirken sollte.

Dieser Punkt war von amerikanischer Seite der eigentliche Grund für die Gründung der Organisation für Europäische Wirtschaftliche Zusammenarbeit (OEEC), die die koordinierende Instanz war, über die die Marshall-Plan-Gelder liefen. 1960 wurde die OEEC in die Organisation für Wirtschaftliche Zusammenarbeit und Entwicklung (OECD) überführt, der die Vereinigten Staaten und Kanada als Mitglieder beitraten und durch die die Vereinigten Staaten die zu Wohlstand gelangten europäischen Länder zur Beteiligung an der Last der Wirtschaftshilfe für die unterentwickelten Länder zu bewegen suchten. Der Entschluß der Bonner Regierung zu Beginn der fünfziger Jahre, Binnen- und Außenhandel zu liberalisieren, erwies sich auf die Dauer politisch und wirtschaftlich als vorteilhaft, da er die Verpflichtung Bonns zu einem politischen »Internationalismus« unterstrich – eine Verpflichtung, die wohlwollend und anerkennend in den westlichen Hauptstädten, besonders in Washington, aufgenommen wurde.

In dem Maße, wie diese Entwicklungen eine Folge der Spannungen zwischen der Sowjetunion und den Westmächten waren, hatte der kalte Krieg der westdeutschen Wirtschaft schon vor der Gründung der Bundesrepublik seinen Stempel aufgedrückt. Auch nach 1949 lieferten die Ost-West-Spannungen den Westmächten und besonders den Vereinigten Staaten den Anlaß, Westdeutschland in seinem Streben nach wirtschaftlichem Wiederaufbau zu unterstützen – und sei es auch nur, um die wirtschaftlichen und sozialen Grundlagen für eine politische und militärische Integration Deutschlands in das westliche Bündnis zu schaffen.

Nach dem Ausbruch des Korea-Krieges und nachdem die Entscheidung über die Wiederaufrüstung Deutschlands getroffen war, hoben die Westmächte allmählich ihre Produktionskontrollen in den Schlüsselindustrien auf. 1955 wurde mit dem Abkommen über die Industrieüberwachung, einem Zusatz zum Vertragssystem über die Wiederherstellung der Souveränität Westdeutschlands, die restlichen wirtschaftlichen Kontrollen aufgehoben. Die schrittweise Beseitigung der alliierten Überwachungsfunktionen zu Anfang der fünfziger Jahre war äußerst wichtig, da dadurch Produktionsengpässe, die den wirtschaftlichen Wiederaufbau seit dem Ende der vierziger Jahre behindert hatten, beseitigt wurden. Allerdings hatten die Produktionskontrollen der Alliierten auch zu vorteilhaften Ergebnissen geführt. Zusammen mit der konservativen Wirtschaftspolitik des Wirtschaftsministers Ludwig Erhard schuf die Produktionsbeschränkung eine faktische und potentielle Überkapazität, die inflatorischen Tendenzen entgegenwirkte und deutsche Exporte auf internationalen Märkten höchst konkurrenzfähig machte. Zwischen 1952 und 1954 stiegen die Exporte und das Bruttosozialprodukt weiterhin stark an, und Ende 1954 betrugen die Gold- und Devisenreserven der Bundesrepublik Deutschland mehr als 2,5 Milliarden Dollar.

In diesem Zusammenhang ist die Gründung der Montanunion besonders wichtig und aufschlußreich.[3] Im Mai 1950 schlug der französische Außenminister Robert Schuman einen gemeinsamen Markt für Kohle und Stahl vor, der Frankreich, Westdeutschland, die Beneluxstaaten und Italien umfassen sollte. Dieser Vorschlag kann zu zwei Aspekten des kalten Krieges in Beziehung gebracht werden. Erstens schien die Wiederaufrüstung Deutschlands unvermeidlich, und Frankreich war entschlossen, wenigstens in Ansätzen ein internationales Gremium zu ihrer Überwachung zu schaffen, ehe es seine Zustimmung gab. Internationale Abmachungen zur Produktions- und Absatzregelung von Kohle und Stahl schienen eine wirksame Kontrolle des deutschen Kriegspotentials darzustellen. Zweitens sah man in Frankreich sehr deutlich, daß der deutsche Einfluß innerhalb der westlichen Allianz zunahm, da das westliche Verteidigungssystem auf die Bundesrepublik angewiesen war. Die Industrie des Ruhrgebietes stand zwar noch unter der Kontrolle der von den Besatzungsmächten gegründeten Internationalen Ruhrbehörde, doch befürchteten französische Politiker, daß der wachsende Einfluß Deutschlands zur Aufhebung der alliierten Beschränkungen führen könne. Frankreich schlug die Montanunion vor, um der ausschließlich deutschen Verfügungsgewalt über das Ruhrgebiet vorzubeugen.

Für Westdeutschland bedeutete die Gründung der Montanunion die Abschaffung der Internationalen Ruhrbehörde und einen bedeutenden Schritt zur Wiederherstellung der deutschen Souveränität: Mit der Montanunion wurde ein alliiertes Kontrollinstrument durch eine internationale Organisation ersetzt, an der sich die Bundesrepublik als gleichberechtigtes Mitglied beteiligen sollte. Dies versprach sowohl der rechtlichen Seite der politischen Neuordnung als auch dem weiteren Bestreben Adenauers nach einer umfassenden Aussöhnung mit Frankreich im Rahmen einer westeuropäischen Gemeinschaft zugute zu kommen.

Die Gründung der Montanunion steht als Beispiel für die Verquikkung rechtlicher, politischer und ökonomischer Faktoren, die die von der Bonner Regierung durch ihre Politik der Aussöhnung und der Zusammenarbeit mit dem Westen erreichten Fortschritte kennzeichnet. Bonn erlangte nicht die traditionelle Form der Souveränität – etwa die uneingeschränkte Handlungs- und politische Bewegungsfreiheit –, sondern einen gleichberechtigten legalen Status innerhalb einer internationalen Ordnung, an die die Bundesrepublik vertraglich und politisch gebunden war. Westdeutschland gewann auch wirtschaftliche Vorteile. Durch den Schuman-Plan wurden die Engpässe in der Stahlproduktion, die den wirtschaftlichen Wiederaufbau behindert hatten, beseitigt. Ferner sahen seine Bestimmungen die Wiedereinführung der von den Alliierten bisher verbotenen Koordinierung der Betriebsführung in der Kohle- und Stahlindustrie, die sogenannte Verbundwirtschaft, von der sich die deutschen Industriellen große Vorteile erhofften, vor. Die Aufhebung der alliierten Überwachung von Kohle und Stahl war auch deshalb entscheidend, weil durch sie Rohstoffe zu einem Zeitpunkt freigesetzt wurden, als ihre Knappheit den wirtschaftlichen Wiederaufbau ernsthaft verzögerte.

In der ersten Hälfte der fünfziger Jahre wurde der wirtschaftliche Wiederaufbau durch die Politik der Regierung bei der Schaffung einer neuen politischen Ordnung – und darüber hinaus durch ihre Sicherheits- und Wiederaufrüstungspolitik wirksam gefördert. Durch solche Unternehmen wie die Montanunion, in denen politische und wirtschaftliche Aspekte sich mischten, gingen politische und wirtschaftliche Vorteile Hand in Hand und wurden erreicht durch eine durchdachte und geplante Strategie, welche beide Bereiche umfaßte und die deutschen Forderungen im Namen der europäischen und atlantischen Einheit vorantrieb.

Ein weiteres Beispiel dafür, wie sich die poltischen und wirtschaftlichen Aspekte der Bonner Wiederaufbauziele ergänzten, ist die Gründung der Europäischen Wirtschaftsgemeinschaft (EWG) durch den Vertrag von Rom im Jahre 1957. Nach zweijährigen Verhandlungen beschlossen die sechs in der Montanunion zusammengeschlossenen Länder – Westdeutschland, Frankreich, Italien und die Beneluxstaaten –, in drei aufeinanderfolgenden Etappen von je vier Jahren einen gemeinsamen Markt für Industrie- und Landwirtschaftserzeugnisse zu schaffen, in dem die Zollschranken und Importkontingente zwischen den sechs beteiligten Ländern aufgehoben und ein gemeinsamer Zolltarif für Nichtmitglieder festgelegt werden sollte. Ferner beschlossen sie, ihre Sozialpolitik zu koordinieren und eine europäische Atomgemeinschaft (Euratom) zu gründen – in der Absicht, daß die Montanunion, die Euratom und die EWG später einer einzigen Verwaltungsbehörde unterstehen sollten. Die überseeischen Gebiete Frankreichs und Belgiens erhielten einen assoziierten Status, und zur Finanzierung von Investitionen in diesen Ländern wurde ein gemeinsamer Entwicklungsfonds eingerichtet.

In den Verträgen von Rom wurde direkt darauf verwiesen, daß die Unterzeichnerstaaten die EWG als nächste Stufe im Aufbau eines vereinigten Europa betrachteten; dadurch konnten die »Europäer« hoffen, daß entscheidende und einschneidende wirtschaftliche Maßnahmen von den Beteiligten im Hinblick auf das höhere Ziel der politischen Vereinigung hingenommen würden. Nachdem die Versuche, Europa militärisch zu einigen, mit der EVG fehlgeschlagen waren, sollte nun die wirtschaftliche Integration den Weg zur politischen Einigung ebnen; so schien man Adenauers Ziel eines vereinten Westeuropa einen Schritt näher gekommen zu sein. Adenauer selbst schätzte zwar den Wert des Gemeinsamen Marktes vorwiegend unter politischen Gesichtspunkten ein, doch die langfristigen wirtschaftlichen Vorteile für Deutschland waren beträchtlich. 1957 war das westdeutsche »Wirtschaftswunder« in vollem Gange (tatsächlich wäre es unangebracht, weiterhin vom Ziel des wirtschaftlichen »Wiederaufbaus« zu sprechen) und im großen und ganzen war die westdeutsche Wirtschaft durchaus in der Lage, sich in großen wirtschaftlichen Organisationen, wie der EWG, zu behaupten, besonders was den Handel mit Industrieerzeugnissen betraf. Das Hauptproblem lag auf dem Gebiet der Landwirtschaft, die traditionell durch direkte oder indirekte Subventionen vor ausländischer Konkurrenz geschützt wurde. Trotzdem waren deutsche Industrielle und Wirtschaftsexperten davon überzeugt, daß sich Deutschland auf – integrierten oder nicht integrierten – internationalen Märkten wohl durchsetzen könne. F. Roy Willis macht auf einen weiteren Faktor aufmerksam:

»Deutsche Industrielle waren äußerst besorgt, daß der gemeinsame Außenzoll, der lediglich auf dem mathematischen Durchschnitt nationaler Zölle beruhte, ohne Rücksicht auf den Stellenwert des Handels eines Landes mit einem bestimmten Produkt, Deutschland zu Zollerhöhungen zwingen und den Handel mit den Ländern außerhalb der EWG beeinträchtigen könne. Maschinen, Transportmittel, chemische Produkte und Fertigwaren machten 88 Prozent der deutschen Exporte aus; besonders die deutschen Hersteller dieser Produkte sahen darin eine Gefahr für ihre europäischen Märkte, da sie einen größeren Teil ihrer Erzeugnisse in Länder außerhalb der EWG als in die sechs Mitgliedländer exportierten. Über ein Viertel des gesamten deutschen Exports ging in europäische Staaten außerhalb der EWG, hauptsächlich nach Österreich, in die Schweiz, nach Großbritannien und Skandinavien. Aus diesem Grund und in direktem Gegensatz zu den meisten Gruppen der französischen Industrie und Landwirtschaft, die in einem protektionierten, auf die sechs Mitgliedländer beschränkten Markt die Garantie des Wohlstands sahen, drängte die deutsche Industrie auf den Abschluß eines Freihandelszonen-Abkommens mit den europäischen Ländern, die dem Gemeinsamen Markt nicht beitreten wollten.«[4]

Diese wirtschaftlichen Bedenken, die innerhalb der Bonner Regierung von Ludwig Erhard energisch zum Ausdruck gebracht wurden, fielen zusammen mit ähnlich heiklen politischen Erwägungen. Die Bonner Regierung hatte schon immer betont, daß sie eine Erweiterung der EWG befürworte und insbesondere die Aufnahme Großbritanniens begrüßen würde. Großbritannien hatte jedoch seinerseits politische und wirtschaftliche Vorbehalte, die seinen Beitritt in absehbarer Zeit unwahrscheinlich machten. Darüber hinaus war bekannt, daß de Gaulle, der seit 1958 wieder an der Macht war, britischem (und amerikanischem) Einfluß im Bereich der EWG höchst kritisch und mißtrauisch gegenüberstand, da er für Frankreich die Führungsrolle beanspruchte. Adenauer betonte zwar weiterhin, daß Bonn gegen eine offene Einladung an die europäischen Länder nichts einzuwenden habe, doch wurde seine Entschlossenheit zur Erweiterung des Gemeinsamen Marktes durch neue Entwicklungen ernsthaft in Frage gestellt.

Nachdem Großbritanniens Versuche, eine siebzehn Staaten umfassende Freihandelszone zu organisieren, fehlgeschlagen waren – diese Frage hatte die sechs EWG-Staaten lange Zeit gespalten –, hatte es sich mit Norwegen, Schweden, Dänemark, Österreich, der Schweiz und Portugal auf die Bildung der Europäischen Freihandelszone (EFTA) geeinigt, die im Mai 1960 ihre Arbeit aufnehmen sollte. Im Herbst und Winter des Jahres 1958 fanden komplizierte Verhandlungen darüber statt, ob und unter welchen Bedingungen man den Gemeinsamen Markt erweitern und damit der vorgesehenen Freihandelszone entgegenwirken solle. Obgleich Adenauer und de Gaulle rasch eine beachtliche Beziehung zueinander hergestellt hatten, entwickelten sich doch bereits die französisch-deutschen Spannungen, in denen sich das Dilemma schon abzeichnete, vor dem Bonn 1963 stand, als de Gaulle sein Veto gegen den Beitritt Großbritanniens zur EWG einlegte. Adenauer und besonders Erhard versuchten 1958 wiederholt, zwischen dem Londoner Vorschlag einer Freihandelszone (dem auch Erhard den Vorzug gab) und de Gaulles Auffassung zu vermitteln, die Exklusivität der EWG sei durch den Ausschluß Großbritanniens zu wahren. Nach de Gaulles Meinung war die Zugehörigkeit Großbritanniens zu »Europa« ohnehin zweifelhaft, außerdem könne dieses Land von Anfang an die Bestimmungen der EWG verwässern, indem es seine engen wirtschaftlichen Bindungen an das Commonwealth zu erhalten suche. Trotz des wachsenden Unbehagens in maßgeblichen westdeutschen Industrie- und Handelskreisen wegen der drohenden wirtschaftlichen Spaltung des nichtkommunistischen Europa und trotz der beträchtlichen Opposition in Bonn gegen Adenauers progaullistische Richtung, führte Adenauers überwiegendes Interesse an einer französisch-deutschen Aussöhnung und an einer westeuropäischen Gemeinschaft schließlich dazu, daß er de Gaulle seine volle Unterstützung gab. Bald danach revanchierte sich de Gaulle durch seine Unterstützung des festen Auftretens Adenauers in der sich anbahnenden Berlin-Krise im November 1958, als die USA und Großbritannien eine wesentlich versöhnlichere Haltung und eine größere Bereitschaft zu Verhandlungen zeigten.

Die Hoffnungen Großbritanniens, die EWG zu einer größeren europäischen Wirtschaftsgemeinschaft zu bewegen, waren 1961 eindeutig geschwunden. Im Frühjahr zeigte Großbritannien sein Interesse an Handelsbeziehungen zu den sechs EWG-Staaten, als es »harmonisierte« gemeinsame Zölle zwischen der EWG und Großbritannien unter der Bedingung vorschlug, daß Großbritannien die gemeinsamen Zölle nicht auf seine sechs EFTA-Partner und auf die Commonwealth-Staaten anzuwenden brauchte. Landwirtschaftliche Erzeugnisse sollten von dieser Regelung völlig ausgenommen sein. Mitte des Jahres jedoch beantragte

London die volle Mitgliedschaft in dem Bewußtsein, daß de Gaulle gegen eine auf Industrieerzeugnisse beschränkte Assoziierung wahrscheinlich sein Veto einlegen würde und daß Großbritannien angesichts der recht verächtlichen Haltung de Gaulles zu supranationalen Institutionen von der politischen Entwicklung der Gemeinschaft wenig zu befürchten hätte. Offenbar entschloß sich Großbritannien, die Mitgliedschaft zu beantragen, weil es zum einen hoffte, auf diese Weise besser mit seinen ernsthaften wirtschaftlichen Problemen fertig zu werden und weil es zum anderen durch die Kennedy-Regierung darauf gedrängt wurde. (Die Vereinigten Staaten hatten Großbritannien immer von der Bildung der EFTA abgeraten, weil durch sie für die ohnehin prekäre Situation der amerikanischen Zahlungsbilanz zusätzliche Probleme geschaffen wurden. Obwohl der Gemeinsame Markt die gleichen Probleme schuf, wurde er wegen seiner wichtigen politischen Funktionen, wie der Förderung der französisch-deutschen Aussöhnung, weiterhin von Washington unterstützt.)

Die amerikanischen und britischen Erwartungen, daß die EWG aus einem »Kleineuropa« in eine weniger exklusive Organisation umgewandelt werden könnte, verstärkten de Gaulles ohnehin schon beträchtliche und grundsätzliche Befürchtungen. Der Positionswechsel der Labour Party gegen den Gemeinsamen Markt, das überwältigende Ergebnis der Volksabstimmung für de Gaulle und die zunehmenden Spannungen bei den Verhandlungen im EWG-Hauptquartier in Brüssel mögen zu der Versteifung der französischen Haltung gegenüber dem Beitritt Großbritanniens beigetragen haben. Wichtiger jedoch war vermutlich die Einstellung des Skybolt-Raketenprogramms und die Unterzeichnung des Abkommens von Nassau durch Präsident Kennedy und Premierminister Macmillan. (Siehe Kapitel I).

Der Zeitpunkt für dieses wichtige Ereignis wurde mit fast unvorstellbarem Ungeschick gewählt. De Gaulle argwöhnte, daß eine Entscheidung von solch grundsätzlichem und weitreichendem Charakter von beiden Seiten seit längerer Zeit erwogen sein mußte – was Grund zur Annahme gab, daß Macmillan in seinen letzten Gesprächen mit de Gaulle nicht gerade offen gewesen sei. Durch das Abkommen von Nassau wurde die britische atomare Abschreckungsstreitmacht in direkte Abhängigkeit von den USA gebracht – und dies zu einem Zeitpunkt, als Großbritannien sich ernsthaft in Europa zu engagieren schien. Das nukleare Potential und die Atomgeheimnisse, die Großbritannien seinen zukünftigen EWG-Partnern als Mitgift eingebracht hätte, waren nun für unbegrenzte Zeit an Washington und an die NATO vergeben. Die politischen Neigungen Großbritanniens schienen immer noch in erster Linie weniger zum »Kontinent« als in die »atlantische« Richtung zu gehen.

Was immer auch de Gaulles Hauptgrund für den Ausschluß Großbritanniens aus der EWG gewesen sein mag, klar ist, daß das Ziel Adenauers, Deutschland in eine westeuropäische Gemeinschaft einzugliedern, durch die Konflikte, die gegen Ende der fünfziger und zu Anfang der sechziger Jahre zwischen den anglo-amerikanischen Mächten und Frankreich entstanden, enorm erschwert wurde. Deutschland konnte sich eine Schwächung seiner politischen und militärischen Bindungen an die Vereinigten Staaten kaum leisten, doch de Gaulle, der unentbehrliche Partner für die Europapolitik Adenauers, war fest entschlossen, jeden anglo-amerikanischen Einfluß aus Europa (und insbesondere aus dem Bereich der EWG) fernzuhalten, und er versuchte beständig, für diese Bemühung die Unterstützung Bonns zu erhalten. Außerdem stellte sich heraus, daß das Europa-Konzept de Gaulles sich beträchtlich von dem Adenauers unterschied. Zwar setzten sich de Gaulle und Adenauer für eine »kleineuropäische« Lösung ein, doch de Gaulle widersetzte sich allen wirklichen Integrationsmaßnahmen, die die nationale Unabhängigkeit der Mitgliedstaaten eingeschränkt hätten, und offensichtlich erwartete er von seinen europäischen Partnern, daß sie durch wirtschaftliche und politische Unterstützung die Position Frankreichs in der Weltpolitik festigen helfen würden.

Die Lage wurde zusätzlich dadurch kompliziert, daß das westdeutsche Ziel der Schaffung einer politischen Neuordnung nach der erfolgreichen Erlangung der rechtlichen Gleichberechtigung eine neue Form angenommen hatte. Schon vor der Wiederherstellung der Souveränität im Jahre 1955 hatten beträchtliche Spannungen zwischen den rechtlichen und politischen Aspekten des Wiederaufbaus bestanden: der rechtliche Aspekt, die Gleichberechtigung, mußte im allgemeinen mit der Unterstützung der Vereinigten Staaten und Großbritanniens gegen die Opposition Frankreichs durchgesetzt werden, während Bonn bei dem politischen Aspekt, der deutschen Mitgliedschaft in einer westeuropäischen Gemeinschaft, auf das Wohlwollen und die Zustimmung Frankreichs angewiesen war. Im großen und ganzen jedoch stellten diese Spannungen für Bonn keine unüberwindbaren Hindernisse dar: das Atlantische Bündnis war noch intakt, und Bonn hatte mit der Wiederaufrüstung ein wichtiges Druckmittel in der Hand. Ende der fünfziger und Anfang der sechziger Jahre sah die Lage jedoch ganz anders aus. Nachdem die rechtliche Seite des Ziels des Wiederaufbaus durch die Wiederherstellung der Souveränität im wesentlichen gelöst worden war, wurde der verbleibende politische Aspekt durch die Meinungsverschiedenheiten zwischen den Vereinigten Staaten und Frankreich, die die westliche Allianz spalteten, ernsthaften und widersprüchlichen Belastungen ausgesetzt. Außerdem wurde die auf das Atlantische Bündnis orientierte Sicherheitspolitik Bonns nicht länger durch die Politik des Wiederaufbaus ergänzt, da sich letztere zwangsläufig auf Frankreich konzentrieren mußte – zum einen, weil der Schlüssel zur westeuropäischen Gemeinschaft in Frankreich lag, und zum anderen, weil die Vereinigten Staaten, was die Souveränität anbetraf, Bonn nichts mehr anzubieten hatten. Darüber hinaus sah sich Adenauer gezwungen, sich zur Unterstützung der Bonner Ostpolitik an Paris zu wenden, da die Vereinigten Staaten und Großbritannien Wert darauf zu legen schienen, sich mit der Sowjetunion, möglicherweise sogar auf der Basis des Status quo in Deutschland, zu verständigen.

Zu Beginn des Jahres 1963 hatte Adenauer in dem sich entwickelnden Tauziehen zwischen den anglo-amerikanischen Ländern und Frankreich kaum noch eine Möglichkeit zu wählen. Im Herbst 1962 hatten de Gaulle und Adenauer den Entwurf eines deutsch-französischen Freundschaftsvertrags ausgearbeitet, in dem regelmäßige Zusammenkünfte zwischen französischen und deutschen Regierungsvertretern vorgesehen waren (zweimal jährlich zwischen den Staatsoberhäuptern und Regierungschefs, alle drei Monate zwischen den Außen-, Verteidigungs- und Erziehungsministern und alle zwei Monate zwischen den Stabschefs und den für Jugendfragen zuständigen Ministern.) Eine interministerielle Kommission in jedem Land sollte die Tätigkeit der betreffenden Ministerien koordinieren und die beiden Regierungen über den Stand der deutsch-französischen Zusammenarbeit unterrichten. Laut Vertrag sollten die beiden Regierungen sich in allen wichtigen außenpolitischen Fragen konsultieren, ehe Entscheidungen getroffen wurden. Weiter war die Zusammenarbeit in Verteidigungsfragen, der Agrarpolitik, der industriellen Entwicklung und über Kulturaustauschprogramme vorgesehen.

Dieser Vertrag muß Adenauer wie die Krönung seiner Aussöhnungspolitik mit Frankreich vorgekommen sein, obwohl er keine besonderen Bestimmungen von großer Bedeutung enthielt. Einige Tage vor der geplanten Ankunft Adenauers in Paris zur offiziellen Unterzeichnung des Vertrags hielt de Gaulle am 14. Januar 1963 seine berühmte Pressekonferenz, in der er die Entscheidung Frankreichs bekanntgab, Großbritannien nicht zur EWG zuzulassen. Höchstwahrscheinlich hätte selbst eine Intervention Adenauers zugunsten Großbritanniens de Gaulle nicht umstimmen können. Doch hätte sicherlich ein entschlosseneres Auftreten der Bonner Regierung in der Frage des britischen Beitritts dazu geführt, daß der Freundschaftsvertrag, das dramatischste Symbol der deutsch-französischen Aussöhnung, hinfällig oder bedeutungslos geworden wäre.

Für de Gaulle war die Wahl des richtigen Zeitpunktes entscheidend.

Adenauer näherte sich dem Ende seiner Amtszeit, und von seinem Nachfolger konnte nicht das gleiche Verständnis für die ehrgeizigen Pläne de Gaulles in Westeuropa erwartet werden. Adenauer hatte sich wegen seiner unerschütterlich pro-französischen Politik ohnehin im In- und Ausland zunehmend isoliert. Seine Beziehungen zur Kennedy-Regierung waren weit weniger herzlich, als sie es zur Eisenhower-Regierung gewesen waren, da beträchtliche Meinungsverschiedenheiten über die Politik der Vereinigten Staaten gegenüber der Sowjetunion bestanden. Die Beziehungen zu London waren seit längerer Zeit angespannt, weil Adenauer die französischen Interessen unterstützte und weil er Großbritannien im Verdacht hatte, daß es bereit wäre, auf der Grundlage eines Teil-Disengagement in Mitteleuropa mit der Sowjetunion über eine Entspannung des kalten Krieges zu verhandeln. In der Bundesrepublik hatten Adenauers Außenpolitik und seine zunehmend autoritären Manipulationen zur Spaltung seines Kabinetts und der eigenen Partei geführt und in breiten Kreisen heftige Kritik hervorgerufen. Zu diesem Zeitpunkt gab es praktisch nicht eine, sondern zwei Richtungen in der deutschen Außenpolitik. Die eine war die Adenauers, die den Deutsch-Französischen Freundschaftsvertrag hervorbrachte und es de Gaulle ermöglicht hatte, mit der stillschweigenden Einwilligung Deutschlands die Mitgliedschaft Großbritanniens in der EWG zu verhindern. Die andere wurde von Wirtschaftsminister Erhard und Außenminister Schröder vertreten, die eine flexiblere Linie befürworteten und die zur anglo-amerikanischen Position nicht nur in Fragen des Gemeinsamen Marktes und des Atlantischen Bündnisses, sondern auch in der Frage einer einfallsreicheren Ostpolitik neigten.

Als Ludwig Erhard im Herbst 1963 Konrad Adenauers Nachfolger wurde, entwickelten sich die politischen Meinungsverschiedenheiten zwischen Frankreich und Deutschland zu einer handfesten Konfrontation, wenn nicht gar zu einer Krise. Nach dem Waffenstillstand in Algerien im Frühjahr 1962 hatte de Gaulle seine innenpolitische und seine internationale Stellung beträchtlich gefestigt, und er verfolgte nun seine allgemeinen politischen Ziele weit energischer. Doch standen fast alle Punkte seines Programms im Gegensatz zur deutschen Außenpolitik, und das zu einer Zeit, als der neue Kanzler in Bonn den französischen Plänen ohnehin weit reservierter gegenüberstand als sein Amtsvorgänger. Es handelte sich hier nicht nur um eine Frage der Persönlichkeiten. Schon gegen Ende der Adenauer-Regierung hatte es ernsthafte Meinungsverschiedenheiten zwischen Bonn und Paris gegeben, die vorwiegend aus der militärstrategischen Linie Adenauers, die sich an der atlantischen Bündnispolitik orientierte, resultierten.

Diese Meinungsverschiedenheiten wurden im allgemeinen jedoch dadurch ausgeglichen, daß Adenauer de Gaulle in anderen Fragen, wie seiner Europapolitik, mit der sich Adenauer mindestens teilweise identifizieren konnte, unterstützte. Da Erhard und die anderen »Atlantiker« in Bonn die Vorstellungen de Gaulles (und damit auch die Adenauers) von einer europäischen Ordnung nicht teilten, löste sich das ausgeglichene Verhältnis von Meinungsverschiedenheit und Übereinstimmung in den deutsch-französischen Beziehungen während der Regierungszeit Erhards völlig auf. F. Roy Willis meint dazu:

»Zum Kummer Adenauers reagierten die führenden deutschen Politiker auf die Gleichgültigkeit Frankreichs gegenüber ihren eigenen Interessen damit, daß sie die Verwirklichung des Deutsch-Französischen Freundschaftsvertrages blockierten, sich den Zielen de Gaulles innerhalb der europäischen Gemeinschaft widersetzten und sich den Vereinigten Staaten immer mehr zuwandten. Während der letzten acht Monate der Amtszeit Adenauers und während der dreijährigen Regierungszeit Erhards waren die Beziehungen zwischen den beiden Ländern bestenfalls korrekt und schlimmstenfalls beleidigend. De Gaulle mußte feststellen, daß die systematische Vernachlässigung der Wünsche seines Partners keine zuverlässige Basis für ein Bündnis war.«[5]

Eine Hauptschwierigkeit der deutsch-französischen Beziehungen während der sechziger Jahre lag darin, daß beide Länder, aber besonders Frankreich, ein so straff strukturiertes und durchformuliertes außenpolitisches Programm hatten, in dem sämtliche Bestandteile logisch und politisch miteinander verzahnt waren, daß ein Kompromiß in einem Punkt tatsächlich oder ideell das gesamte Gebäude zu gefährden drohte. So etwa hingen die französisch-deutschen Meinungsverschiedenheiten über die NATO und über Größe und Natur der EWG, die während der Amtszeit Erhards zu bedeutsamen Problemen wurden, mit den allgemeinen außenpolitischen Vorstellungen der beiden Länder eng zusammen. De Gaulle hatte sich immer einer Erweiterung des Gemeinsamen Marktes und insbesondere dem Beitritt Großbritanniens widersetzt, weil dadurch der kulturelle, politische und geographische Zusammenhalt der sechs Mitgliedstaaten geschwächt wurde und die Vereinigten Staaten aller Wahrscheinlichkeit nach stellvertretend durch London ihren Einfluß in Europa erhalten und ausdehnen konnten. (Vermutlich wollte de Gaulle auch mit der Errichtung eines Verteidigungssystems auf der Grundlage der EWG eine Veränderung in der Struktur der NATO erzwingen.) Diese Politik stand in direktem Gegensatz zu den Wünschen der »Atlantiker« in der Bonner Regierung, die eine erweiterte Mitgliedschaft der EWG aus gerade den Gründen befürworteten, aus denen de Gaulle sie ablehnte. Erhard und Schröder hatten sich seit Jahren sowohl aus wirtschaftlichen und militärischen wie aus politischen und kulturellen Gründen für die europäische Zusammenarbeit in einem größeren Rahmen als dem der EWG der Sechs eingesetzt, und sie vertraten die Auffassung, daß ein solches größeres europäisches Unternehmen Teil einer atlantischen Partnerschaft mit den Vereinigten Staaten bilden könnte und sollte. Während de Gaulle also zu praktisch jedem Aspekt der amerikanischen Außenpolitik – der NATO, der MLF, dem Abkommen von Nassau, dem Teststop-Abkommen und Vietnam – in Opposition stand, brachte Erhard die Bonner Politik auf die Linie Washingtons. Die deutsche und die französische Politik gingen von völlig unterschiedlichen Vorstellungen einer anzustrebenden europäischen Ordnung aus. Und je mehr de Gaulle die Kluft zwischen der amerikanischen und der französischen Außenpolitik vertiefte, desto mehr zwang er Erhard, sich für Washington zu entscheiden.

Das Dilemma, das aus diesen Umständen für die Bonner Politik erwuchs, wurde 1966 während der »NATO-Krise« besonders deutlich. Seit Jahren waren Bonn und Paris über die Zukunft der westlichen Allianz verschiedener Meinung. Die französisch-deutschen Meinungsverschiedenheiten über die NATO und das Atlantische Bündnis erreichten Anfang 1966 einen kritischen Punkt, als de Gaulle das Ausscheiden Frankreichs aus dem Befehlssystem der NATO ankündigte. De Gaulle erklärte, daß die französischen Truppen (auch die in Deutschland stationierten) nicht länger unter NATO-Befehl stünden und daß die NATO-Stützpunkte und das NATO-Hauptquartier von französischem Boden zu entfernen seien. Durch diesen Schritt wurde die Sicherheit Deutschlands gefährdet und gleichzeitig die heikle politische und rechtliche Frage aufgeworfen, unter welchen Umständen französische Truppen weiterhin auf deutschem Boden bleiben könnten (was die Bonner Regierung aus Abschreckungsgründen wünschte), wenn sie erst der NATO-Befehlsgewalt entzogen und wieder dem nationalen französischen Befehl unterstellt würden. Dieses Problem wurde zu Beginn der Amtszeit der Großen Koalition dadurch gelöst, daß die Deutschen sich mit der weiteren Anwesenheit französischer Truppen in Deutschland unter französischen Bedingungen einverstanden erklärten. Durch diese Episode wurde jedoch der ernsthafte Konflikt zwischen den deutschen und französischen außenpolitischen Vorstellungen hervorgehoben: Aus der Überzeugung, daß die Notwendigkeit für ein gemeinsames Auftreten im Verteidigungssystem des Atlantischen Bündnisses immer noch bestand, betrieb Bonn konsequent die Stärkung der NATO und der amerikanischen Anwesenheit in Europa. Dies bedeutete, daß Bonn sich in einer für de Gaulle entscheidenden Frage mit Washington gegen Paris verbündete.

Die zweite große Quelle der Spannungen zwischen Bonn und Paris war die Zukunft des Gemeinsamen Marktes und im weiteren Zusammenhang die politische Zukunft Europas.[6] Frankreich und Deutschland waren sich über die optimale Größe der EWG deshalb uneinig, weil sie aus unterschiedlichen Einstellungen und verschiedenen außenpolitischen Konzeptionen abweichende Auffassungen über den Charakter der EWG ableiteten. In der europäischen Integrationsbewegung bestand von Anfang an das Ziel, durch die wirtschaftlichen Integrationsstrukturen der Montanunion, des Gemeinsamen Marktes und der Euratom den Weg für die politische Integration zu ebnen. Die Exekutivbehörden dieser Organisationen sollten in echte supranationale Regierungsbehörden umgewandelt werden, die sich eher nach den Richtlinien eines gestärkten Europa-Parlaments als nach denen der nationalen Vertreter im Ministerrat richten sollten. Obwohl sich de Gaulle natürlich gegen jegliche Entwicklung wandte, die die nationale Souveränität beeinträchtigen konnte, bestanden keine ernsthaften Meinungsverschiedenheiten unter den sechs Mitgliedstaaten über die Zukunft der Institutionen des Gemeinsamen Marktes, solange jedes Mitglied das Veto-Recht im Ministerrat besaß. Mit dem Inkrafttreten der dritten Stufe der Verträge von Rom im Jahre 1966 sollte jedoch die Mehrheitsentscheidung im Ministerrat eingeführt werden, und die Befürworter der politischen Integration hofften, daß dies der erste Schritt zur Umwandlung des Gemeinsamen Marktes in eine supranationale politische Organisation sei. De Gaulle war jedoch nicht bereit, über das Zugeständnis regelmäßiger, institutionalisierter Beratungen zwischen den Regierungen der sechs EWG-Staaten, ähnlich den im Deutsch-Französischen Freundschaftsvertrag vorgesehenen bilateralen Beratungen, hinauszugehen.

Diese Haltung stand in klarem Gegensatz zu Erhards Forderung nach der Errichtung einer politischen Behörde der EWG mit beschränkten, aber bestimmten Vollmachten und zu seinem Vorschlag, daß bestimmte legislative Befugnisse an das Europa-Parlament delegiert werden sollten und daß der Gemeinsame Markt über eigene finanzielle Mittel verfügen sollte. Diese Haltung Erhards war etwas überraschend angesichts seiner mangelnden Begeisterung während der fünfziger Jahre für eine auf die sechs EWG-Staaten beschränkte politische und wirtschaftliche Ordnung. Diese Meinungsänderung entstand zum Teil aus seinem Wunsch, eine Einengung der deutschen Europapolitik auf bilaterale Abmachungen zwischen Bonn und Paris zu vermeiden. Als die Chancen einer britischen Mitgliedschaft in der EWG sich verringerten und als klar wurde, daß de Gaulle Westdeutschland eher als Objekt seiner Außenpolitik denn als Partner betrachtete, gewann Erhard offenbar den Eindruck, daß es den deutschen Interessen am nützlichsten sei, den politischen und wirtschaftlichen Zusammenhalt und das zukünftige integrative Potential der sechs EWG-Staaten zu stärken, anstatt auf der unsicheren Aussicht auf eine erweiterte Gemeinschaft zu beharren. (Diese Haltung wurde von Italien und den Beneluxstaaten, die den Beitritt Großbritanniens wünschten, bevor man zu supranationalen politischen Regelungen überging, nicht ohne Vorbehalt geteilt.)

Die Versuche de Gaulles, den Deutsch-Französischen Freundschaftsvertrag zur Förderung der eigenen Ziele auszunutzen, mußten zwangsläufig so lange ohne Erfolg bleiben, als Bonn gravierende Widersprüche zwischen dem französischen und dem deutschen außenpolitischen Programm fand. In diesem Zusammenhang konnten die sprengende NATO-Politik de Gaulles und seine zunehmend versöhnliche Haltung gegenüber der Sowjetunion in Bonn kaum beruhigend wirken. Für Bonn standen hier zwei entscheidende außenpolitische Bereiche auf dem Spiel, und in beiden schien die französische Politik darauf auszugehen, die deutschen Ziele zu vereiteln. (Im Jahre 1964 beispielsweise feierte de Gaulle den zwanzigsten Jahrestag des französisch-sowjetischen Beistandspakts, gewährte er der Sowjetunion Siebenjahres-Kredite im Rahmen eines neuen Handelsabkommens und demonstrierte er allgemein eine große Herzlichkeit gegenüber der Sowjetunion und den osteuropäischen Staaten. In seiner Pressekonferenz vom 4. Februar 1965 betonte de Gaulle, daß die Wiedervereinigung ein europäisches Problem sei, das wesentlich von Deutschlands Nachbarn zu lösen sei, womit er andeutete, daß sowohl Deutschland als auch die Vereinigten Staaten bei der Lösung dieses Problems eine sekundäre Rolle spielten.)

Es überrascht nicht, daß der Gemeinsame Markt in eine schwere Krise geriet, als die deutsch-französischen Meinungsverschiedenheiten über politische Grundsatzfragen durch Differenzen über wirtschaftliche Spezialprobleme weiter verschärft wurden. Nach ausgedehnten Verhandlungen hatten die EWG-Partner 1963 eine vorläufige Einigung über eine gemeinsame Regelung in bezug auf Rindfleisch und Molkereiprodukte erzielt. 1964 war das Hauptanliegen der EWG, eine endgültige Einigung für den landwirtschaftlichen Sektor und insbesondere für einen gemeinsamen Getreidepreis zu erzielen, um im Agrarsektor interne Zollsenkungen zu schaffen, analog denen, die für den Bereich von Industrieerzeugnissen schon erreicht worden waren. Dies setzte voraus, daß Frankreich und Deutschland sich auf eine Kompromißformel einigten, durch die die deutschen Zugeständnisse in der Landwirtschaft, die auf die heftige Opposition landwirtschaftlicher Interessengruppen in der Bundesrepublik stießen, durch für deutsche Interessen wichtige französische Zugeständnisse in der Frage gemeinsamer Außenzölle für die EWG ausgeglichen werden konnten. Diese Frage wurde schließlich durch einen Kompromiß gelöst: Deutschland akzeptierte einen einheitlichen Getreidepreis in der EWG (was hohe Subventionen an die deutschen Bauern bedeutete); Frankreich akzeptierte eine beträchtlich verringerte »Ausnahmeliste« für Erzeugnisse, die nicht von den gemeinsamen allgemeinen EWG-Zollsenkungen, über die in der »Kennedy-Runde« verhandelt werden sollte, betroffen sein sollten.

Die »Kennedy-Runde« der Zollverhandlungen entstand aus dem vom amerikanischen Kongreß verabschiedeten Trade Expansion Act von 1962, das den amerikanischen Präsidenten ermächtigte, im Rahmen des Allgemeinen Zoll- und Handelsabkommens (GATT) über gegenseitige Zollsenkungen für eine breite Skala von Warenkategorien und nicht auf der Basis einzelner Waren, wie unter früheren gegenseitigen Handelsabkommen, zu verhandeln. Das Trade Expansion Act war eine direkte Reaktion auf die Gründung des Gemeinsamen Marktes, denn der erwartete gemeinsame Außenzoll der sechs EWG-Staaten ließ die pauschalen Zollsenkungen nicht nur in Europa, sondern auch in den Vereinigten Staaten wünschenswert erscheinen. Westdeutschland war wegen der Vorteile für die deutschen Industrieinteressen an einem erfolgreichen Abschluß der Kennedy-Runde besonders interessiert, und die Bonner Regierung war bereit, Frankreich in landwirtschaftlichen Fragen innerhalb des Gemeinsamen Marktes beträchtliche Opfer zu bringen, um die französische Zustimmung zu erheblichen Zollsenkungen in den GATT-Verhandlungen zu erhalten. Nach schwierigen und zum Teil erbitterten Verhandlungen einigten sich 1967 die dreiundfünfzig Mitglieder des GATT darauf, Zölle, besonders für Industrieerzeugnisse, über einen Zeitraum von fünf Jahren um durchschnittlich 37–38 % (das ursprüngliche Ziel war 50 %) zu senken. Industriegüter waren hauptsächlich betroffen. Siehe Hinshaw, *European Community* und Feld »Common Market«.

Gerade die Lösung dieser Frage war es jedoch, die indirekt zur Krise der EWG im Sommer 1965 führte. Während der Beratungen über landwirtschaftliche Fragen hatte sich Bonn für niedrigere Außenzölle für landwirtschaftliche Erzeugnisse eingesetzt in der Erwartung, daß deutsche Industrieexporte in die Vereinigten Staaten und in die EFTA-Länder auf diese Weise gefördert werden könnten. Die Senkung der Schutzzölle machte umfangreiche Subventionen für die landwirtschaftlichen Erzeugnisse der EWG erforderlich. Die sechs EWG-Staaten hatten 1962 vorläufige Übereinkünfte zur Durchführung und Finanzierung eines Agrarfonds zur Subventionierung der Exporte getroffen (Fonds Européen d'Orientation et de Garantie Agricoles, FEOGA). Damit sollte die Konkurrenzfähigkeit der landwirtschaftlichen Erzeugnisse der EWG auf dem Weltmarkt mit seinem niedrigeren Preisniveau gefördert und die landwirtschaftlichen Interessen in der EWG für ihren Verlust von Binnenmärkten innerhalb der EWG entschädigt werden. Aus dem Fonds sollte im ersten Jahr ein Sechstel, im zweiten Jahr ein Drittel und im dritten Jahr die Hälfte der gesamten Subventionen gedeckt werden. Während dieser drei Jahre sollte der Fonds aus den Staatskassen der einzelnen Länder (im ersten Jahr zu 100 %, im zweiten Jahr zu 90 %, im dritten Jahr zu 80 %) und durch die Besteuerung landwirtschaftlicher Importe aus Nicht-EWG-Ländern (im zweiten Jahr mit 10 %, im dritten Jahr mit 20 %) finanziert werden. Frankreich, Deutschland und Italien einigten sich darauf, Beträge von gleicher Höhe zu leisten. Diese Regelung war für Frankreich außerordentlich günstig, da die französische Landwirtschaft mit dem Löwenanteil der Subventionen rechnen konnte. Nachdem die Frage des gemeinsamen Getreidepreises geklärt worden war, entwarf die EWG-Kommission im Frühjahr 1965 eine Reihe von Vorschlägen zur Verwaltung des Fonds, die der EWG faktisch supranationale Machtbefugnisse verliehen hätten, da sie für die Kommission ein großes, von der nationalen Kontrolle der Mitglieder unabhängiges Einkommen vorsahen. Dies sollte in drei ineinandergreifenden Etappen erreicht werden. Erstens sollte die FEOGA in der Vorwegnahme des Endstadiums eines einzigen landwirtschaftlichen und industriellen Marktes bis 1966/67 fünf Sechstel der Subventionskosten tragen. Zweitens sollten zur Deckung dieser Ausgaben, die die Einnahmen aus Importaufschlägen beträchtlich übersteigen würden, alle Einnahmen aus Zöllen für Industrieerzeugnisse direkt an die EWG gezahlt werden. Drittens sollte das Europaparlament über den Überschuß, der nach den Ausgaben der FEOGA für Agrarprodukte übrigblieb, verfügen dürfen; dadurch sollte dieses Gremium aus einem unwirksamen Diskussionsforum in ein gesetzgebendes Organ mit wirklichen Budgetbefugnissen umgewandelt werden.

Erwartungsgemäß reagierte de Gaulle völlig negativ auf diese Vorschläge. Die französische Regierung lehnte einerseits die inhaltlichen Teile des Vorschlags ab, andererseits war sie äußerst ungehalten darüber, daß der Vorschlag im Europaparlament an die Öffentlichkeit kam, ohne vorher den nationalen Regierungen vorgelegt worden zu sein. F. Roy Willis meint dazu:

»Der Entscheidung, de Gaulle auf diese Weise direkt herauszufordern, gingen lange Kämpfe innerhalb der Kommission voraus, aber der Präsident der Kommission, Walter Hallstein, war zweifellos der Ansicht, daß die beste Aussicht auf Verwirklichung der in den Verträgen von Rom vorgesehenen supranationalen Union durch den dringenden Wunsch Frankreichs, einen gemeinsamen Agrarmarkt zu schaffen, der für die französischen Landwirte sehr vorteilhaft sein würde (und dadurch die Position de Gaulles in den bevorstehenden Präsidentschaftswahlen stärken würde), gegeben war. Hallstein hatte den Gegner jedoch unterschätzt. Im Kampf mit de Gaulle sollte er nicht nur die Schlacht um den Supranationalismus, sondern auch sein Amt verlieren.«
Willis, France, Germany and the New Europe, S. 343.

Professor Walter Hallstein, ein loyaler Verfechter der europäischen Integration und Präsident der EWG-Kommission seit ihrer Gründung im Jahre 1958, hatte sich häufig das Mißfallen de Gaulles wegen seiner Bestrebungen zugezogen, die Funktionen des Gemeinsamen Marktes (und der Brüsseler Kommission) über wirtschaftliche Integrationsmaßnahmen hinaus in Richtung auf ein koordiniertes Programm für eine gemeinsame Sozial-, Handels- und Finanzpolitik und zuletzt für eine supranationale politische Union zu erweitern. Als die Franzosen 1967 schließlich einem festen Termin für die Fusion der Exekutivbehörden des Gemeinsamen Marktes, der Montanunion und der Euratom zustimmten (der Fusionsvertrag war schon im April 1965 unterzeichnet und bis Oktober 1966 von allen sechs Parlamenten ratifiziert worden), war eine ihrer Bedingungen, daß Hallstein nicht Vorsitzender der integrierten Kommission würde. Hallsteins Nachfolger jedoch, der Belgier Jean Rey, fand bei de Gaulle kaum mehr Gefallen, denn auch Rey war ein überzeugter Befürworter der europäischen wirtschaftlichen und politischen Integration.

Darüber hinaus waren die Deutschen, die über ein Drittel der vorgesehenen Gelder aufbringen sollten, und die Belgier von der Idee, Einnahmen aus Industriezöllen auf die EWG zu übertragen, nicht begeistert. In dieser Hinsicht war ihre Position der französischen nicht ganz unähnlich, denn die Franzosen wollten lediglich die Agraraufschläge der Importe der EWG überlassen. (Dies soll nicht heißen, daß Bonn die Frage der Finanzierung der Landwirtschaft isoliert behandeln wollte. Im Gegenteil hofften die Deutschen, die Agrarpolitik mit der Handels- und Währungspolitik und mit der Vereinheitlichung von Steuern zu verknüpfen.)

Wie sich herausstellte, führte schon die Frage der landwirtschaftlichen Finanzierung zu ernsthaften Auseinandersetzungen zwischen den EWG-Partnern, durch die die supranationalen Möglichkeiten der EWG einen entscheidenden Rückschlag erlitten. Im Juni 1965 stimmten Deutschland und Frankreich einem vorverlegten Termin für eine gemeinsame Agrarpolitik in der Vorstellung zu, daß auch die Industriezölle zu diesem Zeitpunkt endgültig abgeschafft würden. Trotzdem hatte Frankreich nicht ohne Grund den Eindruck, daß Italien und Deutschland eine endgültige Einigung über einen gemeinsamen Agrarmarkt möglichst lange hinauszuschieben versuchten und daß beide Länder sich immer noch gegen das im Januar 1963 festgelegte Prinzip, das beim Kauf von Lebensmitteln aus Nicht-EWG-Ländern für EWG-Mitglieder Sanktionen vorsah, wandten. (Italien hatte sich 1962 bereit erklärt, denselben Beitrag wie Frankreich und Deutschland zum FEOGA-Fonds zu leisten und seine landwirtschaftlichen Exporte durch die Besteuerung von Importen aus Nicht-EWG-Ländern zu subventionieren. Die rasche Industrialisierung jedoch brachte Italien in seiner allgemeinen Wirtschaftspolitik der deutschen Position in Agrarfragen näher als der französischen. Außerdem widersetzte sich Italien einer definitiven Einigung über die Finanzierung der FEOGA aus Furcht, es hätte mit seiner Zusage, den gleichen Beitrag wie Frankreich und Deutschland zu leisten, übermäßige Verpflichtungen auf sich genommen; es forderte die Beschränkung jeder Übereinkunft auf zwei Jahre – obgleich Frankreich bereit war, einen Teil der Ausgaben Italiens für die FEOGA zu übernehmen.) Obwohl Frankreich, Deutschland und Belgien sich schließlich auf einen gleichzeitig in Kraft tretenden Termin für die Abschaffung der Industriezölle und die gleichzeitige Schaffung eines gemeinsamen Agrarmarktes einigten, bestanden die Italiener mit der Unterstützung Hollands weiterhin auf der Begrenzung aller Übereinkünfte auf zwei Jahre. Nach langwierigen und unfruchtbaren Diskussionen inszenierte Frankreich Anfang Juli 1965 seinen Auszug: Seine Vertreter bei den europäischen Gremien und im Ministerrat wurden abberufen und die französischen Experten in Brüssel erhielten die Anweisung, nur noch an technischen Routineangelegenheiten teilzunehmen.

Der französische Boykott hatte weitreichende Folgen. Als die EWG-Kommission im Spätsommer einen Kompromißvorschlag zur Landwirtschaftsfrage vorlegte, wurde klar, daß für de Gaulle nicht die Agrarpolitik, sondern hauptsächlich der Supranationalismus der Stein des Anstoßes war. Zwar wurde die Frage der Landwirtschaftsfinanzierung im Mai 1966, fast ein Jahr nach dem Abbruch der Verhandlungen durch Frankreich, gelöst; de Gaulle hatte jedoch in der Zwischenzeit die supranationalen Möglichkeiten der Verträge von Rom noch einmal überprüft. Das Ergebnis war, daß er drei Bedingungen für die weitere Mitgliedschaft Frankreichs in der EWG stellte: erstens, daß die EWG-Mitglieder sich auf die Agrarfinanzierung einigten; zweitens, daß sie der Kommission keine supranationalen wirtschaftlichen und politischen Ansprüche zugestanden, und drittens, daß die in den Verträgen von Rom vorgesehenen Mehrheitsentscheidungen gestrichen wurden. Auf einer Tagung der Außenminister der sechs EWG-Staaten in Luxemburg im Januar 1966 wurde ein Kompromiß über die Bedingungen de Gaulles erzielt. Man beschloß, das Prinzip der Mehrheitsentscheidung beizubehalten, doch betonte Frankreich, daß es sich das Veto-Recht für den Fall vorbehalten würde, daß wichtige französische Interessen bedroht würden. Das formelle Vorschlagsrecht der Kommission blieb im wesentlichen intakt, ihre Unabhängigkeit wurde jedoch beträchtlich durch die Bestimmung eingeengt, daß sie sich mit den Regierungen der Mitgliedstaaten ins Benehmen zu setzen habe, bevor sie wichtige Vorschläge zur Politik vorlegte.

Die Reaktion Bonns auf diese ökonomischen und politischen Entwicklungen war gemischt. Einerseits war man erleichtert, daß der Gemeinsame Markt wieder arbeitsfähig war (obwohl die deutschen Landwirte sich benachteiligt vorkamen) und daß die EWG sich für die Dauer der Beratungen der Kennedy-Runde auf eine einheitliche Linie geeinigt hatte. Andererseits hatte die Krise der EWG jedoch gezeigt, daß zwischen den Mitgliedern über die politische Zukunft der Gemeinschaft tiefe Gegensätze herrschten. Und schließlich hatte das Luxemburger Treffen zu einer direkten und harten Konfrontation zwischen Frankreich und Deutschland geführt. Miriam Camps stellt dazu fest:

»Zwei Faktoren des [ersten Luxemburger] Treffens zwischen Frankreich und den anderen fünf EWG-Staaten waren bedeutsam. Erstens die Tatsache, daß die feste Front der Fünf, nicht zuletzt auf Grund der starren Haltung Frankreichs in der Frage der Mehrheitsentscheidung, hielt, und zweitens die Tatsache, daß der deutsche Außenminister, Dr. Schröder, eine feste Haltung gegenüber Frankreich einnahm und von den anderen vier Mitgliedern als natürlicher Wortführer betrachtet wurde. Bislang hatten die Deutschen gezögert, gegen Frankreich die Führungsrolle der Fünf zu übernehmen, und die anderen hatten Bedenken gegenüber einer solchen deutschen Führungsrolle gezeigt. Jetzt aber begrüßten sie das feste Auftreten Dr. Schröders.«[7]

Paradoxerweise hatte die starre Opposition de Gaulles gegen die supranationalen Prinzipien die Sache der europäischen Gemeinschaft politisch und psychologisch entscheidend zurückgeworfen, obgleich sein hartnäckiges Drängen auf eine Klärung der Landwirtschaftsprobleme die EWG wirtschaftlich insofern weitergebracht hatte, als nun sicher war, daß es bis Juli 1968 einen gemeinsamen Markt für Industrie- und Landwirtschaftserzeugnisse geben würde. Die Wahl des Zeitpunktes durch de Gaulle war nicht zufällig. Seit 1965 verlagerte sich der Schwerpunkt des Gemeinsamen Marktes vom Abbau der Handelsschranken innerhalb einer Zollunion auf das anspruchsvollere Projekt der Übernahme einer gemeinsamen Handels- und Währungspolitik in eine Wirtschaftsunion – Funktionen also, die traditionell den nationalen Regierungen vorbehalten sind. Hätte sich dieser ansatzweise »Überlaufeffekt« ungehindert vollziehen können, so wäre die Freiheit der nationalen Regierungen zur Bestimmung ihrer Wirtschafts-, Finanz- und Sozialpolitik eingeschränkt worden, mit weitreichenden Auswirkungen in den beiden Entscheidungsbereichen, in denen sich de Gaulle ein Maximum an Bewegungsfreiheit erhalten wollte – nämlich der Außen- und der Verteidigungspolitik. Hierin lag die eigentliche Ursache der EWG-Krise.

»Seit 1965 war es völlig klar, daß die Fünf und insbesondere die Deutschen, die französischen Verteidigungsvorstellungen nicht akzeptierten . . . Die eigentliche Bedeutung des ›Sieges‹ in der Frage des Getreidepreises im Winter 1964 lag nicht darin, daß Deutschland in diesem Punkt gegenüber Frankreich nachgegeben hatte oder der Treue zur Gemeinschaft die Interessen der deutschen Landwirte geopfert hatte, sondern daß es an der MLF festhielt und in einer Frage, die es für viel weniger wichtig hielt, Zugeständnisse gemacht hatte. Im Frühjahr 1965 hatte die MLF wohl an Zugkraft verloren, und einer der Gründe, warum die USA nur noch wenig Interesse an der MLF zeigten, war sicherlich, daß sie zu dieser Zeit kaum noch Zweifel darüber hatten, für wen sich Deutschland entscheiden würde, wenn es je zwischen den Vereinigten Staaten und Frankreich zu wählen hätte. Darüber hatte auch de Gaulle keine Zweifel mehr.«[8]

Möglicherweise war Bonn zu einer Entscheidung zwischen den USA und Frankreich gezwungen. Wie widerwillig man sich dieser Entscheidung stellte, wurde erneut demonstriert, als der Parteitag der CDU im November 1966 Kurt Georg Kiesinger für die Nachfolge von Ludwig Erhard als Kandidat für den Bundeskanzler nominierte. Die Nominierung Kiesingers war ein echter Kompromiß, da sich sowohl die »Atlantiker« seiner Partei (obwohl diese Außenminister Schröder vorgezogen hätten) als auch ihre »Gaullisten« (deren Stimmen sich auf Franz Josef Strauß, Eugen Gerstenmaier und Rainer Barzel verteilten) auf ihn einigen konnten. Er galt als frankophil, er hatte die europäische Integration konsequent unterstützt, und als Ministerpräsident von Baden-Württemberg seit 1958 hatte er angreifbare Stellungnahmen in Fragen der Außenpolitik umgehen können. Auch in der durch Kiesinger zusammen mit den Sozialdemokraten gebildeten Regierung der Großen Koalition spiegelte sich der Versuch Bonns, das Gleichgewicht zwischen Atlantikern und Gaullisten zu wahren. Strauß wurde Finanzminister, und Schröder wurde vom Außenministerium (wo er laufend in Opposition zu de Gaulle geraten war) ins Verteidigungsministerium versetzt, um für den SPD-Politiker Willy Brandt, der als Befürworter einer positiveren und einfallsreicheren Politik gegenüber Frankreich bekannt war, Platz zu machen.

Mit Kiesinger als Kanzler und Brandt als Außenminister verwunderte es nicht, daß der Stil der deutsch-französischen Beziehungen sich zunächst verbesserte. Beide waren entschlossen, wieder ein harmonisches politisches Klima herzustellen. Kiesinger sprach von einer »absoluten Wiederbelebung« des Deutsch-Französischen Vertrags von 1963, und in der ersten Hälfte des Jahres 1967 machte sich eine deutliche Verbesserung der deutsch-französischen Beziehungen bemerkbar, die in erster Linie von dem offensichtlichen Wunsch Bonns nach Verständigung und Zusammenarbeit getragen wurde. Kiesinger schob seinen ersten Besuch in Washington so lange auf, bis er ein zweites Gespräch mit de Gaulle geführt hatte; er weigerte sich, zugunsten Großbritanniens zu intervenieren, als London sein Beitrittsgesuch zur EWG erneuerte; schließlich – und dies war möglicherweise der wesentlichste Punkt – gab er dem ständigen Druck Frankreichs nach und stimmte der Absetzung von Walter Hallstein als Vorsitzendem der EWG-Kommission zu.

»Die Mitgliedschaft Großbritanniens in der EWG lag eindeutig im wirtschaftlichen Interesse Deutschlands. Doch mußte [Premierminister] Wilson feststellen, daß die Deutschen kaum bereit waren, sich nachdrücklich für den Beitritt Großbritanniens einzusetzen, um nicht die »besondere Beziehung« zu Frankreich, um deren Wiederherstellung die Regierung Kiesinger sich bemüht hatte, zu gefährden ... Deutschland hatte jedoch aus einem anderen Grunde Vorbehalte gegenüber einem britischen EWG-Beitritt. Durch die Unterzeichnung der Verträge von Rom konnte Großbritannien möglicherweise die Position Deutschlands als des Hauptverbündeten Frankreichs in Westeuropa einnehmen. Die Zusammenarbeit in der fortgeschrittenen technologischen Entwicklung, die Möglichkeit der Schaffung einer britisch-französischen Atomstreitmacht und die Aussicht auf eine Verständigung in wesentlichen politischen Fragen könnten zu einer neuen britisch-französischen Entente und zur Isolation Deutschlands führen.« (Pfaltzgraff, »Britain and the European Community«, S. 107.)

Trotz dieser deutschen Zugeständnisse erwiesen sich jedoch die inhaltlichen Meinungsverschiedenheiten zwischen Frankreich und Deutschland also genauso ausgeprägt und hartnäckig wie während der Regierung Erhard. Zwar gelang es den beiden Ländern, über die weitere Stationierung französischer Truppen in Deutschland – eine durch die französische Entscheidung von 1966, aus der NATO auszutreten, aufgeworfene rechtlich-politische Frage – eine Einigung zu erzielen; andere größere und kleinere Probleme blieben jedoch ungelöst. Bonn unterstützte die Atlantische Allianz weiterhin – wenn auch die Große Koalition Washington gegenüber fester auftrat als Erhard –, es befürwortete den Beitritt Großbritanniens und der skandinavischen Länder zum Gemeinsamen Markt und es widersetzte sich den französischen Versuchen, Bonn zum Verzicht auf den Zugang zur Verfügungsgewalt über Atomwaffen zu bewegen.

Am bedeutendsten war sicherlich die anhaltende und tiefe Beunruhigung Bonns über den grundsätzlichen Wandel der französischen Politik gegenüber der Sowjetunion. Diese Tendenz zu einem französisch-sowjetischen Übereinkommen, die sich schon während der Regierungszeit Erhards manifestiert hatte, wirkte sich nachhaltig auf die deutsch-französischen Beziehungen aus. Sie war für die Große Koalition besonders relevant, da auch Kiesinger und Brandt sich für eine dynamische und flexiblere Ostpolitik einsetzten. Der neue Kurs de Gaulles stellte nicht nur einen alten und entscheidenden Grundsatz der Bonner Wiedervereinigungspolitik in Frage, sondern zeigte Bonn auch, daß de Gaulle entschlossen war, die Veränderungen im internationalen System notfalls auf Kosten Deutschlands voll auszunutzen.

Als de Gaulle 1958 wieder an die Macht kam, verständigten Adenauer und de Gaulle sich besonders darüber, daß Bonn die europäische und atlantische Politik Frankreichs unterstützen würde, wenn sich Paris für die westdeutsche Ostpolitik einsetzte. Frankreich hielt sich zwar nicht immer an diese Abmachung (etwa als de Gaulle 1959 die Oder-Neiße-Linie anerkannte), doch schien sie auf der wechselseitigen Annahme zu basieren, daß Deutschland und Frankreich gleichberechtigte Partner in einem gemeinsamen europäischen Unternehmen seien, eine Annahme, die sich auch im Deutsch-Französischen Freundschaftsvertrag von 1963 widerspiegelte.

Dazu meint Alfred Grosser:
»Ohne es beweisen zu können, glaube ich doch, daß es schon am 14. September 1958 zwischen dem General und dem Kanzler eine Art ›gentlemen's agreement‹ gab, das nicht ausdrücklich, nicht festgelegt und nicht formell bestand, aber auf Gegenseitigkeit beruhte, und das folgenden Inhalt hatte: Die Bundesrepublik würde Frankreich in seinen atlantischen und europäischen Ansprüchen unterstützen, und dafür würde Frankreich der Bonner Ostpolitik seine feste Unterstützung geben; in der Frage der Wiedervereinigung und Berlins würde Frankreich keine Initiativen ergreifen, die nicht vorher von Bonn ausgegangen waren. Da Bonn auf diesem Gebiet keine Initiativen ergriff, gingen auch von Paris keine aus. Um 20 Uhr 30 am 31. Dezember 1963 wurde diese Theorie durch eine einzige Bemerkung de Gaulles während seiner Neujahrsrede bestätigt. Er führte Pankow unter den Hauptstädten der totalitären Staaten – totalitär zwar, aber immerhin Staaten – auf und gab damit Bundeskanzler Erhard einen Hinweis: ›Wenn Sie Ihr Versprechen zur Unterstützung meiner atlantischen Politik nicht halten, dann kann ich meine Bedingungen für die Deutschlandfrage ändern.‹ Diese einfachen Worte lieferten, nach meiner Meinung, eine Art Bestätigung des ›Handels‹ zwischen Adenauer und de Gaulle, der auf 1958 zurückgeht.« French Foreign Policy, S. 60–61.

Zweifellos war es ein Versäumnis auf seiten Erhards, daß er diese besondere Beziehung nicht umsichtiger und sorgfältiger gepflegt hat. Doch waren die eigentlichen Ursachen dafür, daß de Gaulle die Abmachung einschlafen ließ, in den grundlegenden Macht- und Bündnisverschiebungen im internationalen System zu suchen und standen damit im wesentlichen außerhalb der Kontrolle Bonns. Nach dem Zweiten Weltkrieg wurde die sich entwickelnde Polarisierung der Macht und der Spannungen zwischen der Sowjetunion und den Vereinigten Staaten zu einem beträchtlichen Hindernis für die französischen Interessen. Um die diplomatische Isolierung zu vermeiden, mußte sich Frankreich dem westlichen Bündnis anschließen und konnte deshalb nicht die flexible und vermittelnde Rolle, die es vorgezogen hätte, übernehmen. Außerdem tendierte das sich innerhalb der westlichen Allianz herausbildende – und ständig von den Berechnungen des kalten Krieges bestimmte – Einflußmuster zur Begünstigung eines neu entstehenden Deutschland, das auf Grund seiner Lage und seines Machtpotentials zum unentbehrlichen Partner für die Eindämmungspolitik Washingtons wurde. Der kalte Krieg bedeutete also für Frankreich eine ernsthafte Beeinträchtigung seiner Bewegungsfreiheit gegenüber den beiden Supermächten und im Vergleich zu Deutschland eine deutliche Benachteiligung seiner Stellung innerhalb der westlichen Allianz.

Diese Situation veränderte sich gegen Ende der fünfziger und zu Beginn der sechziger Jahre, als die beiden Blöcke des kalten Krieges sich lockerten und amerikanische und sowjetische Politiker die Möglichkeit einer friedlichen Koexistenz zu sondieren begannen. Während der Phase der Koexistenz büßte Deutschland, das in der vom kalten Krieg geprägten Phase des internationalen Systems der Nachkriegszeit eine entscheidende Rolle gespielt hatte, nicht nur einen Teil seines Einflusses in westlichen Gremien ein, sondern wurde zuweilen – besonders während der Kennedy-Regierung – als lästiges Hindernis einer flexibleren amerikanischen globalen Politik betrachtet. Frankreichs Machtstellung dagegen profitierte durch die Auflösung der Bipolarität beträchtlich, da das neue internationale System für Paris eine breite Skala von Möglichkeiten zur flexibleren und dynamischeren Gestaltung der französischen Außenpolitik schuf. Alfred Grosser schrieb 1963:

»Wenn seit 1947 alle französischen Regierungen auf ein Gipfeltreffen gehofft haben, dann deshalb, weil die Entspannung zwischen Ost und West im Interesse Frankreichs zu sein schien, und zwar aus folgenden Gründen: In Zeiten der Spannung zwischen Ost und West wurde die Bundesrepublik Deutschland für die Vereinigten Staaten interessant, während in Frankreich, wo, wie dem Pentagon bekannt war, ein Viertel der Wähler die Kommunisten wählten, die Konflikte wuchsen. Andererseits fiel beim Nachlassen der Spannungen die Bundesrepublik in die Rolle des Bauern auf dem internationalen Schachbrett zurück, während Frankreich wieder ein Teil der Großen Vier wurde, die das Deutschlandproblem erörterten.«
Grosser, Foreign Policy of the Fifth Republic, S. 206.
Dies erklärt vielleicht, warum »im Gegensatz zu Frankreich zwei Drittel der führenden westdeutschen Politiker die Welt immer noch als ein von den Vereinigten Staaten und der Sowjetunion beherrschtes bipolares Machtsystem sehen, von dessen Fortbestand sie überzeugt sind, während fast drei Viertel der führenden französischen Politiker ihre Umwelt als zunehmend multipolar betrachten«.
(Deusch, Edinger, Macridis und Merritt, »France, Germany, and the Western Alliance«, S. 265.)
Angesichts der harten Linie Ostdeutschlands hatten die Westdeutschen allerdings auch weniger Veranlassung, eine Auflockerung des Ostblocks zu entdecken.

De Gaulle besaß die besondere Fähigkeit, die Tendenz zum Polyzentrismus und das allgemeine Nachlassen der Spannungen zwischen Ost und West mit einem außenpolitischen Stil auszunutzen und zu beschleunigen, der den Umständen nicht nur hervorragend angepaßt war, sondern auch bewies, wie eine zweitrangige Macht sich ein Bewegungsfeld zwischen den Supermächten abstecken konnte. Aus einer Reihe politischer, strategischer und psychologischer Gründe war es Deutschland kaum möglich, de Gaulles Beispiel zu folgen. Dadurch fand eine bedeutende Verlagerung in den deutsch-französischen Machtverhältnissen statt, die in erster Linie Frankreich zugute kam und die sowohl seine Entschlossenheit wie auch seine Bewegungsfreiheit vergrößerte.

In der Neubestimmung der französischen Politik spielten die Lokkerung der Bindungen zum westlichen Bündnis (und besonders zu den USA) und die Errichtung engerer Kontakte zur Sowjetunion und zu Osteuropa eine wesentliche Rolle. Beide Aspekte, die sowohl durch de Gaulles Entscheidung, sich aus der NATO zurückzuziehen, als auch durch seine Staatsbesuche 1966 in der Sowjetunion und 1967 in Polen unterstrichen wurden, stellten Bonn vor eine Anzahl heikler Probleme. Zwar wurde das Argument de Gaulles, die Teilung Deutschlands könne nur durch eine Aussöhnung zwischen Ost- und Westeuropa beendet werden, auch in Bonn vertreten; es kam in der flexibleren Ostpolitik der Regierung Erhard und der Regierung Kiesinger zum Ausdruck (vgl. dazu Kap. III). Doch die französischen und deutschen Vorgehensweisen waren nicht koordiniert, und die eigentlichen Absichten unterschieden sich auch in einigen Punkten. Die Grundsätze »Entspannung, Verständigung, Zusammenarbeit«, die de Gaulle gegenüber der Sowjetunion und dem Ostblock (mit Ausnahme von Ostdeutschland) vertrat, liefen eindeutig auf den Ausschluß der USA aus einer europäischen Regelung hinaus – eine Aussicht, die für Bonn nicht akzeptabel war. Ferner verlieh die mangelnde Koordination der Politik den französischen und den deutschen Bemühungen um die Wiederbelebung der Beziehungen zur Sowjetunion und zu Osteuropa den Charakter der Konkurrenz.

In dieser Konkurrenz war Deutschland deutlich im Nachteil: erstens war die Beweglichkeit Bonns durch seine enge Verbindung mit den Vereinigten Staaten beeinträchtigt; zweitens war Deutschland bei seinen Annäherungsversuchen sowohl durch die Belastung durch seine Vergangenheit als auch durch seine ungeschickte bisherige Politik erheblich behindert, und drittens war Westdeutschland auf Grund der feindseligen Beziehungen zwischen Bonn und Moskau ein wirksamer Zugang zum Zentrum der sowjetischen Macht im Kreml versperrt. Zum Thema Osteuropa schrieb Pierre Hassner 1966:

»Neben der Person de Gaulles und seiner allgemeinen Politik im internationalen Bereich gibt es vier relativ dauerhafte Aspekte, die Frankreich gegenüber Deutschland, trotz dessen bevölkerungsmäßiger Überlegenheit und größeren Potentials, einen politischen Vorsprung bringen: die Sympathien, die Frankreich in Osteuropa entgegengebracht werden; die Angst und Feindseligkeit, die Deutschland in einigen Ländern (insbesondere in Polen und der Tschechoslowakei) immer noch hervorruft; Frankreichs Besitz einer nuklearen Streitmacht, der Deutschland verboten ist, und schließlich die Teilung Deutschlands. Von diesen vier Aspekten scheint der letzte der wichtigste zu sein.«[9]

Mit jedem neuen gaullistischen Erfolg in Osteuropa wurde in Bonn der Verdacht größer, de Gaulle beabsichtige, die deutsche Wiedervereinigungspolitik unter französische Vormundschaft zu stellen (mit Frankreich eher in der Rolle des Maklers als der des Partners) oder – noch schlimmer – daß de Gaulle mit dem Gedanken an den Rückgriff auf seinen Nachkriegsplan eines französisch-sowjetischen Einvernehmens spiele. 1965 schrieb Zbigniew K. Brzezinski dazu:

»De Gaulles besondere Beschäftigung mit Osteuropa zeigte, daß der *sacro egoismo* und die Illusion in seiner Politik eine wichtige Rolle spielen. Da nach seinem Konzept Frankreich die Führung in Europa übernehmen soll, ergeben sich folgende Alternativen: 1. ein an der Elbe geteiltes Europa, in dem die Wiedervereinigung des geteilten Deutschlands von Frankreich abhängt; 2. ein geeintes Europa, das nicht nur ein Deutschland mit 70 Millionen Menschen, sondern auch Osteuropa (mit Rußland) umfaßt; denn ein mit Osteuropa verbundenes Frankreich bildete mehr als ein Gegengewicht zu Deutschland. De Gaulle würde daher die Wiedervereinigung Deutschlands nicht begrüßen, wenn Osteuropa in den Händen eines feindlichen und vielleicht furchtsamen Rußlands bliebe.«[10]

Da die amerikanische und britische Unterstützung in der Deutschlandfrage im Laufe der Jahre erheblich nachgelassen hatte, wurde die Bonner Wiedervereinigungspolitik nun durch die neue Ostpolitik de Gaulles in eine noch prekärere Situation gebracht, und Bonn drohte die diplomatische Isolation.

Das Ende des deutsch-französischen Einvernehmens in der Ostpolitik zog alle anderen Aspekte der deutsch-französischen Beziehungen (die durch andere Faktoren ohnehin gespannt waren) in Mitleidenschaft. Nach der sowjetischen Invasion der Tschechoslowakei im August 1968 wurden die Meinungsverschiedenheiten noch ausgeprägter. Dieses Ereignis, das einige der Prämissen sowohl der französischen als auch der deutschen Osteuropapolitik zunichte machte, soll zwischen de Gaulle und Kiesinger zu ernstlichen Vorwürfen geführt haben. Dabei schloß sich de Gaulle der sowjetischen Argumentation an, die Verantwortung für die Invasion liege bei Westdeutschland, weil dessen aggressive Wirtschaftspolitik und seine große wirtschaftliche Macht auf eine unabhängige Tschechoslowakei eine unwiderstehliche Anziehungskraft ausgeübt hätten, während Kiesinger mit dem Vorwurf konterte, de Gaulles Unterstützung zentrifugaler Tendenzen im Ostblock habe mehr Unheil angerichtet als die ganze deutsche Politik.[11] Kurz darauf erreichten die deutsch-französischen Beziehungen infolge der französischen Währungskrise vom Oktober 1968 einen Tiefpunkt.

Die Krise des Franc war für die deutsch-französischen Beziehungen aus zwei Gründen besonders schädlich: erstens folgte sie unmittelbar auf eine Reihe aufreibender Meinungsverschiedenheiten über fast alle wichtigen Aspekte der deutschen und französischen Außenpolitik; zweitens führte sie zu einer direkten Konfrontation französischer und deutscher Interessen und zu einem Willenskampf, der auf beiden Seiten heftige Emotionen hervorrief. Wie alle anderen Währungskrisen, wurde auch die Franc-Krise durch ein Zahlungsbilanzdefizit ausgelöst. Seit einigen Jahren hatte die französische Wirtschaft unter einem Inflationsdruck (und unter einer gewissen Stagnation) gelitten, der im Sommer 1968 rapide zunahm, nachdem die französische Regierung mit den Gewerkschaften großzügige Regelungen zur Beilegung einer Reihe lähmender Streiks vereinbart hatte.[12] Diese Lohnerhöhungen, die durchschnittlich dreizehn Prozent betrugen, brachten zusammen mit einer expansionistischen Währungspolitik, die die wirtschaftliche Erholung erleichtern und das wirtschaftliche Wachstum anregen sollte, erheblich mehr Geld in Umlauf und führten zu steigenden Industrie- und Lebenshaltungskosten. Die Inflation verursachte ihrerseits eine Verteuerung der Exporte und einen Anstieg des Importvolumens, um die Konsumnachfrage zu decken. Durch den daraus resultierenden Abfluß von Gold und harten Währungen geriet der Franc in eine Vertrauenskrise, die sich noch verschlimmerte, als Spekulanten Franc gegen D-Mark umtauschten. Zwischen Juni und November verlor Frankreich Reserven in Höhe von über 4,5 Milliarden Dollar, während nach Westdeutschland allein im November Spekulationsgelder in Höhe von 2 Milliarden Dollar flossen, von denen ein beträchtlicher Teil aus Frankreich kam. Die Tatsache, daß die Spekulanten den Franc gegen D-Mark und nicht etwa gegen Dollar verkauften, erklärt, weshalb aus der Krise des Franc eine Krise der deutsch-französischen Beziehungen wurde. Während die Stellung des Franc sich rapide verschlechterte (sie wurde hauptsächlich durch international vereinbarte feste Wechselkurse gestützt), konnte sich die D-Mark weiterhin konsolidieren. 1968 erholte sich die deutsche Wirtschaft von einer durch konsequent anti-inflationäre Maßnahmen verursachten Rezession, und die Löhne und Preise in Deutschland stabilisierten sich wieder infolge einer geringeren Waren- und Dienstleistungsnachfrage. Dadurch waren die deutschen Exporte höchst konkurrenzfähig und es entstand ein gewaltiger Handelsbilanzüberschuß (im Jahre 1968 fast vier Milliarden Dollar), der, zusammen mit dem Kapitalzufluß und einer niedrigen Inflationsrate, die D-Mark zu einer der härtesten Währungen auf den Devisenmärkten machte. Diese Faktoren ließen erwarten, daß Westdeutschland, da es schon beträchtliche Devisenreserven besaß, ähnlich wie 1961 die D-Mark aufwerten würde. Diese Erwartungen ermutigten die Spekulanten zum Verkauf von Franc und zum Ankauf von D-Mark, was zur weiteren Schwächung des Franc und zur Stärkung der D-Mark führte. Mit anderen Worten: der schwache Franc und die starke D-Mark lebten voneinander.

Dies war möglich, weil das gegenwärtige Währungssystem unfähig ist, sich den internationalen Unterschieden im Preisniveau und in wirtschaftlicher Aktivität anzupassen, abgesehen von den verhältnismäßig schmalen »Handelsspannen« der Devisenkursschwankungen. Wenn der Marktpreis einer Währung die »Handelsspannen« über- oder unterschreitet – das heißt die vom Internationalen Währungsfonds (IMF) für Tagesschwankungen in Währungsvaluta gesetzten Grenzen –, ist die Zentralbank des betreffenden Staates verpflichtet, soviel von der eigenen Währung zu verkaufen bzw. zu kaufen, bis der Preis der Währung sich auf das Paritätsniveau der Devisenbörsen einpendelt. Die allgemeine Unzufriedenheit mit diesem System wurde durch die Franc-Krise verstärkt und führte erneut zu Forderungen nach gründlichen Reformen, etwa der neuen Festsetzung der Paritäten der führenden Währungen oder größerer Flexibilität der Wechselkurse. (Eine 1968 durchgeführte Maßnahme sah die Gründung zweier Goldmärkte vor – eines offiziellen Marktes, auf dem die Zentralbanken Gold zum Preis von 35 Dollar pro Unze kaufen bzw. verkaufen konnten, und eines freien Marktes, auf dem der Goldpreis sich nach Angebot und Nachfrage einpendeln konnte.)

Im November trafen sich die Finanzminister der zehn finanziell führenden, nichtkommunistischen Staaten in Bonn zu einer dreitägigen Sitzung zur Lösung der Währungskrise. Daß dort der französische und der deutsche Standpunkt diametral entgegengesetzt waren, war nicht überraschend. De Gaulle, der eine mögliche Abwertung des Franc als »die größte Absurdität« bezeichnet hatte, gab seinem Finanzminister François-Xavier Ortoli die Anweisung, auf eine Aufwertung der D-Mark zu drängen. Hierin fand er die Unterstützung der Vereinigten Staaten und Großbritanniens. Die Deutschen lehnten diese Möglichkeit nachdrücklich ab mit dem Argument, daß eine Aufwertung die Exportpreise erhöhen, zum Verlust ausländischer Märkte und zu einer Rezession in der deutschen Wirtschaft führen könnte. Außerdem hatte sich Kiesinger über das Fernsehen öffentlich verpflichtet, daß während seiner Amtszeit als Kanzler eine Aufwertung der D-Mark nicht in Frage komme. Für beide Seiten waren die unmittelbaren wirtschaftlichen Probleme unlösbar mit politischen Grundsätzen verknüpft. Offensichtlich war es die Absicht de Gaulles, Bonn wieder einmal seinen Willen aufzuzwingen und Zugeständnisse zu erlangen, die das Prestige und die politisch-wirtschaftliche Bewegungsfreiheit Frankreichs unangetastet lassen würden. Die Deutschen hielten ihren Wohlstand für durchaus verdient – sie waren fleißig, sie hatten mit Selbstdisziplin die Inflationstendenzen abgewehrt, und sie hatten für eine moderne und wirksame Industrieausstattung hohe Ausgaben gehabt. (Frankreich und Großbritannien dagegen gaben ihren Industrien wenig Impulse zur Modernisierung.) Nun hatte man den Eindruck, als solle Deutschland für die Kosten der französischen Inflation aufkommen, die zum Teil durch die enormen Kosten für solche Ornamente gaullistischer Macht wie die Force de frappe verursacht wurden, die wiederum de Gaulle dazu dienten, Bonn seine außenpolitische Konzeption aufzuzwingen.

Schon 1964 hatte sich Deutschland über die sogenannte »importierte Inflation« beklagt. Bundesbankpräsident Karl Blessing wies darauf hin, daß eine günstige Handelsbilanz mit inflationsanfälligen Ländern keine ungeteilte Freude sei: »Unser Handelsbilanzüberschuß ist gewachsen, und aus diesem Überschuß fließen uns Devisen zu. Diese Devisen – in Deutschland in Deutsche Mark umgewandelt – tragen dazu bei, die Konjunktur anzuheizen und unsere Kosten und Preise in den inflatorischen Sog von außen hineinzuziehen.« Der Spiegel, 27/1964, S.28. Der Spiegel fuhr fort: »Durch den Wertverlust beim Umtausch von gesunder Mark in schwindsüchtige Lire und Francs finanzierte Westdeutschland deshalb unfreiwillig sowohl Italiens Aufbauprogramm für den Mezzogiorno und Sizilien als auch den teuren Traum de Gaulles mit, der Welt vierter Atompilzkopf zu werden.«
Die Rüstungsausgaben de Gaulles (insbesondere das kostspielige Force-de-frappe-Programm) und die Umstellung seiner Wirtschaftsplanung auf Maßnahmen, die die französische Außenpolitik ergänzen sollten, trugen zweifellos zu den inflationären Tendenzen in Frankreich bei und verschärften die sozialen und politischen Spannungen, die während des Generalstreiks im Frühjahr 1968 zum Ausbruch kamen. (Siehe Duboff, »Decline of Economic Planning«; Albrecht, »Die Reservewährungen«; Prybyla, »French Economy«.)

Obwohl die Manipulationen de Gaulles in der Goldkrise vom November 1967 die festgesetzte Gold-Dollar-Pfund-Parität ernsthaft gefährdet hatten, zeigten die Vereinigten Staaten und Großbritannien nun ein Jahr später wegen eigener Zahlungsbilanzschwierigkeiten großes Verständnis für die schwierige Lage Frankreichs. Von einer französischen Entscheidung, den Franc nicht abzuwerten, erhoffte man sich zumindest kurzfristig Vorteile für Großbritannien, da durch sie eine erhöhte Konkurrenzfähigkeit französischer Erzeugnisse gegenüber britischen Exporten verhindert und die unmittelbare Gefahr vom Pfund abgewandt würde. (Der französische Finanzminister hatte auf der Bonner Konferenz tatsächlich einmal mit einer Abwertung des Franc um 15 Prozent gedroht, und diese hätte das Pfund und die meisten Commonwealth-Währungen gefährdet.) Washington sprach sich schon seit längerer Zeit für eine bescheidene Aufwertung der D-Mark aus, und auch die Aufwertung von 1961 um 4,75 Prozent war auf Drängen Amerikas durchgeführt worden. Italien, Holland und Belgien neigten dagegen zum deutschen Standpunkt, weil die bestehenden Paritäten zwischen der D-Mark, dem Lire und dem Gulden recht realistisch waren und weil diese Länder von einer Aufwertung der D-Mark betroffen worden wären.

Nach einer Reihe hitziger Sitzungen setzte sich in der zentralen Frage der Aufwertung der deutsche Standpunkt durch. Es sollte keine D-Mark-Aufwertung stattfinden, doch die deutsche Regierung verpflichtete sich, gezielte Steueränderungen vorzunehmen, um die Importpreise zu senken und die deutschen Exportpreise anzuheben; dies entsprach einer vierprozentigen Aufwertung. Die Finanzminister beschlossen außerdem, Frankreich Kredite in Höhe von 2 Milliarden Dollar zu gewähren. (Deutschland soll angeblich Frankreich schon vor der Bonner Konferenz ein Darlehen von einer Milliarde Dollar angeboten haben, das jedoch offenbar deshalb abgelehnt wurde, weil Deutschland sich weigerte, die D-Mark aufzuwerten, und außerdem verlangte, daß die französische Wirtschaft zusätzliche anti-inflationäre Maßnahmen ergreifen sollte. Von der Anleihe an Frankreich in Höhe von zwei Milliarden Dollar steuerten Deutschland 600 Millionen Dollar, die Vereinigten Staaten 500 Millionen Dollar und Italien 200 Millionen Dollar bei; der Rest setzte sich aus kleineren Beträgen von den übrigen Konferenzteilnehmern zusammen.)[13] Diese Vereinbarungen hingen zwar nicht ausdrücklich mit einer französischen Abwertung zusammen, doch ging man allgemein von der Annahme aus, Frankreich könne kaum umhin, den Franc um 10 bis 15 Prozent abzuwerten. Es kam daher sehr überraschend, als de Gaulle kurz und bündig erklärte, der Franc werde nicht abgewertet. Kurz darauf wurde ein strenges Deflationsprogramm angekündigt, um die inneren wirtschaftlichen Schwierigkeiten zu bekämpfen und den Franc wieder flottzumachen.

De Gaulles Entscheidung wurde höchstwahrscheinlich sowohl von seiner Verärgerung darüber, wie die wirtschaftliche Stärke Deutschlands auf der Bonner Konferenz in politische Macht umgesetzt wurde, beeinflußt, als auch von seiner Überzeugung, daß eine Abwertung zu diesem Zeitpunkt für Frankreich demütigend gewesen wäre. Durch den Ärger, der sich im Laufe jahrelanger Kontroversen auf beiden Seiten angestaut hatte, wurde der Ausgang des Währungsstreits zu einer Frage des nationalen Prestiges, und so erhielt die Krise eine psychologische Bedeutung, die wenigstens ebenso groß war wie die wirtschaftliche und politische. Von dem unermeßlichen politischen Schaden abgesehen, mußten durch die Entscheidung de Gaulles einige seiner besonderen Lieblingsprojekte, wie die Entwicklung von Interkontinentalraketen, die Ausrüstung der französischen Armee mit taktischen Atomwaffen und der Abschluß der Versuchsreihe mit Wasserstoffbomben im Pazifik, aufgeschoben werden.[14] Außerdem war das Maßhalteprogramm der französischen Regierung – das Einfrieren von Löhnen und Preisen, die Kürzung der Staatsausgaben, die Erhöhung der »Mehrwertsteuer«, um das Importvolumen einzuschränken, die Devisenkontrolle und andere – politisch problematisch und gefährdete erneut die eben erst wiederhergestellte, unsichere innenpolitische Ruhe. Diese Faktoren können durchaus zum Rücktritt de Gaulles im April 1969 beigetragen haben.

Auch Deutschland mußte für seinen »Sieg« bei der Bonner Konferenz einen hohen politischen Preis zahlen. Seine Demonstration wirtschaftlicher Macht verursachte beträchtliche Ressentiments und schuf eine Interessengemeinschaft zwischen Frankreich, Großbritannien und den Vereinigten Staaten. Alle drei Länder litten unter Zahlungsbilanzschwierigkeiten, die sich durch die Aufwertung der D-Mark verringert hätten, und die Entscheidung de Gaulles, den Franc nicht abzuwerten, verschaffte dem kränkelnden Pfund und dem geschwächten Dollar eine willkommene Atempause. Bonn befand sich also in der ungewöhnlichen und unangenehmen Lage, seine drei Hauptverbündeten gleichzeitig gegen sich zu haben, eine Situation, die noch unangenehmer war, als zwischen Washington und Paris wählen zu müssen. Auf die Dauer erwies sich natürlich der Schlag, den die Überbleibsel der deutsch-französischen Freundschaft erhalten hatten, als der schädlichste. Mit ihrem kompromißlosen und psychologisch belasteten Auftreten in der Aufwertungsfrage demonstrierten beide Seiten mangelnde Phantasie und Umsicht. Den Deutschen, die sich der Diskrepanz zwischen ihrer wirtschaftlichen Stärke und ihrem politischen Einfluß bewußt waren und darunter litten, bot sich in der Währungskrise eine unwiderstehliche Gelegenheit, sich und ihren Verbündeten zu beweisen, daß Bonn in den westlichen Gremien immer noch einen bedeutenden Platz innehatte. De Gaulle, der die deutschen Frustrationen ständig genährt hatte, indem er Bonn oft genug bestenfalls als den Juniorpartner in der französisch-deutschen Entente behandelt hatte, verhielt sich in der Krise mit seiner üblichen Arroganz und betrachtete es als selbstverständlich, daß die Regeln der Gegenseitigkeit zugunsten Frankreichs aufgehoben würden.

Deutschland mußte auch einen wirtschaftlichen Preis zahlen. In Westdeutschland herrschte keineswegs Einigkeit darüber, daß die Weigerung der Regierung, die D-Mark aufzuwerten, von begründeten wirtschaftlichen Erwägungen ausging. Da die Besteuerung der Exporte und die Subventionierung der Importe sich auf Industrieerzeugnisse beschränkten (Dienstleistungen, Agrarprodukte und Kapitaltransaktionen waren ausgenommen), bekamen hauptsächlich die vom Export abhängigen

Teile der Wirtschaft die Folgen der Regierungsentscheidung zu spüren, ohne daß die deutschen Verbraucher besonders davon profitiert hätten. Der Regierung wurde vorgeworfen, sie habe die Interessen der deutschen Exportindustrie den Zielen der deutschen Außenpolitik geopfert. Außerdem wurde argumentiert, daß die mit einer Aufwertung verbundenen pauschalen Veränderungen nicht nur wirksamer, sondern auch gerechter gewesen wären, weil diese den Finanzapparat der Bürokratie nicht in Anspruch genommen hätten. Die meisten Währungsexperten betrachteten die Exportbesteuerung ohnehin bestenfalls als eine Überbrückungsmaßnahme, die, indem sie für die Zukunft andere Möglichkeiten offenließ, die Position der Regierung in Verhandlungen über grundlegendere Reformen des internationalen Währungssystems stärken sollte.

In Anbetracht des Systems festgelegter Wechselkurse standen Deutschland faktisch nur zwei Mittel gegen den anhaltenden Zahlungsbilanzüberschuß zur Verfügung: die Aufwertung oder die Inflation. (Selbst flexible Wechselkurse würden Probleme mit sich bringen. Größere Handelsspannen etwa könnten zu einer Zersplitterung des Agrarfinanzierungssystems des Gemeinsamen Marktes führen, weil dieses Programm nicht an eine gemeinsame Finanz- und Währungspolitik gebunden ist.) [15] In der Tat wurde die Inflation – das heißt Finanz- und Währungsmanipulationen der Regierung zur Ankurbelung der Wirtschaft und zur Steigerung der Nachfrage nach Produktionsgütern und Dienstleistungen mit einem entsprechend höheren Lohn- und Preisniveau – der Bonner Regierung in einer von 1967 von der OECD veröffentlichten Studie indirekt empfohlen. Bonn wurde nahegelegt, die Regierungskontrolle über die wirtschaftliche Expansion zu lockern und andere inflationäre Maßnahmen zum Ausgleich des Zahlungsbilanzüberschusses zu ergreifen.[16] Nach ihren Erfahrungen mit den beiden Inflationen von 1923 und 1948 waren die Deutschen verständlicherweise nur ungern bereit, sich auf solche inflationistische Abenteuer einzulassen, zumal sie den Eindruck hatten, man verlange von ihnen, die ihrer Meinung nach undisziplinierten Praktiken der Währungspolitik anderer Regierungen nachzuahmen.

Frankreich und Deutschland waren nicht die einzigen Leidtragenden in den Auseinandersetzungen über die Währungen. Da die Krise die grundsätzlichen Mängel des internationalen Währungssystems auf dramatische Weise widerspiegelte, war ihr schädlichster Aspekt möglicherweise das schlechte (und vielleicht verlockende) Beispiel der beiden Hauptantagonisten. Anstatt die Disparität zwischen dem Franc und der D-Mark durch einen Kompromiß mit der Angleichung der Wechselkurse zu berichtigen, griffen beide Seiten auf fiskalische Manipulationen zurück, wobei Frankreich Devisenabflußbeschränkungen und andere Kontrollen verhängte. Durch die Anwendung fiskalischer Maßnahmen als Ersatz für Paritätsangleichungen beschworen die französische und die deutsche Regierung das Schreckgespenst, daß die relative Liberalisierung der Währungs- und Kapitaltransaktionen nach dem Zweiten Weltkrieg rückgängig gemacht werden könnte, was verheerende Folgen für den Welthandel und die Weltfinanz haben könnte. Außerdem widersprachen die französischen Maßnahmen zur Ankurbelung der Exporte und zur Drosselung der Importe dem Geist, wenn nicht dem Buchstaben der EWG-Bestimmungen und stellten damit eine zusätzliche Belastung der Beziehungen innerhalb der Gemeinschaft dar.

Der Rücktritt de Gaulles im Frühjahr 1969 führte zu Spekulationen über die Zukunft der deutsch-französischen Beziehungen. Die offizielle Reaktion Bonns war verhalten optimistisch, aber sowohl die deutsche Regierung (die an die für den kommenden September angesetzten Wahlen denken mußte) als auch die neue französische Regierung unter Georges Pompidou (die mit Übergangsproblemen voll beschäftigt war) zogen es vor, wichtige Schritte bis zum Herbst aufzuschieben. Die bedeutendste Ausnahme war die überraschende Ankündigung Anfang August, daß die französische Regierung eine Abwertung des Franc um 12,5 Prozent beschlossen habe.

Diese französische Entscheidung folgte einer neuen »Krise des Franc« Anfang Mai, die eine direkte Folge des Rücktritts von de Gaulle war und nach einem ähnlichen Muster verlief wie die Krise im November. Während der Krise im Mai 1969 wiederholte die Bonner Regierung ihre Entschlossenheit, die D-Mark nicht aufzuwerten, ein Regierungssprecher bezeichnete diese Entscheidung als »endgültig, eindeutig und für alle Ewigkeit« – aber im Gegensatz zum November 1968 blieb die internationale Aufregung verhältnismäßig gering. Die Auswirkungen der starren Haltung Bonns blieben weitgehend auf den innenpolitischen Bereich beschränkt.

Die Abwertung des Franc warf jedoch erneut komplizierte Fragen zwischen Paris und Bonn auf, hauptsächlich im Rahmen des landwirtschaftlichen Preissystems der EWG. Das Hauptproblem – Gegenstand ausführlicher Diskussionen in Brüssel zwischen den Finanz- und Landwirtschaftsministern der sechs Mitgliedstaaten – war, wie das einheitliche Niveau der Zuschüsse für Agrarpreise in der EWG der Abwertung des Franc angeglichen werden konnte. Da die Agrarpreise der EWG auf einer Berechnungseinheit basieren, die einem amerikanischen Dollar entspricht (die Zahlungen jedoch in die nationalen Währungen umgerechnet werden), hätten die französischen Landwirte einen zusätzlichen

Gewinn in der Höhe der Abwertungsrate gehabt. Dies hätte zu allgemeinen Preiserhöhungen geführt, die die anti-inflationäre Wirkung der Abwertung weitgehend aufgehoben hätten. Drei wesentliche Möglichkeiten standen den Verhandlungspartnern des Gemeinsamen Marktes offen. Erstens konnten sie an der bisherigen Regelung festhalten und akzeptieren, daß die steigenden französischen Agrarpreise die auf Grund der Zuschüsse ohnehin beträchtlichen Landwirtschaftsüberschüsse der EWG noch weiter in die Höhe trieben; diese Lösung hätte jedoch Sinn und Zweck der französischen Abwertung verfehlt und wäre für Frankreichs EWG-Partner wegen der verstärkten finanziellen Bürde der Überschußsubventionen unannehmbar gewesen. Zweitens konnte man die Berechnungseinheit herabsetzen; die französischen Verhandlungspartner hatten sich anfangs für diese Lösung eingesetzt, diese konnte aber von den anderen fünf nicht akzeptiert werden, weil sie eine automatische Verminderung der subventionierten Gewinne der eigenen Landwirte bedeutet hätte. Drittens – und diese Lösung wurde angenommen – konnte man das einheitliche Zuschußniveau für landwirtschaftliche Erzeugnisse aussetzen und den französischen Agrarmarkt (für 28 Monate) »isolieren«; in Verbindung mit Finanzmaßnahmen würden so die französischen Landwirtschaftspreise nur allmählich ansteigen.

Eigentlich gab es auch eine vierte Alternative, die gegen starke französische Opposition von den Holländern erfolglos vorgeschlagen wurde: die Ergreifung rein interner Steuermaßnahmen auf seiten Frankreichs. Diese Alternative wurde zum Teil in die Kompromißlösung eingebaut, die die Frage regelte, ob der Apparat zur Isolierung des französischen Marktes unter die Kontrolle Frankreichs oder der EWG gestellt werden sollte. In der Vereinbarung wurde festgelegt, daß die französische Regierung landwirtschaftliche Exporte besteuern und landwirtschaftliche Importe subventionieren sollte und daß die Preise für 200 französische Agrarprodukte bis zum 1. Januar 1971 um die Hälfte der Abwertungsrate steigen konnten; bis zum 1. Januar 1972 konnte die volle Abwertungsrate eingeholt werden.

Die in Brüssel vereinbarte Abriegelung des französischen Agrarmarktes hatte verschiedene wichtige Konsequenzen. Erstens zwang sie Pompidou, die Politik de Gaulles in dem Punkt aufzugeben, wo dieser auf einer gemeinsamen Agrarpolitik der sechs EWG-Mitglieder bestanden hatte. Damit wurden mühsam erarbeitete Vereinbarungen verwässert und der Zusammenhalt des Gemeinsamen Marktes beeinträchtigt. Zweitens wurde ein Präzedenzfall geschaffen, der sich bei einem britischen Beitrittsgesuch zugunsten Großbritanniens auswirken konnte. Wenn erst für Frankreich, das die ganze Zeit auf die rasche Schaffung eines gemeinsamen Agrarmarktes gedrängt hatte, in der heiklen Frage der Agrarprodukte eine Ausnahme gemacht werden konnte, dann waren auch Ausnahmen für Großbritannien möglich, dessen wesentliche wirtschaftliche Vorbehalte gegen einen Beitritt zur EWG sich gerade auf die Verpflichtungen im Agrarsektor konzentrierten, da diese zu einer Erhöhung der Lebensmittelpreise in Großbritannien führen würden. Ferner wurde mit dem Aussetzen des gemeinsamen Agrarprogramms die Forderung Pompidous, daß die EWG-Mitglieder vor einer Wiederaufnahme der Verhandlungen über einen britischen Beitritt sich zuerst auf endgültige Bestimmungen zur Agrarfinanzierung einigen sollten, hinfällig. Schließlich zeigten die Verhandlungen im August in Brüssel erneut, daß einige der Meinungsverschiedenheiten zwischen Deutschland und Frankreich nicht nur den persönlichen Eigenarten führender Politiker in Bonn und Paris zuzuschreiben waren, sondern daß sie in erster Linie von echten wirtschaftlichen und politischen Interessenkonflikten herrührten.

Diese Interessenkonflikte, besonders in bezug auf das Agrarfinanzierungssystem der EWG, wurden nach der letzten wichtigen Entscheidung der Großen Koalition, die de facto eine Aufwertung der D-Mark brachte, erneut deutlich. (Diese Entscheidung wurde am Tage nach den Wahlen vom 28. September, die eine neue Koalition von SPD und FDP ermöglichten, gefällt.) Um einer neuen Währungskrise vorzubeugen, gab die amtierende Bonner Regierung der Bundesbank die Anweisung, ihre An- und Verkaufsaktionen auf dem Devisenmarkt, die die Parität der D-Mark innerhalb der vom Internationalen Währungsfonds zugelassenen Paritätsschwankungen von einem Prozent gehalten hatten, einzustellen: der Kurs der D-Mark wurde damit aus seiner international festgelegten Parität befreit und konnte sich nach oben einpendeln. Mit anderen Worten, die Bonner Regierung ließ zu, daß sich eine neue Parität vorläufig über die Regeln von Angebot und Nachfrage festsetzen konnte. In den folgenden vier Wochen wurde die D-Mark von der Bundesbank durch den Ausstoß von Dollars auf einem gleichmäßigen Aufwärtskurs gehalten. Am 24. Oktober wertete die neue Bonner Regierung mit Bundeskanzler Willy Brandt und Vizekanzler und Außenminister Walter Scheel die D-Mark offiziell um mehr als neun Prozent auf und führte damit die deutsche Währung wieder auf das System der festgelegten Paritäten zurück. Diese Schritte wurden von Bonns Handelspartnern nachdrücklich begrüßt. Das Einkommen der deutschen Landwirte jedoch wurde auf Grund der Bestimmungen der EWG zur Agrarfinanzierung durch die Aufwertung automatisch gesenkt, und die mangelnde Bereitschaft auf seiten der EWG-Partner Westdeutschlands, der Bonner Regierung bei der Entschädigung der deutschen Landwirte für einen geschätzten jährlichen Verlust von 425

Millionen Dollar zu helfen, beschwor eine neue EWG-Krise herauf.

Die geplanten sowjetisch-amerikanischen Rüstungsbeschränkungsgespräche schufen einen weiteren möglichen Konfliktstoff zwischen der Regierung Brandt und der Regierung Pompidou. Im Sommer 1969 wurden in Europa Mutmaßungen laut, daß diese Gespräche sowohl zur Beschränkung und Kontrolle von Atomwaffen in der NATO und im Warschauer Pakt als auch zu einem militärischen Disengagement mit einer entsprechenden Herabsetzung amerikanischer konventioneller Streitkräfte in Deutschland führen könnten. Unter diesen Umständen könnte sich ein angeblich britischer Vorschlag für eine gemeinsame Atomstreitmacht in einer erweiterten europäischen Gemeinschaft, die eine unabhängige europäische Abschreckungsmacht auf der Basis der britischen und französischen Atomwaffen ermöglichen würde, für Großbritanniens zukünftige EWG-Partner als interessant erweisen.[17] Da Frankreich jedoch jedem deutschen Zugang zu nuklearen Entscheidungen äußerst kritisch gegenübersteht, ist zu erwarten, daß zwischen London, Paris und Bonn komplizierte Verhandlungen stattfinden werden, in denen der britische Beitritt zur EWG ein entscheidendes Element sein wird.

Kapitel III

Wiedervereinigung und Ostpolitik

Von allen deutschen außenpolitischen Zielen hat sich die Wiedervereinigung als das schwierigste erwiesen, denn die Teilung Deutschlands war eine direkte Folge (und ein wichtiger Grund) der tiefen und anhaltenden Gegensätze, die zwischen den siegreichen Alliierten kurz nach dem Ende des Zweiten Weltkrieges entstanden. Die Teilung Deutschlands hat ihre Ursache in den Konflikten zwischen den vier Besatzungsmächten, die in den ersten Nachkriegsjahren in Deutschland die Herrschaft ausübten; sie wurde im Jahre 1949 mit der Gründung der Bundesrepublik Deutschland (BRD) in Bonn und der Deutschen Demokratischen Republik (DDR) in Pankow institutionalisiert. Die beiden Regime in Bonn und Pankow verdanken ihre Existenz den Spannungen, die die Sowjetunion und die Westmächte spalteten; auf Grund dieser Spannungen des kalten Krieges konnten die vier Besatzungsmächte nicht, wie ursprünglich vereinbart, die gemeinsame Kontrolle und Verwaltung für Deutschland ausüben. Da die Antagonisten des kalten Krieges Deutschland nicht mehr gemeinsam regieren konnten und da sie entschlossen waren, sich gegenseitig die Herrschaft über das gesamte Deutschland zu verwehren, errichteten sie weitgehend abhängige deutsche Staaten in ihren Besatzungszonen, die sie erfolgreich in ihre jeweiligen Einflußzonen integrierten. Der Eiserne Vorhang, der Mitteleuropa und Deutschland teilte, wurde zur Demarkationslinie zwischen den Blöcken des kalten Krieges und zur vorgeschobenen Verteidigungslinie für die Eindämmungspolitik Washingtons.

Die Bonner Regierung war sich von Anfang an darüber im klaren, daß im Gegensatz zu anderen westdeutschen außenpolitischen Zielen, wie der Sicherheit oder des politischen und wirtschaftlichen Wiederaufbaus im Rahmen des westlichen Bündnisses, für die Wiedervereinigung Deutschlands zumindest die Zustimmung, wenn nicht gar die direkte Förderung durch die beiden Blöcke des kalten Krieges erforderlich war.

Die langfristige Wiedervereinigungsstrategie der Adenauer-Regierung stützte sich so auf zwei zentrale Prinzipien: daß erstens der Schlüssel zur Lösung der deutschen Frage in Washington und Moskau liege und daß sich zweitens im Laufe der Zeit das Machtgleichgewicht zwischen den Blöcken des kalten Krieges zugunsten des Westens verschiebe, daß dadurch Verhandlungen »von einer Position der Stärke« möglich würden und daß damit die Sowjetunion zur Regelung der deutschen Frage nach westlichen Bedingungen gezwungen werden könnte. Aus dem ersten Prinzip, das in der Hauptsache richtig war, ergab sich zwangsläufig, daß vor allem die deutsche Stellung im westlichen Bündnis gefestigt werden mußte. Auf Grund der recht schwachen Position Westdeutschlands wurde das unmittelbare Ziel der Wiedervereinigungspolitik für Bonn, sich der aktiven Unterstützung der Westmächte und besonders der USA zu vergewissern und sicherzustellen, daß der Westen die deutsche Frage nicht als zweitrangig abtat und unter Umständen in einem umfassenden amerikanisch-sowjetischen Handel des kalten Krieges zum Tauschobjekt machte.

Das andere Bonner Unternehmen der »Wiedervereinigung«, die Rückführung des Saargebiets an Deutschland, konnte deshalb erfolgreich abgeschlossen werden, weil es in den Rahmen des westlichen Bündnisses, in dem sich der Einfluß Bonns laufend vergrößerte, fiel. Das Saargebiet wurde nach dem Zweiten Weltkrieg unter internationale Kontrolle gestellt und von Frankreich, in dessen Besatzungszone es lag, verwaltet. Frankreich hatte seit 1948 die Saar wirtschaftlich eingegliedert und eine französisch-saarländische Wirtschaftsunion politisch und vertraglich zu festigen gesucht. Doch gelang es 1956 der Adenauer-Regierung, indem sie die Möglichkeiten der internationalen Zusammenhänge des kalten Krieges, die innerhalb des westlichen Bündnisses Bonn eine beträchtliche Machtstellung gegenüber Frankreich einräumte, geschickt ausspielte, die Rückkehr des Saargebietes an Deutschland auszuhandeln.
Vgl. Freymond, *Saar Conflict*; Fischer, *Die Saar*; Willis, *French in Germany* und *France, Germany, and the New Europe*.

Diesen Zielpunkten lag die Erkenntnis zugrunde, daß die Aussicht auf ein wiedervereinigtes Deutschland bei den Westmächten Besorgnis erregte. Die Wiedervereinigungspolitik der Bonner Regierung sollte daher über die Erweiterung der politischen Machtstellung Bonns im westlichen Bündnis durchgesetzt werden, um auf der politischen Ebene die rechtliche und moralische Verpflichtung der Westmächte, die Wiedervereinigung zu unterstützen und die Bonner Regierung als den einzigen legitimen Sprecher für ganz Deutschland anzuerkennen, zu festigen. Bonn verpflichtete sich seinerseits, die deutschen Vertragsverpflichtungen zu erfüllen, auf Gewaltanwendung bei den Wiedervereinigungsbemühungen zu verzichten und ein vereintes Deutschland nach friedlichen und demokratischen Grundsätzen aufzubauen.

Der ergänzende Bestandteil dieser Politik, der auf Moskau zielte, blieb dagegen passiv und unbestimmt, da er nur ein Anhängsel der auf Washington gerichteten Politik Bonns war. Das war vielleicht unumgänglich. Die Westmächte hätten höchstwahrscheinlich deutsche Annäherungen an Moskau mit Mißtrauen betrachtet, und eine aktivere Ostpolitik hätte das gesamte Vertragssystem, das die Souveränität der Bundesrepublik wiederherstellen sollte, gefährdet. Abgesehen von den Risiken, die Bonn bei unabhängigen Beziehungen zu Moskau eingegangen wäre, wäre damit auch die Machtposition, von der aus Adenauer in der Zukunft mit der Sowjetunion verhandeln wollte, untergraben worden. Die Bonner Ostpolitik mußte folglich unweigerlich profil- und einfallslos wirken und dies besonders im Vergleich zu der scharfsinnigen und zähen Politik, die Adenauer im Umgang mit den Westmächten entwickelte.

Die Politik Bonns gegenüber Moskau war statisch, sie bestand fast ausschließlich aus negativen Elementen. Die Bonner Regierung weigerte sich beispielsweise, die ostdeutsche Regierung anzuerkennen oder offizielle Beziehungen zu ihr aufzunehmen mit der Begründung, diese sei nicht frei gewählt, und deshalb habe die Bonner Regierung die Pflicht und das Recht »der Alleinvertretung« aller Deutschen, auch der in Ostdeutschland. (Um ihren Alleinvertretungsanspruch zu untermauern und das ostdeutsche Regime diplomatisch zu isolieren, formulierte die Bonner Regierung 1955 die sogenannte Hallstein-Doktrin, die der Bundesrepublik die Handhabe verschaffte, mit Ausnahme der Sowjetunion die diplomatische Anerkennung von Regierungen, die das ostdeutsche Regime anerkannten, zu verweigern oder zurückzuziehen.) Der negative Charakter der Bonner Ostpolitik äußerte sich auch in der Weigerung der Regierung, die Oder-Neiße-Linie als ständige Grenze zwischen Polen und Deutschland anzuerkennen. Auch nachdem die ostdeutsche Regierung und alle anderen Ostblockstaaten den Anspruch Polens auf die Oder-Neiße-Gebiete und Ostpreußen anerkannt hatten, bestand die Bonner Regierung weiterhin hartnäckig darauf, daß der territoriale Status quo in diesen Gebieten lediglich vorläufig und später veränderbar sei. Diese Begründung stützte sich auf eine Bestimmung im Potsdamer Abkommen, nach der erst in einem endgültigen gesamtdeutschen Friedensvertrag die ständigen Grenzen Deutschlands neu geregelt werden sollten. Die Westmächte stellten sich, wenn auch ohne großen Eifer, hinter diese Argumentation, bis dann de Gaulle 1959 die Oder-Neiße-Linie als ständige Grenze anerkannte. Obgleich die Westmächte die starre formalrechtliche Einstellung Bonns zum Ostblock unterstützten, waren ihr Eifer und ihre Entschlossenheit, sich für die Sache der deutschen Einheit einzusetzen, nicht überwältigend. Beide Lager des kalten Krieges hielten es für zweckmäßig, das deutsche Streben nach Wiedervereinigung wenigstens verbal zu unterstützen, doch weder die USA noch die Sowjetunion förderten die Schaffung eines geeinten, in der Wahrnehmung seiner auswärtigen Angelegenheiten wirklich freien Deutschland. Der eigentliche Wunsch beider Seiten, nämlich ein vereintes Deutschland unter wirksamer Kontrolle in den eigenen Machtbereich einzubeziehen, konnte von der anderen Seite auf Grund der Machtstruktur des internationalen Systems erfolgreich verhindert werden. Andererseits versprach die Sicherung der Zugehörigkeit und des Machtpotentials des Teils Deutschlands, den jedes der Lager des kalten Krieges schon kontrollierte, beiden Seiten einen beträchtlichen Zuwachs an Stärke in der Ost-West-Frontstellung. Solche Machtkalkulationen erlaubten keiner Seite, über die Wiederholung der eigenen Interpretationen für eine gerechte Lösung des deutschen Problems hinauszugehen.

So erhielt der Austausch verbaler Äußerungen zwischen Ost und West zur Deutschlandfrage zunehmend einen unwirklichen Charakter. Die Westmächte bestanden während der fünfziger Jahre als Voraussetzung für die Bildung einer gesamtdeutschen Regierung auf freien Wahlen in Ostdeutschland und auf der zukünftigen Handlungsfreiheit einer solchen Regierung, da sie sicher sein konnten, daß ein auf der Basis demokratischer Verfahrensregeln vereintes Deutschland sich zum Westen bekennen würde. Die Sowjetunion befürwortete beharrlich die Neutralisierung eines vereinten Deutschlands und die Bildung einer Regierung, in der Ost- und Westdeutschland zu gleichen Teilen vertreten sein sollten. Auf der einen Seite hätten sich für die Sowjetunion, wäre sie auf die westlichen Vorschläge eingegangen, die Risiken beträchtlich erhöht, denn der Verlust Ostdeutschlands hätte die sowjetische Kontrolle über Osteuropa gefährdet. Darüber hinaus stellte die Beharrung des Westens auf freien Wahlen und der späteren Freiheit der Bündniswahl die Sowjetunion vor die unerträgliche Aussicht, daß nicht nur Westdeutschland, sondern auch ein vereintes Deutschland Mitglied des westlichen Bündnisses werden könnte. Auf der anderen Seite bedrohten die sowjetischen Wiedervereinigungsvorschläge den Westen. Die sowjetischen Vorschläge (etwa die berühmte Note vom März 1952) zielten vorgegebenermaßen auf die Neutralisierung Deutschlands, ihre eigentliche Absicht war jedoch, die Wiederaufrüstung Westdeutschlands zu verhindern und günstige politische Bedingungen für die Sowjetunion zu schaffen. Zumindest aber hätten die sowjetischen Vorschläge dem Westen das Machtpotential Westdeutschlands, das für die westliche Militärstrategie immer unentbehrlicher wurde, entzogen und zu einer de-facto-Anerkennung des ostdeutschen Regimes geführt.

An diesem kritischen und entscheidenden Zeitpunkt für die Bonner Wiederaufrüstungspolitik, die ja die Bedingung der Westmächte für die Wiederherstellung der Souveränität der Bundesrepublik war, unterbreitete Moskau Vorschläge, in denen die Wiedervereinigung in Aussicht gestellt wurde, wenn Westdeutschland auf militärische, wirtschaftliche und politische Bindungen an die Westmächte verzichtete. Tatsächlich jedoch verlangte die Sowjetunion, daß der Westen ein voraussichtlich unstabiles Machtvakuum im Herzen Europas akzeptieren oder schaffen helfen sollte, das der Sowjetunion viele Gelegenheiten der Manipulation und der Einmischung verschafft hätte; und dies zu einem Zeitpunkt, als klar abgegrenzte Einflußbereiche für die Wirksamkeit der Eindämmungspolitik Washingtons besonders aussichtsreich schienen. Die Teilungslinie zwischen den beiden Machtblöcken in Europa, die durch Deutschland verlief, war klar definiert, und auf beiden Seiten standen die Truppen der beiden Hauptantagonisten des kalten Krieges. Diese »Stolperdraht«-Situation bot offenbar einer »Vorwärtsstrategie« der NATO die besten Möglichkeiten für eine wirksame Eindämmung, und solche Situationen suchten die USA an allen Fronten des kalten Krieges zu schaffen. Es ist daher einsichtig, daß die USA nicht darauf erpicht waren, diesen vergleichsweise erträglichen und recht stabilen Status quo zugunsten der Unsicherheiten aufzugeben, die die Verwirklichung der Moskauer Wiedervereinigungsvorschläge mit sich gebracht hätte. Für Adenauer hätte die Annahme der sowjetischen Vorschläge der Neutralisierung eines vereinten Deutschlands bedeutet, sein wichtigstes politisches Ziel aufzugeben, nämlich Deutschland in eine westeuropäische Union einzugliedern und die deutsche Gesellschaftsordnung in Zukunft an die kulturellen, religiösen und politischen Werte Westeuropas zu binden. Der Westen und Adenauer mußten die unsichere und riskante Aussicht auf ein neutralisiertes Deutschland gegen die Gewißheit eines Machtzuwachses für den Westen in einem entscheidenden Stadium des kalten Krieges abwägen.

Unter diesen Umständen war es ausgeschlossen, daß mit der militärischen, wirtschaftlichen und politischen Bindung von West- und Ostdeutschland an eines der Lager des kalten Krieges die Wiedervereinigung von *beiden* Supermächten akzeptiert werden konnte. Mit der Einbeziehung Westdeutschlands in das westliche Bündnis wurde die Bipolarität »verhärtet« und die Bedingungen, die ohnehin eine Wiedervereinigung erschwerten, noch verschärft. Das zunehmend symmetrische Machtmuster in Europa versetzte die beiden Lager des kalten Krieges in eine Situation des Alles oder Nichts, in der jede Seite zu Recht erwarten konnte, daß jedes Eingehen auf gegnerische Vorschläge sich auf die eigenen Interessen negativ auswirken würde. Die Einsätze waren hoch; es ging nicht nur um die beiden Teile Deutschlands, sondern auch um den Zusammenhalt der beiden Bündnisblöcke und um die

Wirksamkeit ihrer militär-strategischen Planung. Die überragende Bedeutung des Konflikts schloß daher ein »globales Geschäft« zur Lösung der deutschen Frage zwischen Ost und West an einer anderen Front des kalten Krieges aus; auch wenn auf diese Möglichkeiten in deutschen politischen Kreisen häufig angespielt wurde.

Obgleich also das erste Prinzip der Wiedervereinigungspolitik Adenauers, daß der Schlüssel zur Lösung der deutschen Frage in Washington und Moskau zu suchen sei und daß die Wiedervereinigung der Zustimmung beider bedürfe, sich als richtig erwies, konnte die deutsche Regierung unmöglich eine Lösung formulieren und vorbringen, die für beide Supermächte annehmbar war. Als Westdeutschland Mitte der fünfziger Jahre der NATO beitrat und Ostdeutschland Mitglied des Warschauer Pakts wurde, hatte Bonn mit seiner Politik gegenüber dem Westen schon einige Erfolge erzielt. Der wirtschaftliche Aufschwung Deutschlands war beachtlich, die politische Machtstellung Bonns innerhalb des westlichen Bündnisses hatte sich seit 1949 enorm verstärkt, und die Westmächte unterstützten die deutsche Wiedervereinigung wenigstens verbal. Doch eben der Erfolg dieser Politik, die Deuttschland zum Bollwerk der Eindämmungspolitik Washingtons machte, bekräftigte die Teilung Europas im kalten Krieg und besiegelte die Teilung Deutschlands. Moskau richtete sich offenbar nach der Genfer Gipfelkonferenz im Juli 1955 zunehmend auf den Status quo in Mitteleuropa ein und suchte nun beharrlich die politische Teilung Europas zu festigen, indem es in seiner Politik von der Existenz zweier deutscher Staaten ausging und die Anerkennung des Regimes in Pankow durch den Westen zu erreichen suchte. Möglicherweise war das sowjetische Interesse an einem wiedervereinigten Deutschland unter russischer Vorherrschaft oder Kontrolle noch ein Phänomen aus der Stalinzeit. Doch mit der vollen Eingliederung der Bundesrepublik in das militärische, politische und wirtschaftliche System des westlichen Bündnisses war eine Lösung der deutschen Frage unter annehmbaren Bedingungen für Moskau nicht länger möglich.

Dies bedeutet nicht unbedingt, daß die Wiedervereinigung unter Bedingungen, die für die Bonner Regierung akzeptabel waren, tatsächlich hätte erreicht werden können, wenn Westdeutschland sich *nicht* an den Westen angeschlossen hätte und *nicht* der NATO beigetreten wäre: die Sowjetunion hätte die Wiedervereinigung an jedem entscheidenden Punkt in der Abfolge der Schritte, die der Kreml auf dem Weg zur Wiedervereinigung vorschlug, sabotieren können. Es bedeutet aber, daß unter gleichbleibenden Umständen Bonn nicht hoffen konnte, die Chancen der Wiedervereinigung mit einer Politik der Integration in den Westen zu erhöhen.

Die Politiker der Bundesrepublik und besonders Konrad Adenauer waren sich darüber völlig klar. Tatsächlich orientierten sie sich in ihren langfristigen Kalkulationen auf einen Punkt, an dem die Umstände *nicht* mehr die gleichen sein würden. Die Bonner Wiedervereinigungsmaßnahmen sollten also so schnell wie möglich günstigere Umstände schaffen helfen. Und dies war der zentrale Gehalt des zweiten Prinzips der Bonner Wiedervereinigungspolitik: daß sich mit der Zeit das Machtgleichgewicht zwischen den Blöcken des kalten Krieges zugunsten des Westens verschieben werde und dadurch Verhandlungen von einer »Position der Stärke« möglich würden, durch die die Sowjetunion zu einer Regelung der deutschen Frage unter den Bedingungen des Westens gezwungen werden könnte. Diese Erwartungen wurden besonders durch einen wichtigen Faktor durchkreuzt: die Sowjetunion kam in den Besitz von Atomwaffen. Eine westliche Politik des Roll-back und der Befreiung Osteuropas oder selbst der Ausübung eines starken Drucks auf den Kreml wurde hinfällig angesichts der Fähigkeit der Sowjetunion zum Vergeltungsschlag. Das zeigte sich deutlich bei den Ereignissen in Ungarn im Jahre 1956. Adenauers »Politik der Stärke« wurde in dem Maße illusorisch, als das sich abzeichnende atomare Patt zu einem Patt zwischen Ost und West in der deutschen Frage führte: Jetzt konnte jede Seite erst recht die andere an der Kontrolle der beiden deutschen Staaten hindern.

Die Genfer Gipfelkonferenz vom Juli 1955 erbrachte keine Einigung in der deutschen Frage. Sie kennzeichnet jedoch das Ende einer fünfjährigen Periode von Schachzügen zwischen Ost und West, in deren Verlauf die Demarkationslinie durch Deutschland zunehmend stabilisiert und immer weniger bestritten wurde. Die Versuche Moskaus, den Machtzuwachs für das westliche Bündnis durch den vorgesehenen Rüstungsbeitrag Westdeutschlands zu vereiteln, scheiterten. Westdeutschland hatte sich ganz auf einen pro-westlichen Kurs festgelegt und wurde ein integraler Bestandteil des wirtschaftlichen, militärischen und politischen Bündnissystems des Westens. Das Scheitern der Deutschlandpolitik Moskaus ließ sich jedoch nicht in einen Erfolg für die Deutschlandpolitik Bonns umkehren, und zwar wesentlich deshalb nicht, weil die Westmächte über den Ostblock nicht die Machtüberlegenheit erreichten, die die Voraussetzung für das zweite zentrale Prinzip der Politik Adenauers war. Vielmehr hatte die absolute und relative Stärke der Sowjetunion beträchtlich zugenommen, und das Machtgleichgewicht des kalten Krieges bewegte sich auf einen Stillstand zu, für den die Lage in Mitteleuropa ein Kennzeichen wurde.

Sicherlich ist die Behauptung übertrieben, daß »die Gipfelkonferenz von 1955 faktisch dem kalten Krieg in Deutschland ein Ende setzte«,[1] aber offenbar nahm die Sowjetunion um diese Zeit den Status quo in Mitteleuropa hin und wandte sich, nach der Bandung-Konferenz, anderen Fronten des kalten Krieges, besonders im Mittleren Osten und in Asien, zu. Die Haltung der Russen in der Deutschlandfrage wurde im Verlauf der Zeit nicht nachgiebiger, sondern sie versteifte sich genau in dem Maße, wie sie selbst es angekündigt hatten. Nachdem es der Sowjetunion nicht gelungen war, die deutsche Mitgliedschaft in der NATO zu verhindern, ging sie zur Politik der »beiden deutschen Staaten« über. Die Bereitschaft des Kremls, 1955 zu Bonn diplomatische Beziehungen aufzunehmen, war für diese Politik das deutlichste Zeichen.

Bonn wurde dadurch vor ein unangenehmes Dilemma gestellt. Die Aufnahme von Beziehungen zu Moskau unterstrich die Teilung Deutschlands und versah sie auch gewissermaßen mit einer rechtlichen Anerkennung. Andererseits wollte die Bonner Regierung diplomatische Kanäle von solcher Bedeutung für die Deutschlandfrage nicht blockieren, auch wenn durch diesen Schritt der Behauptung Moskaus, daß de facto zwei ebenbürtige und souveräne deutsche Staaten existierten, ein triftiges Argument geliefert wurde.

Die Aufnahme diplomatischer Beziehungen zwischen Bonn und Moskau lieferte den unmittelbaren Anlaß für die Formulierung der sogenannten Hallstein-Doktrin Bonns im Dezember 1955. Um den Alleinvertretungsanspruch Westdeutschlands, der durch die formale Akkreditierung von zwei deutschen Staaten in Moskau geschwächt schien, zu erhärten, entwickelte Bonn eine rechtlich-diplomatische Formel, die bestimmte, daß die BRD – mit Ausnahme der Sowjetunion – solchen Regierungen die diplomatische Anerkennung verweigern oder entziehen konnte, die das ostdeutsche Regime anerkannten. Unter Berufung auf diese Doktrin brach Bonn 1957 die diplomatischen Beziehungen zu Jugoslawien ab, als Tito das Ulbricht-Regime formell anerkannte.

Seit 1955 betonten Chruschtschow und andere sowjetische Führer dann immer wieder, daß die Vereinigung so verschiedenartiger Gesellschaften wie der ost- und der westdeutschen, sich nicht auf Kosten Ostdeutschlands vollziehen könne. Während des Besuchs von Adenauer in Moskau zu Ende des Jahres 1955 erklärte Chruschtschow, er sei nicht länger daran interessiert, die Frage des Austritts Westdeutschlands aus dem westlichen Bündnis noch vorzubringen. Die Sowjetunion war offenbar überzeugt, daß der Status quo erträglich sei und die Zeit für den Kreml arbeite, eine Überzeugung, die in Chruschtschows Bemerkung zu Adenauer, daß »der Wind nicht uns ins Gesicht bläst«, zum Ausdruck kam.

Die Hoffnung Adenauers, mit der Sowjetunion aus einer Position der Stärke zu verhandeln, hatte sich also bis 1955 eindeutig nicht erfüllt.

Ebenso bedeutsam wurde jedoch, daß Bonn auch mit dem Teil der Wiedervereinigungspolitik, der den Westen betraf, keinen vollen Erfolg hatte. Zwar wurde der wachsende deutsche Einfluß in westlichen Gremien rechtlich und politisch bestätigt, und mit der Ratifikation der Pariser Verträge hatten die Westmächte ihre Verpflichtung, mit allen diplomatischen Mitteln die Wiedervereinigung Deutschlands zu unterstützen, erneut bekräftigt. Doch die Entwicklung des sowjetischen Potentials an Atomwaffen und das weniger aggressive politische Auftreten der Sowjetunion in Europa führten im Westen zu einer ernsthaften Überprüfung der weiterhin unbeständigen politischen Situation in Mitteleuropa und zu einer entsprechenden Neigung, den kalten Krieg im allgemeinen und die deutsche Frage im besonderen zu »entschärfen«. Mit anderen Worten, auch der Teil der Bonner Politik, der den Westen betraf, war nicht immun gegen Zermürbung, und der schrittweise Wandel von der Phase des kalten Krieges in der Nachkriegszeit in eine Phase der Koexistenz verringerte tendenziell den Einfluß Deutschlands im westlichen Bündnis.

Diese Entwicklung, die in Bonn ernste Besorgnis hervorrief, wurde nach 1955 durch die Deutschlandpolitik Moskaus noch verstärkt. Nach dem Beitritt Westdeutschlands zur NATO versuchte die Sowjetunion beharrlich, einerseits die *politische* Teilungslinie in Mitteleuropa weiter zu festigen (Ausdruck des sowjetischen Interesses an der Sanktionierung des territorialen Status quo), und gleichzeitig andererseits die *militärische* Grenze zwischen Ost und West, die durch Deutschland ging, zu verwischen (Ausdruck des sowjetischen Interesses, dem Westen die militärisch-industrielle Macht Westdeutschlands zu entziehen). Beide Absichten äußerten sich in der Form von sowjetischem Druck auf Berlin und von sowjetischen Vorschlägen für ein militärisches Disengagement.

Ein Jahrzehnt nach der Berliner Blockade und der Luftbrücke der Alliierten wurde 1958 West-Berlin erneut zum Brennpunkt des kalten Krieges in Europa.[2] Seit 1949 war Berlin als letzter Rest der Vier-Mächte-Verantwortung in gesamtdeutschen Angelegenheiten übrig geblieben. Die militärische Präsenz der Alliierten und die politische Präsenz Westdeutschlands im westlichen Teil der Stadt wurden für das ostdeutsche Regime und die Sowjetunion zu einer ständigen Quelle der Erbitterung. Für die Absicht der Sowjetunion, den politischen Status quo in Mitteleuropa einzufrieren und zu sanktionieren, bot die isolierte Stadt verlockende Gelegenheiten, um dem Westen die de-facto-Anerkennung Ostdeutschlands abzuringen. Die Sowjets hofften, Berlin als Mittel einzusetzen, um die Westmächte und die Westdeutschen zur direkten Kontaktaufnahme mit der Regierung in Pankow zu zwingen.

Berlin war das logische Mittel zu solchen Zwecken, da sein politischer und rechtlicher Status nicht eindeutig geklärt war und da die Zufahrtswege von der Bundesrepublik nach West-Berlin der neuralgische Punkt des westlichen Verteidigungsbereichs waren. Lokal waren die Sowjets überlegen; sie konnten Druck ausüben und Provokationen in feinen Abstufungen einsetzen.

Im Herbst 1958 verlangte die Sowjetunion – nach einigen einleitenden Belästigungen des westlichen Transitverkehrs nach Berlin – das Ende der westlichen Besatzung von West-Berlin und die Schaffung einer entmilitarisierten »freien Stadt«. Sie drohte mit dem Abschluß eines separaten Friedensvertrages mit Ostdeutschland, falls der Westen nicht auf die sowjetischen Forderungen eingehe. Diese sowjetischen Vorstöße stellten eine ernsthafte Bedrohung der für die Bonner Regierung als vital geltenden Interessen dar. Die Errichtung einer freien Stadt, möglicherweise unter irgendeiner Form von UNO-Kontrolle und unabhängig von Ost- und Westdeutschland, hätte den letzten Rest der Vier-Mächte-Verantwortung für die deutsche Wiedervereinigung zerstört und, was ebenso wichtig war, die ohnehin sehr gebrechliche politisch-verfassungsmäßige Bindung zwischen West-Berlin und Westdeutschland abgeschnitten. In den Sonderbestimmungen des Grundgesetzes für West-Berlin wird deutlich, daß die Westmächte auf eine sehr direkte und sichtbare Integration West-Berlins in die Bundesrepublik schon aus dem Grund keinen besonderen Wert legten, weil sie die rechtliche Fiktion, daß West-Berlin unter der Kontrolle der Besatzungsmächte stand, erhalten wollte. West-Berlin und die Bundesrepublik waren de jure getrennt, doch de facto bestand eine wirtschaftliche, politische und symbolische Verbindung, die mindestens ebenso stark und sichtbar war wie die zwischen Ost-Berlin und Ostdeutschland und die Bonn aufrechtzuerhalten entschlossen war. Die Schaffung eines isolierten Kleinstaates von West-Berlin hätte mit der Aufhebung des Vier-Mächte-Abkommens die Westmächte ausgeschlossen und den politischen Einfluß der Bundesrepublik zerstört. Ein wesentlicher politischer Unsicherheitsfaktor in der sowjetischen Politik der zwei deutschen Staaten wäre damit im Sinne Moskaus geklärt und ausgeräumt worden.

In den nächsten drei Jahren wurde die Berlinfrage auf Ost-West-Konferenzen in Genf, in Camp David, in Paris und in Wien hin und her geschoben. Die Vereinigten Staaten und Großbritannien waren daran interessiert, mit den Sowjets möglicherweise über eine »symbolische« Verringerung westlicher Streitkräfte zu einer Übereinkunft zu kommen, doch die Haltung Adenauers und die Haltung de Gaulles waren unnachgiebig. 1961 spitzte sich das Problem zu.[3] In den vergangenen drei Jahren waren in steigender Anzahl Flüchtlinge aus Ostdeutschland nach West-Berlin geströmt. Dadurch wurden der anfälligen ostdeutschen Wirtschaft dringend benötigte Arbeitskräfte entzogen. Außerdem wurden dadurch lästige politische Probleme erzeugt. Im Juli 1961 war die Zahl der Flüchtlinge nach West-Berlin auf zehntausend pro Woche gewachsen. Die Entscheidung, diesen Strom durch die Errichtung der Mauer zu stoppen, wurde offenbar Ende Juli bei einem Treffen von Spitzenpolitikern des Ostblocks in Moskau getroffen.

Am 13. August besetzten die ostdeutsche Volkspolizei und die Nationale Volksarmee Ostberlin und blockierten den Verkehr zwischen Ost- und West-Berlin. Dieser Schritt schloß nicht nur die letzte Tür zwischen Ost- und Westdeutschland, er zerstörte auch das letzte Symbol der Einheit Deutschlands und Berlins. Die Sowjets erreichten damit tatsächlich die Stärkung und Klärung der politischen Trennungslinie durch Deutschland. Durch die »Delegation« ihrer Rechte in Ost-Berlin an das Ulbricht-Regime schlossen sie praktisch einen separaten Friedensvertrag, mit dem sie dem Westen so lange gedroht hatten. Die Teilung Deutschlands war vollständig.

Eine anregende Auffassung, die zwischen der Raketenkrise in Kuba und der Deutschlandfrage einen Zusammenhang herstellt, vertritt Ulam, *Expansion and Coexistence*, S. 668–669. Ulam meint, die Sowjets hätten in Kuba Raketen installiert, um ein Abkommen auszuhandeln, das im November in den Vereinten Nationen angekündigt werden sollte und das einen deutschen Friedensvertrag, das vollständige Verbot atomarer Waffen für Deutschland und eine atomwaffenfreie Zone im Pazifik, durch die vor allem Rot-China eingedämmt werden sollte, umfassen sollte.

Die Vorschläge für Rüstungskontrollmaßnahmen und die Disengagementpläne, die die Sowjets in der zweiten Hälfte der fünfziger Jahre vorlegten, zielten sehr wahrscheinlich auch auf die Verstärkung der deutschen Teilung. Diese Vorschläge gingen ausnahmslos vom Status quo, d. h. von der Teilung Deutschlands, als der Grundlage für ein Rüstungskontrollabkommen zwischen den Supermächten aus und sahen die gleichberechtigte Beteiligung von West- und Ostdeutschland vor. Jede ernsthafte Beschäftigung mit diesen Vorschlägen hätte also zu einer de-facto-Anerkennung des Ulbricht-Regimes und zu einer Schwächung der militärischen Präsenz des Westens an der Peripherie des Ostblocks geführt. Diese Vorschläge bedrohten außerdem das wachsende Interesse Bonns an einer Stimme im nuklearen Entscheidungsprozeß. Dieses wiederum war zweifellos ein Grund dafür, daß Disengagementvorschläge sich auf beiden Seiten des Eisernen Vorhangs rasch vermehrten. Adenauer hielt die militärische und politische Neutralisierung Deutschlands für eine Pseudo-Lösung ohne dauernden Wert. Ein Disengagement hätte nach seiner Meinung zur Entstehung eines politischen Niemandslands geführt, das sich zwischen zwei feindlichen Blöcken nicht hätte halten können. Ein Disengagement hätte Adenauers Plänen für eine westeuropäische Gemeinschaft ein Ende gesetzt und die »Vorwärtsstrategie« der NATO durch das Ausscheiden Deutschlands aus dem westlichen Bündnis entwertet. Für die Stärkung dieser Strategie setzte sich Bonn aber ein, um die Wirksamkeit der nuklearen Abschreckung zu erhöhen.

Der Verdacht Bonns gegen die Motive Moskaus schien schon deshalb berechtigt, weil die sowjetischen Vorschläge sich nie direkt auf die Frage der Wiedervereinigung bezogen, sondern primär darauf angelegt schienen, den Zerfall der NATO herbeizuführen und ein Mitspracherecht der Bundesrepublik an atomaren Waffen zu verhindern. Alle sowjetischen Vorschläge gingen von der Existenz zweier deutscher Staaten und von ihrer Teilnahme als souveräne und gleichberechtigte Partner an Verhandlungen aus. Schon die Zustimmung zu den Vorstufen der sowjetischen Pläne hätte eine Anerkennung des Pankower Regimes durch den Westen bedeutet, diese wiederum hätte jeden weiteren Fortschritt in der Wiedervereinigungsfrage sabotiert. Adenauer mißtraute auch westlichen Disengagementvorschlägen, etwa dem sogenannten Herter-Plan, der die Wiedervereinigung mit der Rüstungskontrolle und einem europäischen Sicherheitssystem verknüpfte. Er befürchtete, daß sie weniger aus dem Wunsch nach einer deutschen Wiedervereinigung, als vielmehr aus dem Bedürfnis resultierten, die Spannung zwischen Ost und West zu vermindern und alle Möglichkeiten für Rüstungskontrollmaßnahmen zu prüfen.

Adenauer hielt diese Vorschläge auch dann für unklug, wenn die Aussicht gering war, daß die Sowjetunion darauf eingehen würde, weil die in ihnen enthaltenen Zugeständnisse zur Grundlage und zum Ausgangspunkt für weitere sowjetische Forderungen in der nächsten Phase der Auseinandersetzungen zwischen Ost und West werden könnten. Aus der Perspektive Bonns lag schon in der Tatsache, daß diese Vorschläge überhaupt gemacht wurden, die Bereitschaft zur Verwässerung der westlichen Positionen – und diese Entwicklung konnte schrittweise zur rechtlichen Anerkennung des deutschen Status quo führen.

Die Haltung Bonns zum Disengagement beleuchtete einen grundlegend paradoxen Aspekt des Wiedervereinigungsproblems. Die Bipolarität der Interessen, der Spannung und der Macht förderte das Wiedervereinigungsziel nicht: das war die Lehre der Zeit vor 1955. Doch die Entstehung des atomaren Patt zwischen den USA und der Sowjetunion und die damit einhergehende Schwächung des Zusammenhalts der beiden Blöcke des kalten Krieges nach 1955 brachten die Wiedervereinigung der Verwirklichung auch nicht näher. Das ernüchternde Schreckgespenst der gegenseitigen Vernichtung schuf zwischen der Sowjetunion und den USA ein entscheidendes, wenngleich begrenztes gemeinsames Interesse, das in der kubanischen Raketenkrise eindrucksvoll manifest und durch den Teststopvertrag direkt bestätigt wurde. Doch jede Spannungsminderung und jedes Anzeichen westlicher Flexibilität konnte bedeuten, daß sich eine Verständigung zwischen den beiden Supermächten bilateral und auf Kosten der deutschen Frage anbahnen könnte. Hier handelte es sich um ein grundlegendes Dilemma der Bonner Wiedervereinigungspolitik: Ohne ein Nachlassen der Spannungen im Ost-West-Konflikt konnte sich keine Seite zu den Bedingungen des Gegners auf die Wiedervereinigung einlassen; eine Entspannung zwischen Ost und West jedoch enthielt die Möglichkeit einer nicht nur stillschweigenden, sondern rechtlichen Sanktionierung des deutschen Status quo.

Auch die Aufweichung der Bipolarität zu Ende der fünfziger und zu Anfang der sechziger Jahre brachte keine Vorteile. Auf Anhieb könnte es scheinen, als ob Risse in den beiden Bündnissen des kalten Krieges die Chancen Bonns erhöhten, die internationale Umgebung auf günstigere Bedingungen für die Wiedervereinigung umzustimmen. Die notgedrungene Lockerung der Kontrolle Moskaus über seine osteuropäischen Satelliten und der sich abzeichnende chinesisch-sowjetische Konflikt begünstigten einleitende Sondierungsmaßnahmen des Westens. Die Konflikte im westlichen Bündnis wiederum machten Westdeutschland zum ausschlaggebenden Faktor, um dessen Unterstützung sowohl Washington als auch Paris warben. Adenauer wurde von Beratern und Kritikern in Bonn und anderswo gedrängt, eine flexiblere und einfallsreichere Ostpolitik einzuleiten, um die Zersplitterung des sowjetischen Monolithen durch eine dynamischere Politik gegenüber den osteuropäischen Ländern und durch eine weniger starre Haltung in der Anwendung der Hallstein-Doktrin und in der Frage der Oder-Neiße-Grenze zum eigenen Vorteil auszunützen. Langfristige Überlegungen verwiesen auf die Notwendigkeit, daß von den Deutschen selbst Initiativen zur Wiedervereinigung ausgehen mußten, daß Bonn seine starre Ostpolitik abändern und politische und diplomatische Kontakte zu den osteuropäischen Ländern, deren nationale Interessen direkt von der deutschen Frage berührt wurden, aufnehmen mußte.

In den letzten Regierungsjahren Adenauers unternahm Außenminister Gerhard Schröder erste Schritte, die zur stufenweisen Normalisierung der Beziehungen zu Osteuropa und zur Isolierung des ostdeutschen Regimes führen sollten. Es wurden Handelsmissionen in Osteuropa eingerichtet, doch war Bonn nach wie vor nicht zu Kompromissen bereit, die die Stellung zur Oder-Neiße-Linie oder die rechtlichen Ansprüche der Hallstein-Doktrin schwächen konnten. Bonn weigerte sich auch weiterhin, offizielle Kontakte zur ostdeutschen Regierung aufzunehmen. Damit wurde der Sowjetunion eine einfache Begründung geliefert, als Garant des territorialen Status quo ihre Herrschaft in Osteuropa aufrechtzuerhalten. Die Sicherheitsbestrebungen der osteuropäischen Länder machten es ohnehin unwahrscheinlich, daß diese Staaten die Bemühungen Bonns, Ostdeutschland politisch und diplomatisch zu isolieren, unterstützen würden, selbst wenn ihnen daran lag, die Handelsabkommen zu erweitern und die diplomatischen Beziehungen zu normalisieren. Die ungelöste deutsche Frage trug als Symbol eines wichtigen gemeinsamen Interesses dazu bei, zentrifugale Tendenzen im Ostblock einzugrenzen. Im übrigen war Adenauer offensichtlich davon überzeugt, daß die Sowjetunion und ihre osteuropäischen Verbündeten kein echtes Interesse an einem wiedervereinigten Deutschland hatten. Um so stärker klammerte er sich dann auch an eine ausgeprägt formalrechtliche Position. Diese wiederum wäre durch die Abschaffung der Hallstein-Doktrin und durch das Zugeständnis der Rechtmäßigkeit des Pankower Regimes ernstlich kompromittiert worden. Kurz, Moskaus Strategie der Erhaltung des Status quo beeinflußte zwangsläufig die Wiedervereinigungspolitik Bonns und war ein Grund für deren Konzeptionslosigkeit. Insgesamt zielten die wichtigen Wiedervereinigungsbemühungen der Bonner Regierung nach 1955 nicht wirklich darauf, die Wiedervereinigung unter für Bonn annehmbaren Bedingungen herbeizuführen – denn dazu bestand wenig Hoffnung –, sondern eher darauf, die Sanktionierung des Status quo in Mitteleuropa zu verhindern. Dieser taktische Wandel des Ziels hatte für die Bonner Politik im westlichen Bündnis bedeutsame Folgen. Hier wies sie nun in der Deutschlandfrage den Westmächten primär die Aufgabe zu, sich der Sowjetunion und Ostdeutschland zu widersetzen, wo immer diese die Lage zu legitimieren versuchten.

Die Risse im westlichen Bündnis hatten ebenfalls eine doppelte Wirkung auf die Deutschlandfrage. Durch die aufkommenden Unstimmigkeiten zwischen Washington und Paris geriet die westdeutsche Regierung in die schwierige Situation, daß sie – explizit wie implizit – zu den französisch-amerikanischen Meinungsverschiedenheiten Stellung beziehen mußte. Dadurch entstanden ernsthafte Probleme für die westdeutsche Außenpolitik im allgemeinen und unangenehme Auswirkungen auf die Bonner Wiedervereinigungspolitik im besonderen. Obgleich de Gaulle 1959 die Oder-Neiße-Grenze anerkannt hatte, konnte Bonn zu Recht von den Franzosen eine Unterstützung in der Ablehnung der Rechtmäßigkeit des Status quo und des ostdeutschen Regimes verlangen und erwarten. Bestätigt wurde diese Erwartung, als Frankreich bei den wiederkehrenden Berlinkrisen sich hinter die unnachgiebige Haltung Adenauers stellte, während die USA und Großbritannien gegenüber der Sowjetunion mehr Entgegenkommen zeigten. Außerdem waren viele Politiker in Bonn überzeugt, daß auf lange Sicht die Einheit Europas der Schlüssel zur Deutschlandfrage und schon deshalb die Unterstützung durch Frankreich unentbehrlich sei. Andererseits herrschten Zweifel an der Bereitschaft Frankreichs, sich nachdrücklich für die Wiedervereinigung einzusetzen, und es bestand der Verdacht, daß – in den Worten Walter Lippmanns – »die harte Linie, die Frankreich zu Berlin und zur Sowjetunion einnimmt, . . . durch einen prinzipiellen nationalen französischen Entschluß, nicht mit einem großen vereinten Deutschland zu leben, bestimmt ist. Letztlich richtet sich diese harte Linie nicht gegen die Russen, sondern gegen die Deutschen, die eine Öffnung nach Osten suchen«.[4]

Demgegenüber konnte möglicherweise auf die Unterstützung der USA und Großbritanniens in der Wiedervereinigungsfrage gerechnet werden, obgleich diese Länder die starre Haltung Bonns in der Ostpolitik nicht so nachdrücklich guthießen. Aber Adenauer konnte sich auf keinen Fall von den Vereinigten Staaten abwenden, da sie die einzige westliche Macht waren, die zwischen Ost und West die Einigung zustande bringen konnten, die die Wiedervereinigung herbeiführen konnte. Doch hier mußte Bonn wiederum befürchten, daß eine solche globale Einigung die Entspannung im Ost-West-Konflikt auf Kosten Deutschlands einleiten oder ausdrücken konnte. Die Spannung zwischen den beiden Aspekten der Deutschlandfrage – der Wiedervereinigung und der Verhinderung der rechtlichen Anerkennung des Status quo – wurde durch die zentrifugalen Tendenzen im Ostblock und durch die Risse im westlichen Bündnis erst wirklich deutlich. Kurzfristige Anstrengungen, die rechtliche und politische Festigung des Status quo zu verhindern, wurden mit einer langfristigen Wiedervereinigungsplanung unvereinbar.

Als Ludwig Erhard 1963 Bundeskanzler wurde, war die Unzufriedenheit mit der Stagnation und Lähmung der Ostpolitik der Adenauer-Regierung in Deutschland weit verbreitet. Obgleich der neue Kanzler keineswegs die Absicht hatte, radikal von der Wiedervereinigungspolitik seines Vorgängers abzugehen, unternahm er doch einige vorsichtige, neue Schritte, und die Neueinschätzung, die Gerhard Schröder gegen Ende der Adenauer-Zeit eingeleitet hatte, wurde jetzt wenigstens halbherzig von offizieller Seite gestützt.

Der zögernde Wandel der Bonner Ostpolitik durch Erhard kam vor allem aus der Erkenntnis, daß sich die internationale Situation beträchtlich verändert hatte.[5] Der Alleingang de Gaulles in seinen Annäherungen an den Ostblock und die amerikanischen und britischen Bemühungen, die Entspannung, die nach der Kuba-Krise eingesetzt hatte, zu erhalten, verdeutlichten, daß die westlichen Verbündeten kein koordiniertes und zielstrebiges Wiedervereinigungsprogramm hatten. Um die deutsche Frage im westlichen Bündnis im Gespräch zu halten und um aus der polizentrischen Entwicklung im Ostblock Vorteile zu ziehen, mußte die Bonner Regierung doch mehr Entschlossenheit und doch mehr neue Einfälle zeigen.

Diese Aufgabe wurde erheblich dadurch erschwert, daß in den drei Jahren der Erhard-Regierung die Länder West- und Osteuropas eine allgemeine Neueinschätzung der nationalen Ziele und der internationalen Bündnisse vornahmen. Durch sie wurde auch, wie in den vorangehenden Kapiteln erörtert, die Rolle Deutschlands im westlichen Bündnis und im Rahmen der Ost-West-Beziehungen in Mitteleuropa neu bestimmt. Bonn mußte mit den Ereignissen Schritt halten oder unter dem Vorwurf, sich den Entspannungsbemühungen zwischen Ost und West entgegenzustellen, die diplomatische Isolierung riskieren. In dem Maße, in dem sich der Ost-West-Konflikt allmählich von einem wesentlich bipolaren Spannungsmuster zwischen Washington und Moskau zu einem eher zersplitterten Entspannungsmuster zwischen West- und Osteuropa wandelte, sah sich Bonn gezwungen, sich für die Lösung der deutschen Frage sowohl an Osteuropa wie an die Sowjetunion zu wenden. Gerhard Schröder, der im Kabinett Erhard Außenminister blieb, trat in diesem Sinne weiterhin für eine »Politik der Bewegung« ein, die durch die Errichtung engerer wirtschaftlicher, politischer und diplomatischer Beziehungen eine »Öffnung nach Osten« ermöglichen sollte. In der Amtszeit Schröders als Außenminister noch unter Adenauer und dann unter Erhard wurden in Warschau, Budapest, Sofia und Bukarest Handelsmissionen eingerichtet. Dieses flexiblere Verhalten, das die französischen und amerikanischen Bemühungen um die Verbesserung der Beziehungen zu Osteuropa ergänzte und das mit einer pragmatischeren Einstellung zur Hallstein-Doktrin einherging, sollte ausdrücklich die Bonner Wiedervereinigungspolitik den Wandlungen im Ostblock anpassen. Im Frühjahr 1964 sagte Schröder, er glaube Anzeichen zu sehen,

»daß in einigen osteuropäischen Staaten das Verständnis für die deutsche Frage wachse und dort unabhängiger als früher geurteilt werde. Er habe den Eindruck, daß der Wunsch der Bundesregierung nach Entspannung in diesen Staaten auf mehr Verständnis stoße als bei der sowjetischen Regierung. Dieser Trend dürfe nicht unterschätzt werden, denn Osteuropa beginne, mit eigener Stimme zu sprechen«.[6]

Die Hindernisse für die Bonner »Politik der Bewegung« waren enorm, und zwar nicht zuletzt aus dem Grund, weil Bonn teilweise selbst für sie verantwortlich war. Zum einen ging die Ostpolitik Bonns nicht schnell und nicht weit genug. Der Wunsch der Bonner Regierung »nach einem echten Nachlassen der Spannungen« nahm lediglich die Form von Beteuerungen der wohlmeinenden Absichten an. Er war nicht dringlich genug, als daß man für ihn die Hallstein-Doktrin aufgegeben oder in der Oder-Neiße-Frage mehr Entgegenkommen gezeigt hätte. Die Bonner Regierung hatte offenbar kein Gespür dafür, daß freundliche Absichtserklärungen allein für Osteuropa so lange wenig bedeuteten, als an ihnen immer noch Gebietsansprüche hafteten, Ansprüche, die durch die wachsende wirtschaftliche und militärische Macht Westdeutschlands noch zusätzlich herausgestellt wurden. Außerdem konnten die osteuropäischen Regierungen, die schließlich Ostdeutschland freundlich gesinnt waren und noch immer auf die politischen Richtlinien, die der Kreml ausgab, sehr hellhörig reagierten, kaum das Bemühen Bonns um die Isolierung des Ulbricht-Regimes, das ein wesentlicher Bestandteil der neuen Ostpolitik der Bundesrepublik blieb, unterschreiben. Schröder selbst verwarf die Möglichkeit, daß die Bonner Politik zwischen den osteuropäischen Staaten Uneinigkeit stiften oder einen Keil zwischen sie und die Sowjetunion treiben könnte, mit dem Argument, daß ein solcher Versuch vermutlich nicht nur scheitern, sondern die deutsch-sowjetischen Beziehungen noch stärker belasten würde.[7]

Bonn wollte zwar mit den osteuropäischen Ländern Handel treiben und ins Gespräch kommen, doch der Erhard-Regierung gelang es nicht, gegenüber Ostdeutschland eine positivere Politik zu formulieren; die eingewurzelten Denkgewohnheiten und die konservativen Elemente in der Regierungspartei CDU/CSU banden ihr die Hände. Durch diese Unfähigkeit verbaute sich die Bonner Regierung die Möglichkeit, ihre Ostpolitik auf den drei Ebenen mit Moskau, Osteuropa und Ost-Berlin anzusetzen. Es ist durchaus denkbar, daß diese Möglichkeit nicht gegeben war. Die Ostdeutschen jedenfalls waren allenfalls noch an einer »Konföderation« interessiert. Seit 1965 ging das ostdeutsche Regime offenkundig davon ab, durch vermehrte Kontakte zur Bundesrepublik zu einer faktischen Anerkennung zu gelangen.[8] Es verschärfte vielmehr seine Bedingungen für Verhandlungen mit Bonn beträchtlich, etwa durch die Forderung, daß die Anerkennung erfolgen müsse, ehe Verhandlungen aufgenommen werden. Ein Beispiel für diese Haltung war das 1966 vorzeitig und erfolglos abgebrochene Programm eines »Redneraustauschs«, das ursprünglich von den Ostdeutschen vorgeschlagen wurde, um den Dialog zwischen prominenten Sprechern der SPD und der ostdeutschen SED anzukurbeln und um gegensätzliche Standpunkte über die deutsche Frage in beiden Teilen Deutschlands öffentlich vorzutragen. Die Ostdeutschen hatten einem vorläufigen Programmplan zugestimmt, doch änderten sie dann ihre Einstellung – offenbar deshalb, weil sie guten westdeutschen Rednern nicht die Gelegenheit bieten wollten, das ostdeutsche Volk anzusprechen.[9]

Dennoch hätte die Regierung Erhard zu ihrem eigenen Vorteil mit den Versuchen, das ostdeutsche Regime zu isolieren, Schluß machen können – und sei es auch nur, um Pankow in die Defensive zu treiben. Doch selbst eine begrenzte Abänderung der Bonner Politik schien riskant. Da die Diplomatie der Bonner Regierung gegenüber dem Ostblock durch ihre formalrechtlich-logische Konsequenz zusammengehalten wurde (obgleich sie sich dadurch vermutlich selbst im Wege stand), hätte ein Zugeständnis in einem Teil das ganze System gefährdet. Die Abschaffung eines der wesentlichen Prinzipien hätte den Zusammenbruch der gesamten rechtlich-politischen Wiedervereinigungsstrategie Bonns verursacht und damit wohl auch die Überprüfung der anderen außenpolitischen Programmpunkte notwendig gemacht. Für eine dynamische diplomatische Offensive in Osteuropa wären die Anerkennung der Oder-Neiße-Linie und die Abschaffung der Hallstein-Doktrin erforderlich gewesen. Damit wären aber sowohl die Vier-Mächte-Verantwortung in gesamtdeutschen Angelegenheiten (da Bonn ja argumentierte, daß die ständigen Grenzen Deutschlands erst in einem endgültigen Friedensvertrag geregelt werden könnten) als auch der Alleinvertretungsanspruch Bonns ausgehöhlt worden. Dadurch wäre wiederum die Begründung für die Ächtung des ostdeutschen Regimes zerstört worden. Alles in allem hätten solche Änderungen eine entscheidende Umkehr der gewohnten Kalten-Kriegs-Haltung Bonns eingeleitet und entscheidende Auswirkungen auf die gesamte Außenpolitik Bonns gehabt. Dazu schreibt Pierre Hassner 1966:

»Man kann sich durchaus in ganz Osteuropa eine Reihe kommunistischer Regierungen mit vielfältigen Abstufungen an Liberalisierung und Unabhängigkeit vorstellen, mit denen sich die Bevölkerung auf der nationalen Ebene mehr oder weniger abgefunden hat und die sich durch ihre wirtschaftlichen und kulturellen Beziehungen und durch die Suche nach einem Gegengewicht gegen die Sowjetunion dem Westen zuwenden. Bislang stößt dieser Prozeß offenbar in Ostdeutschland und zwischen den beiden deutschen Staaten früher an Grenzen, weil er weiter zu gehen droht. Es gibt wohl wenig Möglichkeiten, der nüchternen Wahl zwischen der Aufrechterhaltung des politischen Status quo (auch wenn in ihm das tägliche Leben weniger bedrückend wird) und einer qualitativen oder revolutionären Veränderung, die diplomatische Verhandlungen einschließen würde und das militärische Gleichgewicht beeinträchtigen könnte, zu entgehen.« [10]

Hassner macht auch aufmerksam auf »den paradoxen Aspekt des doppelten und teils gegensätzlichen Widerspruchs zwischen der deutschen und der europäischen Situation. Gerade durch die latente Instabilität des ostdeutschen Regimes ist heute die deutsche Teilung das absolut stabilste Element der europäischen Szene. Erneut in Bewegung geraten ist nicht das Deutschlandproblem, sondern anscheinend alles andere in Europa. Doch gerade die deutsche Teilung bildet die Ausnahme und auch die Grenze dieser Bewegung und sei es nur durch ihre Bindung an die Präsenz sowjetischer und amerikanischer Truppen«. Dies führt zusätzlich zu dem paradoxen Umstand, »daß sich die sowjetische Stellung in Deutschland verbessert, während sie sich in Europa verschlechtert«. (Hassner, »German and European Rennification«, S. 16f.)

Sowohl das Temperament Erhards als auch sein schnell sinkender politischer Stern verhinderten das Zustandekommen eines solch drastischen Wandels. Im Frühjahr 1966 erneuerte die Bonner Regierung mit der Veröffentlichung einer »Friedensnote« ihre Bemühungen, den osteuropäischen Ländern ihre konstruktive Haltung vorzuführen. Die in dieser Note enthaltenen Vorschläge sind an sich nichts anderes als Kompromißfassungen von Vorschlägen, die ursprünglich von Staaten des Warschauer Pakts kamen. Ansatzweise befürwortete Bonn jetzt auch eine atomwaffenfreie Zone, Nichtangriffspakte und den Austausch von Militärbeobachtern mit den Mitgliedsstaaten des Warschauer Pakts.[11] In diesen Vorschlägen wurden keine wesentlichen Zugeständnisse in militärstrategischen Fragen vor dem Zustandekommen politischer Lösungen angeboten. In ihnen hatte sich auch nichts an der Entschlossenheit Bonns geändert, Ostdeutschland diplomatisch zu isolieren, die rechtliche Anerkennung zu verweigern und auf dem vorläufigen Charakter der Ostgrenzen Deutschlands zu bestehen. Doch zeigte sich in diesen Vorschlägen zumindest der Wille Bonns, Fragen der Rüstungskontrolle und der Sicherheit auch ohne vorher getroffene politische Abmachungen zu diskutieren. Sie machten allerdings gleichzeitig deutlich, daß Bonn nicht länger ohne weiteres gewillt war, das vorliegende Verhandlungspaket des Westens zur Rüstungskontrolle automatisch zu unterstützen. Diese Praxis wurde in dem Maße problematisch, als Washington seine Aufmerksamkeit von Europa nach Vietnam verlagerte und Paris eine unabhängige militärische und diplomatische Entspannungspolitik mit dem Ostblock verfolgte.

Im Falle der Sowjetunion kamen Erhards Kompromißvorschläge jedoch ohnehin zu spät. Der Kreml, dessen Interesse an der Rüstungskontrolle wesentlich von dem Wunsch nach einer Zementierung des politischen Status quo in Europa bestimmt war, hatte nach dem Machtantritt von Breschnew und Kossygin seine Forderungen an den Westen erheblich gesteigert. In den letzten Jahren unter Chruschtschow hatte die Sowjetunion gegenüber Bonn ein (wenn auch kurzfristiges) Entgegenkommen gezeigt.

Fritz Ermarth (*Internationalism*, S. 29–31) charakterisiert die Initiative des Kreml folgendermaßen:
»Sie ging von der traditionellen sowjetischen Einschätzung des deutschen Problems als des Zentrums sowjetischer Sicherheitsbemühungen aus. Anstatt jedoch Druck auf den gesamten Westen auszuüben, um die USA zum Einlenken zu zwingen, zielte sie offenbar darauf ab, Bonn zu größerem Entgegenkommen zu bewegen. Die ganze Richtung der sowjetischen Politik verursachte jedoch in Ost-Berlin erhebliche Unruhe, die auch durch die Unterzeichnung des sowjetisch-ostdeutschen Vertrags über Freundschaft, gegenseitige Hilfe und Zusammenarbeit im Juni 1964 nicht besänftigt wurde.
Nachdem Chruschtschow eine Zeitlang sein Interesse an einem sowjetisch-westdeutschen Dialog bekundet hatte, gab er seine Zustimmung zu einem offiziellen Besuch in Bonn. Der Höhepunkt dieser Interessenbekundung war der Besuch der Bundesrepublik durch Chruschtschows Schwiegersohn, Alexei Adschubei, der bei seiner Rückkehr nach Moskau die Klugheit von Rapallo pries. Anfang September folgte der Ankündigung, daß Chruschtschow nach Bonn gehe, eine Beratung zwischen dem Ersten Sekretär der KPdSU und den Außenministern seiner Alliierten in Prag, auf der Ostdeutschland nicht vertreten war. Dann begannen sich die Zeichen, daß Chruschtschow auf innenpolitische Opposition gegen seinen deutschen Vorstoß traf, zu häufen, unter ihnen war etwa die Senfgasattacke auf einen Sicherheitstechniker der Bonner Botschaft in Moskau oder nachdrückliche Äußerungen von Breschnew und Suslow, in denen andeutungsweise vor dem Ausverkauf Pankows gewarnt wurde.
Der Sturz Chruschtschows bereitete diesen deutschen Abenteuern ein Ende. Die Frage, ob sie direkt zu dem Sturz beitrugen, bleibt spekulativ. In jedem Fall ließen diese Ereignisse ahnen, daß die sowjetische Europapolitik auf den Einfluß des anscheinend abhängigsten Verbündeten von Moskau, der DDR, ausgesprochen empfindlich reagierte; ein Einfluß, der in der folgenden Zeit wiederholt demonstriert wurde.« Vgl. auch Wolfe, *Soviet Power*, S. 158–171; Hyland und Shryock, *Fall of Krushchev*, S. 158–183.

Sie hatte einen Nichtangriffspakt zwischen der NATO und den Staaten des Warschauer Pakts vorgeschlagen und damit unausgesprochen die USA und Kanada in eine Einigung über europäische Rüstungskontrolle einbezogen. Im Gegensatz dazu wurden in dem Entspannungsmodell von Breschnew und Kossygin in der Mitte der sechziger Jahre (das in der Bukarester Erklärung vom Juli 1966 verkündet wurde) Nichtangriffspakte nicht erwähnt, dafür die Auflösung der beiden Allianzen in Betracht gezogen und damit die amerikanische Präsenz in Europa ausgeschlossen.[12] Angesichts interner Konflikte im Warschauer Pakt über die Frage einer Reform des Bündnisses und angesichts des Drängens von Ulbricht und Gomulka auf eine unnachgiebige Haltung gegenüber Bonn wiederholte der Kreml eine Reihe harter Forderungen: kein deutscher Zugang zu Atomwaffen, keine Veränderung der bestehenden Grenzen in Europa, Anerkennung des ostdeutschen Regimes.

Die neue Wiedervereinigungspolitik der Bonner Regierung war nicht nur unzulänglich, weil sie ein wirklich konstruktives und neues Verhältnis zu Osteuropa nicht zu schaffen imstande war und weil sie weiterhin das ostdeutsche Regime ächtete, sondern auch, weil es Erhard und Schröder unmöglich war, funktionsfähige Beziehungen zu de Gaulle zu errichten. Adenauers zentraler Grundsatz, daß in Washington und Moskau der Schlüssel zur Deutschlandfrage liege, galt auch noch in den sechziger Jahren; doch mußte er modifiziert werden, da durch die Lockerung des westlichen Bündnisses und des Ostblocks die Bedeutung Frankreichs (im Verhältnis zu den USA) für die Lösung der deutschen Frage gewachsen war. Schröder und Erhard konnten die Auffassung, die sich in Bonn immer mehr durchsetzte, nicht praktisch anwenden, daß nämlich die Wiedervereinigung Deutschlands nur im Rahmen einer umfassenderen europäischen Regelung zu erreichen war und daß in diesem Rahmen Frankreich für die deutsche »Öffnung nach Osten« als Partner mindestens ebenso wichtig war wie die USA. Die Zersplitterung der beiden Blöcke des kalten Krieges hatte allgemein die Bedeutung der kleineren Staaten beider Bündnisse für die deutsche Wiedervereinigung erhöht. Außerdem verstärkte sich in Bonn auch der Eindruck, daß Washington und London weder ein Programm für die Wiedervereinigung noch ein besonderes Interesse an ihr hatten und daß sie geopolitisch zu abgelegen waren, um langfristig von großer Hilfe für die Sache der deutschen Einheit zu sein. Dazu kam das Gefühl, daß – in George Liskas Worten –

»Westdeutschland keinen echten Ersatz für Frankreich hat; nur Frankreich kann die Berechtigung des deutschen Interesses an der Wiedervereinigung und an einer militärischen Rehabilitierung, die bei den nachtragenden kleineren Staaten in West- und Mittel- wie Osteuropa weder politisch noch sonstwie provozierend wirkt, vertreten. Westdeutschland hat außerdem keinen sichtbaren Ersatz für ein starkes Frankreich. Nur ein starkes Frankreich kann gegenüber der Sowjetunion mit einer Kombination von standfester und flexibler Diplomatie auftreten; die Standhaftigkeit ist dadurch gesichert und die Flexibilität dadurch begrenzt, daß Frankreich seinerseits auf Westdeutschland angewiesen ist, wenn es von der östlichen und der westlichen Supermacht ernst genommen werden will.«[13]

Diese Argumentation leuchtete den »Gaullisten« in Bonn besonders ein, da das wachsende Engagement der Johnson-Regierung in Vietnam nicht nur dem Ansehen Washingtons in Osteuropa schadete, sondern auch Ausdruck einer allgemeinen Verlagerung der amerikanischen Hauptinteressen von Europa weg zu sein schien. Der Entschluß de Gaulles, die USA aus einem »Europa vom Atlantik bis zum Ural« herauszuhalten, war allerdings für Bonn unannehmbar, und zwar einmal aus Sicherheitsgründen, zum andern aber auch, weil die Deutschen befürchteten, daß das wirkliche Interesse de Gaulles an der Lösung der deutschen Frage eben aus dem Wunsch kam, den Abzug der Amerikaner zu beschleunigen. Dazu schrieb Karl E. Birnbaum 1968:

»Obgleich die Franzosen sich verbal zur deutschen Wiedervereinigung bekennen, sind sie an Fortschritten in der Deutschlandfrage wohl primär interessiert, um a) die zentrale Rechtfertigung für die Anwesenheit und den Einfluß der Supermächte in Europa und b) das Hindernis einer weiteren Annäherung zwischen Ost- und Westeuropa, das in der ungelösten Situation in Mitteleuropa besteht, zu beseitigen. Wenn diese Ziele durch Maßnahmen erreicht werden könnten, die die weitere Teilung Deutschlands für das deutsche Volk gerade erträglich machten, wären die Franzosen wahrscheinlich zufrieden.« [14]

Das aufreibende Problem, das Bonn während der letzten Jahre des Adenauer-Regimes geplagt hatte – die Notwendigkeit, in praktisch jeder wichtigen Frage der Bonner Außenpolitik zwischen Washington und Paris zu wählen –, stellte sich also während der Regierungszeit Erhards noch eindringlicher, als die zentrifugalen Tendenzen in den Bündnissystemen des Westens und des Ostens die Machtstellung Frankreichs enorm stärkten. Erhard entschied sich bei den meisten Problemen, in denen sich Washington und Frankreich unterschieden, für Washington. Damit entschied er sich auch für ein durch und durch statisches und konservatives Wiedervereinigungsprogramm. Für Washington war nämlich (wie für Moskau) der Status quo in Europa durchaus erträglich, und Washington war nicht bereit, für die Förderung der deutschen und der europäischen Einheit, gegen die es grundsätzlich keine Bedenken hatte, Risiken einzugehen. Frankreich dagegen setzte sich nachdrücklich für eine dynamische Außenpolitik ein, die die Veränderungen in West- und Osteuropa auszunutzen gedachte und die so zu einem politischen Übereinkommen führen konnte, das auch der deutschen Wiedervereinigung nützte. Doch konnte man sich nicht wirklich darauf verlassen, daß de Gaulle die Wiedervereinigung selbst über den begrenzten Rahmen eines französisch-sowjetischen Sicherheitssystems hinaus unterstützte.

Die Regierung der Großen Koalition zwischen Christlichen Demokraten und Sozialdemokraten, die die Regierung Erhard im Herbst 1966 ablöste, war entschlossen, die Sackgasse der Bonner Wiedervereinigungspolitik zu überwinden und die schädlichen Folgen der Wahl zwischen Washington und Paris nach Möglichkeit zu vermeiden.[15] Die Außenpolitik von Bundeskanzler Kiesinger und Außenminister Brandt war im allgemeinen einfallsreicher und ihre Haltung gegenüber den USA bestimmter. Erhard wurde mindestens zum Teil wegen seiner unentschlossenen Diplomatie zum Rücktritt gezwungen. Sie war in breiten Kreisen kritisiert worden, weil sich durch sie die deutsch-französischen Beziehungen verschlechtert hatten und weil es ihr nicht gelungen war, die deutsche Einigung voranzutreiben. Im übrigen hatte die SPD jahrelang auf eine aufgeschlossenere und einfallsreichere Wiedervereinigungspolitik gedrängt und Kontakte mit offiziellen ostdeutschen Stellen befürwortet. Durch ihre Regierungsbeteiligung demonstrierte sie die Absicht, einige ihrer Vorstellungen in die Praxis umzusetzen. Kiesinger und Brandt waren entschlossen, über die zögernden außenpolitischen Neuerungen der Regierung Erhard hinauszugehen und die deutsche Politik mit der veränderten Situation der sechziger Jahre in Einklang zu bringen. Wenn Westdeutschland weiterhin auf einer unnachgiebigen orthodoxen Haltung des kalten Krieges beharrte, lief es Gefahr, sich in der Deutschlandfrage diplomatisch zu isolieren, denn seine Verbündeten wünschten ernsthaft eine Entspannung zwischen Ost und West und betrachteten Bonn zunehmend als deren Haupthindernis.

Kritiker der Regierung Erhard befürchteten nicht nur die diplomatische Isolierung der Bonner Außenpolitik, sondern auch die Möglichkeit einer diplomatischen »Einkreisung«. Vgl. z.B. die Bemerkungen Konrad Adenauers und den Artikel »Ost-Locarno, ohne uns?« in *Die Zeit*, 19.Oktober 1965.

Die ausdrücklichen Erklärungen der Großen Koalition, daß Bonn auch dann für eine Entspannung eintreten würde, wenn ihr nicht Fortschritte in der Deutschlandfrage vorangingen, entsprachen also einem grundsätzlichen politischen Umschwung; er äußerte sich am deutlichsten in der Bereitschaft Bonns, Rüstungskontrollmaßnahmen und andere institutionelle Aspekte der Ost-West-Entspannung auch ohne ihre direkte Koppelung mit dem Wiedervereinigungsproblem zu diskutieren.

Der neue Anlauf in der Bonner Ostpolitik zeichnete sich bald in Worten und Gesten ab. In öffentlichen Reden erklärte Kiesinger das Münchner Abkommen von 1938 (durch das tschechoslowakisches Gebiet an

Deutschland abgetreten worden war) für ungültig; er beseitigte damit einen Streitpunkt, der die Beziehungen Bonns zur Tschechoslowakei belastet hatte.

Die Bonner Regierung hatte zwar offiziell alle Ansprüche auf tschechoslowakisches Gebiet, das 1938 an Nazideutschland abgetreten und 1945 an Prag zurückgegeben wurde, aufgegeben, doch hatte sie sich (bis zum Dezember 1966) geweigert, das Münchner Abkommen rechtlich für ungültig zu erklären, denn dadurch wären die Deutschen, die nach dem Zweiten Weltkrieg aus der Tschechoslowakei vertrieben wurden, zu tschechischen Staatsbürgern geworden. Als im Sommer 1964 der Verkehrsminister und Vorsitzende der Vertriebenenverbände, Hans Seebohm, durch seine Behauptung, das Münchner Abkommen sei noch gültig, in der Öffentlichkeit Empörung hervorrief, erklärte Erhard, daß Deutschland »keinerlei territoriale Ansprüche an die Tschechoslowakei hat und sich ausdrücklich von allen Äußerungen distanziert, die anderes behaupten«. Es war jedoch symptomatisch für die formalrechtliche außenpolitische Auffassung der Bonner Regierung und für die Rücksichtnahme auf die Vertriebenengruppen, daß auch die Große Koalition das Münchner Abkommen nicht ex tunc (d.h. von Anfang an) für ungültig erklärte – obgleich Prag dies verlangte, um die Möglichkeit auszuschließen, daß ein vereintes Deutschland unter Berufung auf das »Heimatrecht« und auf die Selbstbestimmung in der Zukunft eine Neuregelung der Grenzen fordert. Die Große Koalition zögerte auch nicht mit dem Versuch, der Sowjetunion im Austausch für eine deutsche Ungültigkeitserklärung ex tunc Konzessionen abzuverlangen.

Er äußerte den Wunsch nach einer umfassenden Aussöhnung Bonns mit Polen und kündigte an, daß die Regierung in Bonn zwar ihren rechtlichen Alleinvertretungsanspruch nicht aufgeben könne, aber dennoch bereit sei, das Regime in Pankow als die de facto bestehende Regierung Ostdeutschlands zu akzeptieren, und daß sie sich nicht gegen ein europäisches Gewaltverzichtsabkommen, das von beiden deutschen Staaten unterzeichnet würde, wenden würde. In Beantwortung der Neujahrsbotschaft des Jahres 1967 von Walter Ulbricht, in der dieser zehn notwendige Voraussetzungen für eine Konföderation der beiden deutschen Staaten aufzählte (unter anderem die Normalisierung der Beziehungen, der Verzicht Bonns auf jede Art von atomarer Verfügungsgewalt, die Einigung auf West-Berlin als einem autonomen Gebiet, Anerkennung der bestehenden Grenzen, gegenseitige Rüstungsverminderung), machte Bonn zahlreiche Vorschläge – darunter solche über die Aufhebung der Reisebehinderungen, die Erweiterung von Handels- und Kreditabmachungen und andere Wirtschaftsprojekte, Kultur- und Zeitungsaustausch, Koordinierung der Kommunikationsnetze, Verbindung der Energiemärkte usw. Trotz der insgesamt negativen Reaktion Ost-Berlins folgte ein beispielloser Austausch von Briefen und anderen Noten zwischen Bundeskanzler Kiesinger und dem

Vorsitzenden des ostdeutschen Ministerrats, Willi Stoph. Dies war weniger bemerkenswert wegen der Inhalte – beide Seiten wiederholten ihre bekannten Positionen –, als vielmehr deshalb, weil innerdeutsche Kontakte damit zum erstenmal einen halboffiziellen Charakter bekamen. Willy Brandt erklärte praktisch die Bereitschaft Bonns, sich direkt mit der bisher geächteten ostdeutschen Regierung zu befassen, als er sagte, daß »die Sowjetunion und eine Reihe anderer Länder durch vielfältige Beziehungen politischer, ideologischer und wirtschaftlicher Art miteinander verbunden sind . . . und daß der andere Teil Deutschlands, die DDR, fest in dieses ›Kräftefeld‹ eingefügt ist. Wir würden das ignorieren, wenn wir Ostdeutschland bei unserer Entspannungspolitik unbeachtet ließen – wenn wir diesen wichtigen Bereich, für den wir Deutschen eine besondere Verantwortung haben und in dem von uns etwas erwartet wird, vernachlässigen würden«.[16] Die Bereitschaft Bonns, Ostdeutschland in den Rahmen seiner Ostpolitik einzubeziehen, war ein wichtiger Schritt, denn wie Theo Sommer 1968 schrieb,

»jede deutsche Osteuropapolitik wendet sich je nach den Umständen an eine der drei Parteien oder an alle zusammen, an Moskau, die kommunistischen Staaten in Ost- und Südosteuropa und an Ost-Berlin. Lange Zeit konzentrierte sich die westdeutsche Regierung ausschließlich auf Moskau, da sie auf dem Standpunkt stand, der Schlüssel zur deutschen Wiedervereinigung sei dort, und nur dort, zu finden. In den letzten Jahren entdeckte Bonn dann, daß sich Moskau den deutschen Wiedervereinigungswünschen nicht mehr verschließen könnte, wenn man erst die früheren ›Satelliten‹ für sich gewonnen hätte. Trotz dieser Änderung existierte Ost-Berlin immer noch nicht auf der politischen Landkarte Bonns. Erst die Große Koalition begriff, daß eine vernünftige Osteuropapolitik keine der drei Parteien ignorieren kann; daß Bonn auf drei Ebenen, nämlich der sowjetischen, der osteuropäischen *und* der Ost-Berliner Ebene handeln muß und daß es sinnlos ist, auf den Zerfall des Ostblocks oder die Isolierung des kommunistischen Deutschland zu hoffen oder hinzuarbeiten. Seit dieser Erkenntnis ist die Bonner Ostpolitik aus einem Guß.«[17]

Die Bemühungen Bonns, engere Beziehungen mit Moskau und Pankow anzuknüpfen, scheiterten im großen und ganzen. Die Haltung des Kreml blieb allgemein negativ, und Ostdeutschland übte 1968 mit schärferen Paß- und Visa-Anforderungen erneut Druck auf die Zufahrtswege nach West-Berlin aus.

Ende 1967 und Anfang 1968 fanden zwischen Bonn und Moskau Diskussionen über multilaterale Gewaltverzichtserklärungen in den internationalen Beziehungen statt, doch sie scheiterten wesentlich deshalb, weil die Sowjetunion darauf bestand, strittige politische Fragen einzubeziehen, wie etwa die Anerkennung Ostdeutschlands und der gegenwärtigen europäischen Grenzen, den ständigen Verzicht Westdeutschlands auf Atomwaffen und den Anspruch des Kreml auf das bleibende Recht (als eines der Sieger des Zweiten Weltkrieges) die Kräfte des »Militarismus und Neonazismus« in Westdeutschland zu kontrollieren. Vgl. zur Erörterung der Reaktionen Moskaus auf die Große Koalition Wettig, »Moskau und die Große Koalition«.

Doch die ersten Reaktionen aus einigen osteuropäischen Hauptstädten waren ermutigend. Das sichtbarste Ergebnis der osteuropäischen Initiativen der Großen Koalition war die Aufnahme diplomatischer Beziehungen zu Rumänien im Januar 1967 (sie wurden schon in der Regierungszeit Erhards eingeleitet), die Errichtung einer Handelsmission in Prag im August 1967 und die Wiederaufnahme diplomatischer Beziehungen zu Jugoslawien zu Beginn des Jahres 1968. Kiesinger benutzte zwar das deutsch-rumänische Abkommen als Anlaß, den Bonner Alleinvertretungsanspruch erneut zu bekräftigen, doch war damit der Anspruch samt seinem diplomatischen Seitenstück, der Hallstein-Doktrin, praktisch aufgegeben. Es wäre in der Tat auch schwierig gewesen, auf der vollen Gültigkeit der Hallstein-Doktrin zu bestehen, nachdem zwei deutsche Staaten, die beide für ihr Staatsgebiet und ihre Bevölkerung sprachen, in Bukarest und Belgrad ebenso wie in Moskau voll akkreditiert waren. Dennoch versuchte die Große Koalition, unter dem Druck konservativer Kräfte in der CDU/CSU wenigstens den rechtlichen Schatten, wenn schon nicht die politische Substanz der Doktrin zu retten. Um die osteuropäischen Länder aus dem Anwendungsbereich der Hallstein-Doktrin auszunehmen, wurde sie von Bonn so uminterpretiert, daß sie nicht auf Länder zutreffe, die auf Grund ihrer Zwangsmitgliedschaft im Ostblock keine Entscheidungsfreiheit in der Frage der Anerkennung des ostdeutschen Regimes haben. Diese sogenannte Geburtsfehlertheorie konnte natürlich nicht für Jugoslawien gelten, da Tito das Ulbricht-Regime 1957 aus eigenem freien Willen anerkannt hatte. Ehe daher für Belgrad von der »Geburtsfehlertheorie« eine Ausnahme gemacht wurde, sicherte sich die Bonner Regierung sorgfältig dagegen ab, daß diese weitere Verwässerung einer verwässerten Fassung der Hallstein-Doktrin nicht eine massenhafte Anerkennung Ostdeutschlands durch Länder der Dritten Welt auslöste.

Für Beispiele, wie Bonn Hilfsprogramme dazu verwandte, Länder der Dritten Welt an die Hallstein-Doktrin zu binden, vgl. *Der Spiegel*, 12/1965, S. 29–33. Die Hallstein-Doktrin hatte schon im Frühjahr 1965 die Regierung Erhard in beträchtliche Verlegenheit versetzt, als Bonn die Wirtschaftshilfe für Ägypten einstellte, weil Nassers Beziehungen zu Ostdeutschland, deren Höhepunkt ein Staatsbesuch Ulbrichts in Ägypten war, immer herzlicher wurden. Der Erfolg dieser (halbherzigen) Anwendung der Hallstein-Doktrin war, daß die Mehrheit der arabischen Staaten die diplomatischen Beziehungen zu Bonn abbrach. Vgl. Wagner, »Der Rückschlag«, und für die relevanten Urkunden ebda., S. D 235–246; vgl. auch Morgan, »German Foreign Policy«, S. 100–102.

Nachdem nun die Bonner Regierung sich zur Aufnahme von Verbindungen zu Osteuropa durchgerungen und eine Ostpolitik formuliert hatte, die Ostdeutschland auszumanövrieren drohte, war es die Regierung in Pankow, die nach vertraglichen Formeln zur Begrenzung der diplomatischen Offensive Bonns suchte. Nach der Aufnahme diplomatischer Beziehungen zwischen Rumänien und Bonn formulierten die Ostdeutschen mit der nachdrücklichen Unterstützung durch Moskau und Warschau eine eigene »Hallstein-Doktrin« des Inhalts, daß kein sozialistisches Land diplomatische Beziehungen zur Bundesrepublik aufnehmen dürfe, solange Bonn nicht bereit sei, Ostdeutschland, die bestehenden Grenzen in Europa und West-Berlin als getrennte politische Einheit anzuerkennen und auf jede Rolle als atomare Macht zu verzichten. (Dieselben Bedingungen stellte Ostdeutschland an Bonn als Voraussetzung für Verhandlungen über so bedeutende Fragen wie Handelsabkommen, Reisemöglichkeiten und den uneingeschränkten Austausch von Veröffentlichungen.)

Die Ostdeutschen brachten ihren Vorschlag auf der Außenministerkonferenz der Staaten des Warschauer Pakts im Februar 1967 vor, aber er wurde, wesentlich auf Grund der rumänischen Einwände, nicht offiziell angenommen. Doch im Lauf des Jahres 1967 wurde die ostdeutsche Formel zumindest teilweise anerkannt und in bilateralen Abkommen mit Polen, der Tschechoslowakei und Bulgarien festgelegt, in denen diese Länder die Normalisierung der Beziehungen zwischen den beiden deutschen Staaten, eine Sicherheitsgarantie zwischen Nachbarstaaten und die Zerschlagung von »Militarismus und Neo-Nazismus« in Westdeutschland forderten. Außerdem betonten die Unterzeichnerstaaten nachdrücklich den dauernden Charakter der bestehenden Grenzen und ihre Auffassung von West-Berlin als getrennter oder gar unabhängiger Einheit (Ostdeutschland hatte schon vorher die Aufnahme seiner Forderungen in die Bukarester Erklärung der Staaten des Warschauer Pakts vom Juli 1966 durchgesetzt, doch waren sie dort nicht direkt an die Frage der Anerkennung der Bundesrepublik durch osteuropäische Länder geknöpft).[18] Diese vertraglichen Verpflichtungen wurden durch die Konferenz der europäischen kommunistischen Parteien in Karlsbad im April 1967 ideologisch untermauert. Sie unterstützte allgemein die ostdeutschen Forderungen, doch entsprach sie nicht dem Vorschlag einiger Mitglieder, eine verbindliche Empfehlung zu formulieren, die den osteuropäischen Staaten die Aufnahme diplomatischer Beziehungen zu Bonn so lange untersagte, bis die westdeutsche Regierung Ostdeutschland als getrennten deutschen Staat anerkannte. In dem von der Konferenz veröffentlichten Kommuniqué wurde der Standpunkt Pankows zur Grenz- und Atomwaffenfrage bekräftigt und Westdeutschland aufgefordert, als Voraussetzung für eine Normalisierung der Beziehungen zu Osteuropa seinen Alleinvertretungsanspruch aufzugeben.[19]

Die Schwierigkeiten Westdeutschlands bei der Erarbeitung einer dynamischeren Haltung zu Osteuropa ergaben sich, wie während der Regierungszeit von Erhard, jedoch nicht nur aus den Gegenmaßnahmen Pankows und dem Widerstand des Kreml, sondern auch aus politischen und ideellen Hemmungen bei der Bonner Regierung selbst. Das war vielleicht teilweise unvermeidlich. Die Ostpolitik Bonns konnte nicht so flexibel und konsequent sein wie die französische, weil die Große Koalition es sich nicht leisten konnte, im selben Ausmaß wie de Gaulle die NATO zu desavouieren oder die USA zu brüskieren. Andere Hindernisse gingen jedoch weitgehend auf das Konto der Regierung. Die neue Regierung unternahm jede Anstrengung, die Schützengrabenstellungen des kalten Krieges ihrer Vorgänger zu verlassen. Sie änderte auch einige der eingefahrenen zentralen Grundsätze der Bonner Außenpolitik ab. Nach wie vor jedoch hielt die Große Koalition (und besonders ihre konservativeren Mitglieder und Anhänger) an der Hoffnung und Bemühung fest, dem Ostblock als Gegenleistung für ein westdeutsches Entgegenkommen in den Fragen West-Berlins, des Atomwaffensperrvertrags und der Anerkennung Ostdeutschlands oder der Oder-Neiße-Linie Zugeständnisse abzuringen.

Die Einstellung zur Oder-Neiße-Linie illustriert diesen Punkt. Die Haltung Bonns zur deutsch-polnischen Grenze war immer zwiespältig und widersprüchlich. Trotz der Bemühungen Schröders um eine Normalisierung der Beziehungen zu Osteuropa hatte die Regierung Erhard darauf bestanden, daß eine endgültige Regelung der Ostgrenzen Deutschlands erst nach der Bildung einer gesamtdeutschen Regierung entschieden werden konnte. Damit stellte Bonn Polen vor die unannehmbare Aussicht, sich mit einem vereinten Deutschland über eine für Polen lebenswichtige Frage auseinanderzusetzen. Es ist daher kaum verwunderlich, daß die polnische Regierung (und der Kreml) in Ostdeutschland das unentbehrliche Bollwerk für den Schutz der polnischen Sicherheit gegenüber Westdeutschland sahen und daß sie Bonn revanchistische Absichten vorwarfen. Die Haltung der Sowjetunion und der osteuropäischen Länder zur Oder-Neiße-Frage (und zu anderen Fragen) ist – nach ihrer Auffassung – durch echte nationale Interessen bestimmt; tatsächlich stimmen hier kommunistische und nationale Interessen überein. Diese Übereinstimmung kennzeichnet in vielen Fällen die Außenpolitik der osteuropäischen Länder gegenüber der Bundesrepublik, und die unnachgiebige Ostpolitik der Adenauer-Regierung hatte sie noch gefestigt. Solange die Politik Bonns auf »Stärke« beruhte und von der Annahme ausging, die deutsche Einigung werde letztlich durch ein Vier-Mächte-Abkommen herbeigeführt, bestand immerhin noch eine gewisse Berechtigung für den Standpunkt, die de-facto-Festsetzung der Grenzen zwischen Ostdeutschland und Polen sei nicht rechtmäßig. Als aber an die Stelle dieser Annahme der Grundsatz trat, daß eine grundlegende deutsche Annäherung an Osteuropa eine Bedingung für die Wiedervereinigung war, mußte eine hartnäckige westdeutsche Haltung in der Oder-Neiße-Frage den Aussichten auf Wiedervereinigung erst recht schaden und noch stärker als in der Zeit Adenauers in Widerspruch zu den Grundlagen der Wiedervereinigungsstrategie geraten.

Einflußreiche Politiker in Bonn hatten längst begriffen, daß – gerade im Rahmen der neuen Bonner Ostpolitik – Wiedervereinigung und Grenzveränderungen unvereinbare Ziele waren. Bundeskanzler Kiesinger erwähnte in seiner Antrittsrede die traditionelle Forderung Bonns nach den »Grenzen von 1937« nicht, und er deutete an, daß Bonn die Oder-Neiße-Linie als Ostgrenze eines vereinten Deutschland anerkennen würde. Die Oder-Neiße-Linie war von Anfang an ein Streitpunkt, der die Große Koalition belastete. Nicht als Außenminister, sondern in seiner Eigenschaft als Vorsitzender der Sozialdemokraten machte Brandt den Streit der Öffentlichkeit bekannt, als er auf dem Parteitag der SPD im Frühjahr 1968 die »Anerkennung und Respektierung« der Oder-Neiße-Grenze (bis zur endgültigen Regelung der Frage durch einen Friedensvertrag) forderte.

Fast zur selben Zeit äußerte sich Brandt in »Policy Toward the East«, S. 484–485, zurückhaltender über die Oder-Neiße-Grenze. In diesem Artikel vertritt er die Auffassung, daß »die Erklärungen, die wir zum Gewaltverzicht anbieten, vielleicht so formuliert und abgesichert werden können, daß die gegenwärtigen Grenzen Polens für den Zeitraum anerkannt werden können, für den die Bundesrepublik sich verpflichten kann, nämlich bis zu einer Friedensregelung. Auf diese Weise würde, im Interesse beider Nationen, die Grenzfrage nicht länger einer Entspannung oder einem europäischen Sicherheitssystem im Wege stehen. Außerdem könnte damit verhindert werden, daß diese Frage weiterhin denen, die sich gegen eine deutsch-polnische Einigung wenden, als Vorwand dienen kann«.

Im Mai 1969 wies Gomulka in einer bemerkenswert nüchternen Rede über die deutsch-polnischen Beziehungen kategorisch den vorläufigen Charakter der Anerkennungsformel im Sinne Brandts zurück. Gomulka setzte sich für einen bilateralen Vertrag zwischen Polen und Westdeutschland ein, in dem die Oder-Neiße-Linie anerkannt wird (ein Vertrag, der dem Görlitzer Abkommen zwischen Polen und Ostdeutschland von 1950 entsprechen würde). Zur Formulierung Brandts sagte er, sie unterscheide sich nicht grundsätzlich von der offiziellen Regierungsposition, da sie lediglich formal unterstreiche, daß Bonn die faktische Existenz der Oder-Neiße-Grenze hinnehme, jedoch nach wie vor durch den Aufschub einer endgültigen Regelung bis zum Abschluß eines Friedensvertrags Elemente enthalte, die die Veränderung der Grenzen möglich machten.

Die fragwürdige Begründung für die Versuche Bonns, rechtliche Zugeständnisse für diplomatisch-politische Vorteile einzuhandeln, zeigte sich auch in den zwiespältigen Stellungnahmen der Bonner Regierung zum Atomwaffensperrvertrag (vgl. Kap. I). Natürlich war nicht zu erwarten, daß die osteuropäischen Hauptstädte widerspruchslos einem atomaren Mitspracherecht Bonns zustimmen würden. Das Mißtrauen gegenüber deutschen Absichten ist beträchtlich. Außerdem würde ein westdeutsches Mitspracherecht bei atomaren Entscheidungen das mitteleuropäische Machtgleichgewicht erheblich verändern, da kaum eine Aussicht auf ein ähnliches Mitspracherecht für osteuropäische Staaten im Ostblock besteht. Es bleibt aber auch fraglich, ob die osteuropäischen Befürchtungen schon dadurch in verständnisvollere Haltungen, die Bonn fördern wollte, hätten verwandelt werden können, daß Bonn stillschweigend anbot, die heimliche Drohung mit einem atomaren Mitspracherecht zurückzuziehen. Angesichts der Hypothek von deutschen Taten in Osteuropa in der Vergangenheit war die Anwendung verhüllter Drohungen psychologisch kein geeigneter Weg, um Bedenken zu zerstreuen und eine für die Wiedervereinigung günstige Stimmung zu erzeugen. Die Haltung der Großen Koalition (und besonders die Haltung Brandts) zum Atomwaffensperrvertrag war erheblich realistischer als die der Regierung Erhard. Immerhin äußerten einflußreiche Politiker (auch Kabinettsmitglieder) ihre Einwände gegen den Atomwaffensperrvertrag in rein machtpolitischen Begriffen und machten es dadurch der Regierung insgesamt schwer, sich von der Drohung, die in dieser Stellung enthalten war, zu distanzieren.

Die eigenen Schranken Bonns, die unverminderte Feindlichkeit Moskaus und die Artikulation einer harten ostdeutschen und polnischen Reaktion auf die diplomatische Initiative der Großen Koalition sind Faktoren, die auf die engen Grenzen der Erfolgsaussichten und Zukunftsmöglichkeiten dieser Initiative hinweisen und die zeigen, daß Bonns »Politik der Bewegung« im wesentlichen schon vor der sowjetischen Invasion der Tschechoslowakei im August 1968 gebremst wurde. Dennoch erteilte die sowjetische Invasion der Bonner Politik nicht nur taktisch einen Schlag.

Zum ersten wurden die zentralen Inhalte der langfristigen Wiedervereinigungsstrategie Bonns durch das Scheitern des liberalen Experiments in der CSSR erschüttert, als sich zeigte, daß die Sowjetunion und einige ihrer Vasallenstaaten nicht bereit waren, politische Abweichungen, die die Frontstellung des Ostblocks in Mitteleuropa schwächen konnten, zuzulassen. Hier erwies sich erneut, daß das fundamentale Interesse Bonns an der Veränderung oder doch Auflockerung des politischen Status quo in Mittel- und Osteuropa in direktem Gegensatz zu den Interessen der Sowjetunion stand – Interessen, die offenbar zwingend geboten, den Status quo auch dann zu erhalten, wenn dazu die Anwendung brutaler Gewalt notwendig war. Die Bedeutung der Invasion lag daher weniger in der unmittelbaren Auswirkung auf die Wiedervereinigung selbst – auch vor dem 21. August 1968 bestanden kaum Aussichten, in absehbarer Zukunft zur deutschen Einheit zu gelangen –, als vielmehr darin, daß sie in Deutschland Enttäuschung und Resignation hervorrief.[20] Die anscheinend rationale, gemäßigte und – jedenfalls oberflächlich – einsichtige Wiedervereinigungspolitik wurde nun durch internationale Ereignisse zunichte gemacht, und der dürftige Konsensus, der sich dafür innenpolitisch nach Jahren gebildet hatte, wurde nun erneut Angriffen ausgesetzt. Dies lag nicht daran, daß die Politik der »Öffnung nach Osten« der Großen Koalition eine Fehleinschätzung war. Die Bereitschaft Bonns, eine Verständigungspolitik gegenüber Osteuropa in der Hoffnung einzuleiten, daß verstärkte Kontakte den Weg für eine künftige Lösung der Deutschlandfrage bahnen – oder wenigstens die Rehabilitierung Deutschlands in Osteuropa erleichtern könnten, war moralisch und politisch verdienstvoll. Es fällt in jedem Fall schwer, sich sinnvolle politische Alternativen vorzustellen, die die Bundesrepublik nicht in wachsendem Maß zu einer überholten, statischen und unnachgiebigen Rolle in dem bewegten Wechselspiel der sechziger Jahre zwischen Ost und West verurteilt hätten. Dennoch hatte sich mit der Invasion die Situation für die Bonner Regierung beträchtlich verändert. Die Große Koalition wies zwar darauf hin, daß sie ihre Politik der Verständigung mit dem Ostblock fortzuführen gedenke, die Hindernisse für eine Annäherung hatten sich aber doch gewaltig gesteigert. Es bestand kaum noch ein Grund zu der Annahme, daß ein Einlenken auf sowjetische Forderungen die Sache der deutschen Einheit fördere, denn nun konnten Prozesse in Osteuropa, die der Wiedervereinigung nützten, durch ein physisches »Veto« der Sowjets aufgehalten werden. Wenn andererseits Bonn den sowjetischen Forderungen nachgab, mußten die vertrauten Grundlagen der Ostpolitik in noch stärkerem Maße aufgegeben und damit innenpolitisch Kritik hervorgerufen werden.

Zum zweiten bestand ein feiner, aber direkter und wichtiger Zusammenhang zwischen der neuen Ostpolitik Bonns und den Ereignissen vom August 1968. Obgleich Moskau nichts gegen eine bilaterale Entspannung zwischen Washington und Moskau einzuwenden hatte, die zu einer »hegemonialen Koexistenz« (wie der jugoslawische Außenminister Marko Nikezic sie nannte) führen konnte, widersetzte sich der Kreml mit allen Mitteln der Aussicht, daß seine Verbündeten eine dynamische und unabhängige Koexistenzpolitik mit den an den Ostblock grenzenden westlichen Staaten verfolgen könnten. Eine polyzentrische Entspannung hätte möglicherweise die bipolaren Grundlagen eines sowjetisch-amerikanischen Übereinkommens zerstört, da sie die klare Abgrenzung zwischen den beiden Machtzentren in Mitteleuropa ausgelöscht hätte. Aus politischen und strategischen Gründen reagierte die Sowjetunion besonders empfindlich auf außenpolitisches »Abweichlertum« im nördlichen Abschnitt des Warschauer Pakts, da hier das Dreieck Pankow–Warschau–Prag, das die Verankerung der »Vorwärtspolitik« Moskaus in Europa garantierte, gefährdet werden konnte. Genaugenommen trugen also die kleineren Erfolge der Bonner Ostpolitik – in Bukarest, Belgrad und ansatzweise auch in Budapest und Prag – dazu bei, eine Kette von Ereignissen auszulösen, die im größeren Zusammenhang zum Scheitern führten, weil mit ihnen die Aufnahme engerer diplomatischer Beziehungen zu Westdeutschland zu einer Streitfrage wurde, die den Ostblock spaltete. Moskau hätte vermutlich trotzdem weiterhin, wenn auch widerwillig, engere wirtschaftliche und politische Kontakte zwischen Bonn und Prag toleriert, wenn nicht die tschechoslowakischen Liberalisierungsbemühungen um die Mitte des Jahres 1968 die fortgesetzte Herrschaft der kommunistischen Partei in der CSSR gefährdet hätten. Eine drastische Umgestaltung der Gesellschaftsordnung der Tschechoslowakei hätte angesichts der neuen Beziehungen zwischen den osteuropäischen Ländern und Washington, Paris und Bonn höchstwahrscheinlich zu einem gleichermaßen beunruhigenden Wandel der Außenpolitik Prags geführt, und auf dieses Risiko wollte sich die Sowjetunion offenkundig nicht einlassen. Die Ostpolitik Bonns war ein bedeutsamer Faktor für die Schaffung einer internationalen Situation, die Prag die Übertragung der Liberalisierung von der Gesellschafts- auf die Außenpolitik erlaubt hätte. Insofern wurde der Schlag des Kreml gegen die Tschechoslowakei zugleich zu einem entscheidenden Schlag gegen die Bonner Ostpolitik.[21]

Drittens wurde dadurch, daß der osteuropäische politische Raum für die Sondierungsversuche Bonns »eingefroren« war, die Bedeutung der beiden anderen Räume – Moskau und Ost-Berlin – erneut betont.

Es gab natürlich noch andere Bereiche. Schon in den fünfziger Jahren beteiligten sich Deutsche an dem »chinesischen Projektionsspiel« (wie der verstorbene Otto Kirchheimer es nannte), das in Spekulationen darüber bestand, wie der chinesisch-sowjetische Konflikt für die Sache der deutschen Einheit ausgenützt werden könnte – etwa durch ein Zusammengehen von China und Europa. Möglicherweise als Reaktion auf die Anerkennung Rot-Chinas durch de Gaulle im Jahre 1964, versuchte die Regierung Erhard Wirtschaftsbeziehungen zu Peking herzustellen; sie mußte jedoch den Plan eines Wirtschaftsabkommens angesichts der massiven Einwände aus Washington fallenlassen.

Fritz Ermarth schrieb 1969 dazu:

»Nach dem August [1968] konnte man nur schwerlich behaupten, der Weg zu neuen Ost-West-Beziehungen in Europa gehe durch Prag, Budapest und Bukarest. Die Schlüssel zu Europa liegen in Moskau, und Moskau ist entschlossen, sie zu behalten. Das ganze Ausmaß dieser Lehre traf dort am heftigsten, wo es treffen sollte – in Bonn. Die Koalitionsregierung der Bundesrepublik widerstand vernünftigerweise der Neigung mancher Westdeutscher, die Ostpolitik nur noch als ein Stück Papier zu betrachten. Doch während Bonn es früher für besonders aussichtsreich hielt, zuerst um Osteuropa, dann um die Sowjetunion und drittens – wenn überhaupt – um Ost-Berlin zu werben, trat nach dem August eindeutig die Sowjetunion als der absolut dominierende Verhandlungspartner auf, und selbst Ostdeutschland gewann in gewisser Weise an Statur. Das heißt, daß, wenn Bonn trotz der sowjetischen Feindseligkeit nach wie vor eine Ostpolitik betreiben will, es sich ernsthafter denn je um Fragen kümmern muß, die bisher als unzulässige Zugeständnisse galten, nämlich um die DDR, um die Grenzen und um die Atomwaffen. Es ist nicht abzusehen, welche Entscheidungen getroffen werden. Doch die Anfälligkeit der Bonner Verhandlungsposition wurde unterstrichen und die Anfälligkeit der deutschen Innenpolitik möglicherweise verstärkt. Das war zweifellos ein Gewinn für die Sowjets.«[22]

Die Bonner Politik wurde also beträchtlich erschwert zu einem Zeitpunkt, als mit einer offeneren Haltung gegenüber Ost-Berlin der Ansatz auf den drei Ebenen eben versuchsweise in Gang kam. Der wachsende wirtschaftliche Einfluß Westdeutschlands, der Bonn in Osteuropa zu einer gewissen Hebelstellung verhalf, war allerdings von vornherein gegenüber Ostdeutschland und der Sowjetunion als außenpolitisches Instrument weniger wirksam.[23] Nach enttäuschenden Jahren mit einem statischen und hoffnungslosen Wiedervereinigungsprogramm war nun durch die dynamischere deutsche Politik gegenüber Osteuropa ein konstruktives Ventil für westdeutsche politische Energien entstanden, und zwar vor allem, weil Bonn sein wirtschaftliches Potential, das es schon lange in einen politischen Aktivposten umzusetzen bemüht war, hier einsetzen konnte.

Zu den an sich schon erheblichen Schwierigkeiten, denen Bonn in seinem Verhältnis zu Moskau und Ost-Berlin gegenüberstand, kamen nun noch die Auswirkungen des »Gefrierens« des osteuropäischen Raums. Die polyzentrischen Tendenzen im Ostblock und in der westlichen Allianz zu Anfang und in der Mitte der sechziger Jahre hatten nicht nur die Bedeutung der osteuropäischen Länder, sondern auch der westlichen Nachbarn Deutschlands und besonders die Bedeutung Frankreichs für die deutsche Wiedervereinigung erhöht. Dieser Trend wurde nach dem August 1968 rückgängig gemacht. Die Verringerung der Entstehungschancen eines »europäischen Europa« im Sinne de Gaulles, in dem auch eine Lösung der deutschen Frage hätte gefunden werden können, steigerte erneut die Bedeutung der Ebene zwischen Washington und Moskau – dies nun allerdings zu einer Zeit, als das stillschweigende Einvernehmen zwischen den USA und der Sowjetunion, die gegenseitigen Einflußzonen zu respektieren, sie also nicht zu verändern, besonders deutlich wurde. Das globale System eines »Kondominiums«, das die beiden Supermächte offenbar anstreben, ist durch und durch konservativ und erleichtert damit die Bemühungen Moskaus beträchtlich, den politischen Status quo in Ost- und Mitteleuropa zu befestigen. Die alten Befürchtungen Bonns, daß sich eine Entspannung zwischen Ost und West auf der Grundlage eines geteilten Deutschland entfalten könnte, waren also nicht ganz unbegründet. Noch wichtiger war wohl die Tatsache, daß sich bei diesem Ansatz zum System eines sowjetisch-amerikanischen Kondominiums in den sechziger Jahren offenbar die lebenswichtigen Interessen der Sowjetunion und Ostdeutschlands (wie sie von den herrschenden Eliten begriffen wurden) weit mehr im Einklang befanden als die Interessen der USA und Westdeutschlands. Dadurch konnte eine erhebliche Asymmetrie in den Beziehungen zwischen den beiden deutschen Staaten und ihren verbündeten Supermächten entstehen.

Doch der wichtigste Punkt ist sicherlich, daß durch die sowjetische Invasion diese Asymmetrie zu einer Zeit hergestellt wurde, als Kontakte zwischen den beiden deutschen Regierungen unvermeidlich schienen, wenn überhaupt ein Fortschritt in der Deutschlandfrage erzielt werden sollte. Doch auch schon vor der Invasion, als die Haltung Bonns zu Pankow nachgiebiger geworden war, hatte Pankow darauf gedrängt, seine osteuropäischen Verbündeten gegen die westdeutschen Annäherungen zu einigen. Diese Einstellung glich in gewisser Weise den Versuchen Adenauers und Erhards, die Verbündeten Bonns auf die starre deutsche Haltung im kalten Krieg einzuschwören. Die sowjetische Invasion hob zum einen auf dramatische Weise die Bedeutung der Regierung in Pankow für die westdeutschen Wiedervereinigungsbemühungen hervor und verdeutlichte zum andern, daß für die starre Haltung Bonns gegenüber Ostdeutschland durch fast zwei Jahrzehnte hindurch jetzt die hohe Rechnung präsentiert wurde. Die frühere Politik Bonns gegenüber Ostdeutschland wurde für die Regierung Kiesinger eine schwere Bürde, selbst wo die Große Koalition eine Verständigung mit Pankow anstrebte und mit Pankow in »kooperativer Teilung« auskommen wollte. Während der Regierungszeit von Adenauer und Erhard war Ostdeutschland eigentlich nur ein Objekt der Bonner Politik gewesen, und zwar besonders dann, als Bonn die Pankower Regierung ausdrücklich von ihren kommunistischen Nachbarn und von ihrer eigenen Bevölkerung zu isolieren suchte und die wirkliche Existenz der

Staatsordnung in Ostdeutschland ableugnete. Durch die Weigerung, Pankow formell anzuerkennen, schuf Bonn für eine Normalisierung der Beziehungen zu Pankow weit härtere Bedingungen als gegenüber den osteuropäischen Hauptstädten. Dieses doppelte Strafmaß wurde auch noch einmal durch die Große Koalition unterstrichen, als sie die Hallstein-Doktrin drastisch revidierte. Diese Revision schwächte zwar den Bonner Alleinvertretungsanspruch ab, führte aber nicht zur Abkehr von der Politik der Nichtanerkennung.

Die Weigerung der Großen Koalition, das Pankow-Regime offiziell anzuerkennen, ging auch an die Adresse der Westmächte. James Richardson sagt dazu (vgl. »Germany's Eastern Policy«, S. 380): »Die politische Voraussetzung für die Politik der Nichtanerkennung ist die Einschätzung, daß auf diese Weise die Frage der deutschen Einheit auf der diplomatischen Tagesordnung bleibt. Das ist ganz realistisch. Die allgemeine Anerkennung der Rechtmäßigkeit eines getrennten ostdeutschen Staates würde die westliche Unterstützung der deutschen Einheit weiter schwächen und würde es der Sowjetunion und den Ostdeutschen erleichtern, Bonn zum Störenfried zu stempeln, wenn es die Wiedervereinigungsfrage anschneidet.«
Der Schaden der Hallstein-Doktrin für seine Urheber und die Schwierigkeit, sie völlig aufzugeben, wurden im Frühjahr 1969 erneut demonstriert, als der Irak, Kambodscha und der Sudan das ostdeutsche Regime anerkannten. Die Kambodscha-Affäre löste in der Bonner Regierung eine neue Kontroverse aus (vgl. Kap. IV), die schließlich durch einen Kompromiß beigelegt wurde: Bonn brach die Beziehungen zu Kambodscha formell nicht ab, zog jedoch seinen Botschafter definitiv zurück. Damit wurde die westdeutsche Vertretung in Kambodscha herabgestuft, während Ostdeutschland durch eine Botschaft voll vertreten war – eine genaue Umkehrung der bis dahin bestehenden Situation. (Weniger »drastische« Repressalien gegen Kambodscha – wie die Streichung der Auslandshilfe und der Entwicklungskredite – wurden erwogen, aber auf Grund der vergleichsweise unbedeutenden Beträge, die im Spiel waren, als unwirksam abgetan.)

In dem Maße schließlich, in dem die Bonner Regierung ihre harte Linie gegenüber Ostdeutschland mit dem Verweis auf die bestehende rechtliche und politische Viermächte-Verantwortung für gesamtdeutsche Angelegenheiten rechtfertigte, verspielte sie ihre eigenen Chancen für unabhängige Initiativen in der Deutschlandfrage. Die Bonner Regierung sicherte zwar ihre eigene rechtliche Position umsichtig ab durch die wiederholte Beschwörung der Viermächte-Verantwortung und der vertraglichen Verpflichtungen der Westmächte zur Unterstützung Bonns bei der Erlangung der Wiedervereinigung, doch ging Bonn gleichzeitig bei seiner gesamten Ostpolitik eindeutig von der Annahme aus, daß eine Viermächte-Regelung in absehbarer Zukunft politisch nicht zu verwirklichen ist und daß die Westmächte die Bonner Ansprüche nicht nachhaltig genug unterstützen. Das außenpolitische Hauptziel Pankows war durchgehend, die formelle Anerkennung durch Bonn zu erwirken. Dagegen war Bonn seinerseits fest entschlossen, sie auch aus dem Grund zu verweigern, weil die Teilung Deutschlands damit endgültig würde. So waren die beiden deutschen Staaten zwei Jahrzehnte lang in einen hartnäckigen Willensstreit verwickelt, für den die sporadische Ausübung von Druck auf West-Berlin durch Pankow nur ein besonders dramatisches Beispiel ist.

Diese Auseinandersetzungen schufen Feindseligkeit und Mißtrauen, doch hatte man in Bonn längst eingesehen, daß die deutsche Einheit von der Bereitschaft beider deutscher Staaten abhängt, eine für beide Seiten annehmbare politische Ordnung für ein wiedervereinigtes Deutschland zu finden. Hier bestand in der Bonner Politik ein Aspekt der Verständigung, denn mit dieser Einsicht wurde Ostdeutschland zwangsläufig zum potentiellen Partner dieser Politik und konnte nicht länger als Objekt betrachtet werden. Das Element der Verständigung wurde gestärkt durch den verbreiteten Wunsch in Westdeutschland, engere Kontakte zu Ostdeutschland zu erstellen und eine innere Liberalisierung des Regimes zu fördern. Die Folgen einer ostdeutschen Liberalisierung für die deutsche Einheit sind jedoch schwer abzuschätzen. Durch eine Liberalisierung würde das ostdeutsche Regime sowohl in Ostdeutschland als im Westen attraktiver, doch würde dadurch vermutlich die Abhängigkeit Pankows von der Sowjetunion nicht geringer. Darüber hinaus könnten, wie Brzezinski schreibt,

»größere innenpolitische Freiheiten für Ostdeutschland . . . dazu beitragen, daß der Ruf der Öffentlichkeit nach Wiedervereinigung größer wird. Es könnte sein, daß die Bevölkerung durch den nachlassenden Zwang kühner und dadurch die Gefahr plötzlicher Erhebungen heraufbeschworen wird. Die Sowjetunion würde dann mit Gewißheit intervenieren, was für die Bevölkerung in Ostdeutschland verheerende Folgen hätte. Der Erfolg wäre nicht nur eine Bedrohung des Friedens, sondern auch ein Rückschlag in den Bemühungen, Deutschland wiederzuvereinigen«.

Brzezinskis Prognose, die 1965 aufgestellt wurde, wurde durch die Ereignisse in der Tschechoslowakei vollauf bestätigt. Andererseits hat Pierre Hassner darauf hingewiesen, daß eine Liberalisierung – durch eine größere Identifikation des Volkes mit dem Regime in Pankow – die ostdeutsche Regierung stabilisieren könnte und die Teilung Deutschlands hingenommen werden könnte.[24]

Die Widersprüche in der Bonner Politik zwischen den Aspekten der Isolierung und der Verständigung können nur oberflächlich durch das Argument in Einklang gebracht werden, die Isolierung ziele auf das Regime und die Verständigung auf die Bevölkerung Ostdeutschlands.

Dem ostdeutschen Regime ist es durchaus gelungen, Unterstützung zu finden bei seiner umfangreichen wirtschaftlichen, sozialen und politischen Umgestaltung, die seit 1949 durchgeführt wurde. Die beiden deutschen Staatssysteme haben sich während der letzten zwei Jahrzehnte in sehr verschiedene Richtungen entwickelt und damit auch unterschiedliche Ansätze von »politischer Kultur« entfaltet.

Sicher ist es richtig, wenn Brzezinski in »Toward a Community of the Developed Nations«, in Department of State Bulletin, 13. März 1967, S. 418, meint, daß »es unmöglich ist, eine Nation künstlich in 20, 30 oder sogar 40 Jahren zu schaffen, und schon gar nicht durch ausländische Intervention« und »daß sowjetische Anwesenheit die Grundvoraussetzung für das Fortbestehen Ostdeutschlands ist«.
Doch müßte der Fortfall der sowjetischen Herrschaft nicht zwangsläufig zu einer automatischen und reibungslosen Reintegration der beiden deutschen Staaten führen.

Und es ist durchaus nicht sicher (tatsächlich ist es höchst zweifelhaft), daß die Bevölkerung Ostdeutschlands bei freier Wahl sich schlicht in das institutionelle politische und sozioökonomische System der Bundesrepublik einstecken ließe. Das ostdeutsche Regime mag zwar in mancher Hinsicht unbeliebt sein, doch die wirtschaftlichen und sozialen Leistungen, mit denen sich viele Ostdeutsche identifizieren können, weil sie durch ihre eigenen Anstrengungen und ihre eigenen Opfer dazu beigetragen haben, sind unbestreitbar, und es ist psychologisch fragwürdig, wenn Außenseiter (und besonders die wohlhabenden Westdeutschen) das Regime in Bausch und Bogen anschwärzen. Dazu schrieb der westdeutsche Kommentator Alard von Schack 1968:

»Je mehr Zeit verging und je mehr es der DDR gelang, sich als Staatsgebilde zu festigen, das heißt nicht nur Regierungstätigkeit auszuüben, sondern auch eine gewisse Unabhängigkeit gegenüber der ehemaligen Besatzungsmacht zu entwickeln, sich in größere Übereinstimmung mit dem Willen der Bevölkerung der DDR zu setzen und dieser einige Freiheiten und Rechte zu gewähren, desto mehr war die Bundesrepublik gehalten, dies in ihrer Politik zu berücksichtigen und ihre (früher verkündeten) Prinzipien zu modifizieren.«

So gesehen, müßte selbst der geheiligte Grundsatz, daß die Wiedervereinigung auf der Grundlage der Selbstbestimmung durchgeführt werden muß, modifiziert werden. Früher bedeutete Selbstbestimmung, daß die Westdeutschen und die Ostdeutschen zusammen ihr zukünftiges Regierungssystem durch die Wahlen des ganzen Volkes bestimmen würden. Schack fährt fort:

In der Bundesrepublik wächst auch Klarheit darüber, daß nach so langer Zeit staatlichen Eigenlebens die Bevölkerung der DDR, wo es um die Frage der Ein-

heit Deutschlands geht, ein eigenes Selbstbestimmungsrecht haben muß; sie kann also nicht majorisiert werden.
Die Bundesrepublik Deutschland sollte der DDR mindestens so weit eine partielle Völkerrechtssubjektivität zugestehen, als zum Beispiel auch ein lose organisierter Bundesstaat eine solche neben der Treueverpflichtung gegenüber dem Bund kennt.[25]

Die Einsicht in diese Entwicklungsprozesse ebenso wie der Wunsch nach einer flexibleren Wiedervereinigungspolitik veranlaßte die Große Koalition, die Bonner Politik gegenüber Ostdeutschland zu überprüfen. Abgesehen von den gegensätzlichen Interessenkalkulationen des Pankower Regimes und den umfassenden Zwangsmechanismen des Ostblocks, die sich auf die deutsche Frage auswirken, hat Bonn jedoch sehr wahrscheinlich die Schwierigkeiten mit Pankow vergrößert, indem es jahrelang seine Wiedervereinigungspolitik in einem Stil durchführte, der die empfindlichen politischen Nerven der ostdeutschen Politiker verletzen mußte. Die Feindschaft zwischen »Brüdern« enthält meist eine besondere psychologische Schärfe, und selbst das Prinzip der Großen Koalition der »Hinnahme ohne Anerkennung« war nicht positiv genug, um die Schichten von Ressentiments[26], die sich lange angesammelt haben, abzutragen. Die offenere Haltung Bonns schien zu keinem Zeitpunkt durch ein gründliches Umdenken in der Deutschlandfrage veranlaßt, sondern eher aus einer Notwendigkeit hervorzugehen, sich veränderten Umständen anzupassen, die jedoch von außen auferlegt war und nur widerwillig eingesehen wurde.

Kapitel IV

Außenpolitik und innenpolitischer Konsens unter Adenauer

1949–1955

Die Machtpolarisierung zwischen Ost und West in den fünfziger Jahren erzeugte eine auffallend ähnlich strukturierte Konfliktpolarisierung in der westdeutschen Innenpolitik. Der Grund dafür war nicht, daß Regierung und Opposition sich durch eine pro-westliche oder pro-sowjetische Linie unterschieden, sondern daß durch die Zwänge des internationalen Bereichs einige der außenpolitischen Ziele Westdeutschlands unvereinbar wurden. Dies galt besonders für die Jahre, in denen die westdeutsche Außenpolitik Gestalt annahm, von 1949 bis ungefähr in die Mitte der fünfziger Jahre. In dem Maße, wie sich herausstellte, daß die nachdrückliche Bindung der Regierung an die Westmächte der Sicherheit und dem politischen und wirtschaftlichen Wiederaufbau nützte, aber nicht die Wiedervereinigung förderte, wurde die Frage nach den außenpolitischen Prioritäten entscheidend. Solange die außenpolitischen Hauptziele wie Sicherheit, politischer und wirtschaftlicher Wiederaufbau und Wiedervereinigung als abstrakte Ziele formuliert wurden, gab es über sie keine Auseinandersetzungen. Doch die offenkundige Tatsache, daß eine pro-westliche Sicherheits- und Wiederaufbaupolitik unvereinbar war mit der gleichzeitigen Förderung der deutschen Einheit, führte zu scharfen und anhaltenden innenpolitischen Konflikten über die Verwirklichung, die Vorrangigkeit und den Inhalt der westdeutschen außenpolitischen Ziele. Solange die Opposition annehmbare Alternativen zur außenpolitischen Linie der Regierung fand, war ein Konsensus unmöglich.

Es ist durchaus möglich, daß von Anfang an keine annehmbaren Alternativen bestanden. Der Westen war entschlossen, die Bundesrepublik in die Auseinandersetzungen des kalten Krieges einzubeziehen. Und obgleich die Regierung Adenauer den früheren Besatzungsmächten eine ganze Reihe von politischen und wirtschaftlichen Zugeständnissen entlocken konnte, war sie nicht frei genug, eine flexible und dynamische Außenpolitik zu verfolgen, weil die diplomatisch-politischen, wirtschaftlichen und militärischen Instrumente dieser Politik wirksam in das westliche Bündnissystem integriert waren. Es handelte sich dabei nicht um reine Zwangsumstände. Zwar bezeichnete die sozialdemokratische Opposition Konrad Adenauer einmal als »den Kanzler der Alliierten«, doch die Westmächte banden die deutsche Regierung nicht an direkte Tages- oder Monats-Direktiven. Vielmehr wurde durch die Eindämmungspolitik Washingtons ein verzahntes diplomatisches, militärisches und wirtschaftliches System errichtet, das den Rahmen für die außenpolitischen Entwürfe nicht nur von Westdeutschland, sondern auch von Frankreich, Großbritannien und anderen NATO-Ländern absteckte. (Zweifellos wurde die Errichtung eines halbwegs einflußreichen deutschen Staates einige Jahre nach dem Ende des Zweiten Weltkriegs vom Westen und besonders von Frankreich mit Unbehagen und Mißtrauen verfolgt. Die besonderen Beschränkungen, die der westdeutschen Rüstung von der Westeuropäischen Union auferlegt wurden, zeigten deutlich, daß Westdeutschland trotz der rechtlichen Gleichheit im westlichen Bündnissystem seine politische und psychologische Gleichheit erst im Lauf der Jahre durch eine Politik, die Deutschland in den Augen der neuen Verbündeten rehabilitierte, erreichen konnte.)

Die Beschränkungen der Außenpolitik Bonns entstanden auch nicht nur durch die bindenden Institutionen des westlichen Bündnissystems und durch die politischen Richtlinien, die die USA setzten. Ganz sicher waren von vornherein die Möglichkeiten für eine dynamischere Wiedervereinigungspolitik, die die sowjetischen Vorstöße vorzugeben schienen, nicht realistisch. Die Vorschläge des Kreml steckten voller Gefahren, deshalb wurden sie von den Westmächten und der Bonner Regierung nicht gründlicher geprüft. Außerdem zielten sie ausnahmslos darauf, die deutsche Wiederaufrüstung zu verhindern und damit auf die Grundlage, von der aus Adenauer die rechtliche Souveränität und den wirtschaftlichen Wiederaufbau zu erlangen hoffte. Die klare Notwendigkeit, zwischen Sicherheit und Wiederaufbau auf der einen und Wiedervereinigung auf der anderen Seite zu wählen, wurde wesentlich von der Macht- und Interessenkonstellation des internationalen Systems des kalten Kriegs diktiert. Die Schwäche Deutschlands und seine Abhängigkeit von den Westmächten ließen der Regierung Adenauer auch dann nicht viel Bewegungsspielraum, wenn Bonn bereit gewesen wäre, auf die Sowjetunion einzugehen, und wenn Bonn damit riskiert hätte, weder in der Sicherheits- und Wiederaufbaupolitik noch in der Wiedervereinigungspolitik etwas zu erreichen.

Selbst die eng begrenzten Alternativen der deutschen Regierung waren jedoch für Adenauer noch attraktiv, da sie ihm eine Außenpolitik erlaubten, die seinen eigenen Neigungen entsprach. Für Adenauer und seine Anhänger in der CDU/CSU erhielten die westdeutschen außenpolitischen Ziele ihren Sinn und Zweck durch das Bestreben, eine politische Ordnung für Europa zu schaffen, die die Richtung und die Struktur der deutschen Gesellschaft unwiderruflich an die kulturellen und politischen Kräfte Westeuropas binden würden. Dies sollte dadurch erreicht werden, daß Deutschland zum gleichen und geachteten Partner der Westmächte wurde und daß zwischen Frankreich und Deutschland eine grundlegende Aussöhnung stattfand. Im größeren weltpolitischen Zusammenhang und besonders, um der kommunistischen Herausforderung zu begegnen, sollte ein vereintes Westeuropa im Rahmen der atlantischen Allianz an die Macht der USA geknüpft werden.

Sicherlich hätte Adenauer es vorgezogen, ein wiedervereinigtes Deutschland in diese Richtung zu führen, und sicherlich machte es ihm Sorge, daß die Verfolgung dieser Ziele unvereinbar war mit der gleichzeitigen Vorbereitung der Wiedervereinigung. Es ging jedoch darum, den ersten Schritt vor dem zweiten zu tun. Adenauers allgemeine Vorstellung einer wünschenswerten politischen Ordnung konnte – und sei es auch nur für Westdeutschland – auch verwirklicht werden, obwohl Bonn wenig Bewegungsfreiheit im internationalen Bereich hatte. Tatsächlich wurde die Verwirklichung dieser Ordnung durch die Spannungen des Ost-West-Konflikts, die die Unterstützung Deutschlands zu einem begehrten Preis machten, beschleunigt. Das besondere politische Talent Adenauers – besonders sein Fingerspitzengefühl für das Mögliche – war es, diese Umstände bis zum Äußersten auszunutzen und die Notwendigkeit zur Tugend zu machen. Aus der Perspektive Adenauers war *das* wesentlich wünschbar, was möglich war, da er auf diese Weise durch seine Außenpolitik die Grundlagen für eine innenpolitische Ordnung, wie er sie selbst bevorzugte, schaffen konnte.

Bundeskanzler Adenauer, der in den ersten Jahren des Bestehens der Bundesrepublik auch Außenminister war und der seine Partei faktisch in der Hand hatte, übte bald einen überwältigenden Einfluß auf die Gestaltung der Außenpolitik Bonns aus. Doch nicht alle Kräfte der heterogenen CDU/CSU teilten im gleichen Maße das nachdrückliche Engagement Adenauers für ein katholisch geprägtes, wesentlich konservatives westeuropäisches Kondominium.

Die Christlich-Demokratische Union wurde nach dem Krieg von Laienführern der römisch-katholischen und der protestantischen Kirche mit der Unterstützung von Geschäftsleuten und Gewerkschaftsführern gegründet. Von Anfang an versuchten die CDU und ihr bayerischer Zweig, die CSU, eine breite und heterogene Anhängerschaft zu gewinnen, und sie vermieden jede besondere ideologische Orientierung – mit Ausnahme der Befolgung allgemeiner »christlicher Grundsätze«. Die Partei wurde zwar in wirtschaftlichen Fragen bald konservativ, da sie sich ausdrücklich an die kleinen Geschäftsleute, die Landwirtschaft und die Industrie wandte, doch setzte sie sich auch für die betriebliche Mitbestimmung und für andere Programmpunkte ihres Gewerkschaftsflügels ein.

Die Koalition zwischen katholischen und protestantischen Kräften in der CDU/CSU war zeitweise schwierig und mußte vor Auflösungstendenzen geschützt werden. Dies galt besonders für einige Aspekte der europäischen Integrationspolitik Adenauers. Keine der führenden Gestalten in der CDU war gegen die europäische Integration oder gegen die Verständigung mit Frankreich. Doch die katholischen Akzente des entstehenden Europa der Sechs fanden naturgemäß nicht die begeisterte Unterstützung der protestantischen Teile in der CDU/CSU. Trotz der Spannung innerhalb der führenden Partei, die sich auch in innenpolitischen Fragen zeigte, stand die CDU/CSU jedoch in bedeutsamen Fragen, wie der Wiederaufrüstung, geschlossen hinter der Regierung. Doch die zentrale Absicht der Außenpolitik Adenauers, die Integration Deutschlands in eine westeuropäische Union, wurde nicht von allen Teilen der CDU/CSU gleichermaßen geteilt. (Und selbst in der Frage der Wiederaufrüstung war die Unterstützung für Adenauer nicht immer einhellig und ohne Vorbehalte. So trat beispielsweise der damalige CDU-Innenminister, das spätere Kabinettsmitglied in der Großen Koalition und der jetzige Bundespräsident Dr. Gustav Heinemann aus Protest gegen die Wiederaufrüstung zurück und half Protestveranstaltungen in ganz Westdeutschland zu organisieren.)

Dazu gab es auch in der Freien Demokratischen Partei (FDP) und der Deutschen Partei (DP), die beide an den Koalitionsregierungen, die nach den Wahlen von 1949 und 1953 gebildet wurden, beteiligt waren, verschiedene Auffassungen.

Die Wahlergebnisse der Wahlen von 1949 und 1953 waren:

	1949		1953	
	Stimmenanteil	Mandate	Stimmenanteil	Mandate
CDU/CSU	31,0%	139	45,2%	243
SPD	29,2%	131	28,8%	151
FDP	11,9%	52	9,5%	48
DP	4,0%	17	3,2%	15
BHE	–	–	5,9%	27
Bayernpartei	4,2%	17	1,7%	–
Extreme Rechte	1,8%	5	1,1%	–
KPD	5,7%	15	2,2%	–
Neutralisten	–	–	1,1%	–
andere	12,2%	26	1,3%	3
insgesamt	100,0%	402	100,0%	487
Wahlbeteiligung	78,5%		86,0%	

Die Regierung nach den Wahlen von 1949 bestand aus neun Mitgliedern der CDU (die auch den Kanzler stellte), drei von der FDP, zwei von der DP. Die Regierung von 1953 bestand aus 13 Mitgliedern der CDU/CSU (mit dem Kanzler), vier von der FDP, zwei von der DP und zwei von der Flüchtlingspartei, dem BHE.

Die Freien Demokraten, die ihre Anhänger wesentlich in Industriekreisen hatten, die einem wirtschaftlichen Laissez-faire-Liberalismus anhingen, und bei antiklerikalen Wählern der Mittelschichten, die den katholischen Anstrich der CDU/CSU übelnahmen, hätten es lieber gesehen, daß Deutschland eine unabhängigere Rolle gespielt hätte, als es das pro-westliche Integrationsprogramm Adenauers zuließ. Sie unterstützten die Politik des »kleinen Europa« nicht annähernd in dem Maße wie viele Christliche Demokraten. Die FDP befürwortete einen weiteren Rahmen der europäischen Zusammenarbeit, der zumindest Großbritannien einschließen sollte. Die Partei spielte mit der Vorstellung einer »dritten Kraft« in der internationalen Politik und in der Innenpolitik, und ihre Sprecher drängten im allgemeinen erheblich stärker auf die Wiedervereinigung als die CDU/CSU. Doch die Betonung des nationalen Interesses und der Beweglichkeit in auswärtigen Angelegenheiten, die sich in einigen Gruppen der Partei mit einer nationalistischen Einstellung verbanden, hinderte die FDP nicht daran, eine »Politik der Stärke« zu betreiben und Adenauer in seinem Tauschhandel mit den Westmächten über die Wiederaufrüstung und die Souveränität zu unterstützen.

Adenauer hatte auch keine Schwierigkeiten, sich die Unterstützung der DP zu sichern. Die DP war von der europäischen Integration noch weniger begeistert als die FDP, doch war es ihr genauso leicht, die deutsche Wiederaufrüstung zu unterstützen. Die Deutsche Partei kokettierte mit einer deutschen *»Großraumpolitik«* (deutsch im Orig.) in Europa und war deshalb im allgemeinen mit einer umfassenden Einigung mit den Westmächten nicht einverstanden. Die Rolle, die die DP für Deutschland sah, nämlich vorwiegend die des Mittlers, erforderte unabhängige militärische Stärke und politische Mobilität, die nicht durch internationale Integrationsmaßnahmen beeinträchtigt waren. Außerdem setzte sich die Deutsche Partei nachdrücklich für eine aktive Wiedervereinigungspolitik ein, da ein geteiltes Deutschland nicht stark genug war, um die von der DP geplante hervorragende Rolle zu spielen. Auch andere Vorstellungen der DP, wie die geradezu mystische Betonung der *Heimaterde* (deutsch im Orig.), ihr militanter Nationalismus und ihre organizistische Gesellschaftsauffassung, trugen dazu bei, daß diese Partei sich für die Wiedervereinigung einsetzte.

Dies galt auch für die lärmende Flüchtlingspartei, deren lautstarke und emotionale Forderungen nach der Rückführung der Ostgebiete fast zwangsläufig die militante Beschäftigung mit der Wiedervereinigung und der Wiedergewinnung deutscher Macht mit sich brachte. Im allgemeinen war der rechte Flügel der Regierungskoalition, der die Aussicht auf ein integriertes Westeuropa wenig schätzte und eine unabhängige Außenpolitik wünschte, nur widerwillig bereit, die Wiedervereinigung aufzuschieben und Opfer für die Sache der europäischen Gemeinschaft zu bringen.

In den fünfziger Jahren war die Sozialdemokratische Partei unter der Leitung von Kurt Schumacher die wichtigste und beständigste Stimme der organisierten Opposition gegen das außenpolitische Programm Adenauers. Die außenpolitischen Prioritäten der Sozialdemokraten waren ziemlich genau das Gegenteil von denen Adenauers. Für sie war die Wiedervereinigung das wichtigste Ziel, und obgleich sie keine grundsätzlichen Einwände gegen Adenauers Politik der Verständigung mit dem Westen hatten, waren sie doch überzeugt, daß die Verpflichtungen aus dieser Politik, nämlich die Wiederaufrüstung und die Mitgliedschaft im westlichen Bündnis, der deutschen Einheit schadeten.

Es scheint paradox, daß die Einstellung der Sozialdemokratischen Partei zur Wiedervereinigung den Vorstellungen des rechten Flügels der Regierungskoalition entsprach; Elementen also, mit denen die SPD sonst an keinem erdenklichen Punkt Gemeinsamkeiten hatte. Natürlich gab es beträchtliche Unterschiede. Die Nationalisten der Rechten mit ihrer eingefleischten Feindschaft gegen den Bolschewismus und den marxistischen Sozialismus vertraten eine extrem harte Linie im Umgang mit der Sowjetunion. Ihr Ruf nach einer »Politik der Stärke« schloß – im Gegensatz zu Adenauers Vorstellung – nicht unbedingt die Gewaltanwendung bei der Regelung der deutschen Frage aus. Die Sozialdemokraten waren dagegen im Interesse der Wiedervereinigung erheblich mehr als der rechte Flügel der Koalition – und übrigens auch als die CDU – geneigt, eine Verständigung mit der Sowjetunion zu suchen.

Für das starke Engagement der SPD in der Frage der Wiedervereinigung gab es zwei wichtige Begründungen. Zum ersten fürchteten die Sozialdemokraten, obgleich sie die Forderung der CDU nach einer europäischen Integration und einer Annäherung an Frankreich aufnahmen, die Aussicht einer »karolingischen« westeuropäischen Gemeinschaft mit starken katholischen und konservativen Zügen. Der Entwurf der Sozialdemokraten für eine neue sozio-ökonomische und politische Ordnung in Deutschland war, jedenfalls ursprünglich, marxistisch-reformistisch und hatte ausgeprägt antibourgeoise und antiklerikale Akzente. Sie hatten daher wenig Hoffnung, daß sich sozialistische Wertvorstellungen in einer westeuropäischen Union von der Art, wie sie von so katholischen und wesentlich konservativen Europäern wie Konrad Adenauer, dem französischen Außenminister Robert Schuman und dem italienischen Premierminister Alcide de Gasperi befürwortet wurden, durchsetzen konnten. Die SPD wurde weit stärker von den sozialen, politischen und kulturellen Merkmalen Großbritanniens und der skandinavischen Länder angezogen, in denen das politische und sozio-ökonomische Leben nachhaltig von sozialdemokratischen Parteien geprägt wurde. Zum Zweiten hatte die Teilung Deutschlands die SPD beträchtlich geschwächt, da die Partei von Regionen abgeschnitten war, in denen sie in der Weimarer Republik einen großen Anhang gehabt hatte. Die Wiedervereinigung war also nicht nur wichtig für die Schaffung der politischen Ordnung, die die Sozialdemokraten im Nachkriegs-Deutschland errichten wollten, sondern auch für die Konsolidierung und Ausdehnung der Machtstellung der Partei. Die Sozialdemokraten und die Christlichen Demokraten betrachteten die Außenpolitik als ein Instrument zur Gestaltung der westdeutschen Gesellschaft nach ihren Vorstellungen. Außenpolitische Pläne wurden ständig im Hinblick auf die innenpolitischen Ziele der verschiedenen Parteien eingeschätzt.

Hier liegt auch zum großen Teil die Erklärung für die Intensität und gelegentliche Schärfe, die für die außenpolitische Diskussion in den fünfziger Jahren in Bonn charakteristisch waren. Die Sozialdemokraten waren sich mit den Christlichen Demokraten darin einig, daß die Wiedervereinigung nur mit friedlichen Mitteln herbeigeführt werden sollte und daß die Demokratie die einzig annehmbare politische Ordnung eines vereinten Deutschlands sein könne. Doch sie waren eher bereit als die Regierung, sowjetische Vorschläge zu prüfen und den Russen zuzugestehen, daß sie es mindestens teilweise ehrlich meinten. So warfen sie der Regierung häufig vor, daß sie die Wiedervereinigungsfrage verschleppe, Gelegenheiten für aussichtsreiche Verhandlungen versäume und keine Initiative ergreife, nicht flexibel sei und keine Perspektiven habe. SPD-Sprecher wiesen ständig darauf hin, daß die deutsche Frage nur gelöst werden könne, wenn die beiden Teile Deutschlands dem Griff der Blöcke des kalten Krieges entzogen würden, und daß dazu mehr Entgegenkommen gegenüber dem Ostblock und der Verzicht auf politische, wirtschaftliche und militärische Bindung an die Westmächte nötig sei. Da die einzelnen Bereiche der Außenpolitik der Regierung unauflöslich verzahnt waren, wie aus den vertraglichen Verpflichtungen der Pariser Verträge von 1954 deutlich hervorging, verurteilten die Sozialdemokraten oft in Bausch und Bogen und blindlings den gesamten Bereich der pro-westlichen Politik Bonns: Sie bekämpften die Mitgliedschaft in der Europäischen Verteidigungsgemeinschaft (EVG), in der Montanunion und in der NATO und sie fanden sich nur widerwillig und mit starken Vorbehalten mit den Plänen für den Europäischen Gemeinsamen Markt ab.

Da die westdeutsche Wiederaufrüstung genau der Angelpunkt war, an dem das außenpolitische Programm Adenauers zusammengehalten wurde, weil sie Bonn die nötige Hebelstellung gegenüber den Westmächten verschaffte, wurde sie auch der Brennpunkt der innenpolitischen Opposition. Die SPD war hauptsächlich aus vier Gründen gegen die Wiederaufrüstung. Erstens würde sie die Aussichten auf die Wiedervereinigung verschlechtern, da sie Westdeutschland an eines der Lager des kalten Krieges binden würde. Zweitens würde sie die internationalen Spannungen verschärfen und die Feindseligkeit der Sowjetunion verstärken, ohne das westliche Verteidigungssystem wesentlich zu verbessern. Drittens könnte sie zerstörend auf die junge und unerfahrene deutsche Demokratie wirken, da sie militaristische Elemente und andere fragwürdige Reste der alten Ordnung erneut ans Ruder bringen würde. Viertens würde sie zur Integration Deutschlands in eine konservative westeuropäische Union führen, die das nichtkommunistische Europa spalten könnte. Die Sozialdemokraten waren auch der Meinung, daß die Westmächte, indem sie Deutschland besetzt hielten, auch die Verantwortung für die Verteidigung Deutschlands übernommen hatten und daß Westdeutschland keinen Beitrag zur westlichen Verteidigungsanstrengung leisten sollte, ehe nicht die Souveränität wiederhergestellt war.

Dieser letzte Punkt ist ein Grund dafür, daß die SPD Schwierigkeiten hatte, für ihre harte Opposition gegen die Wiederaufrüstung eine breite und wirksame Unterstützung zu finden. Obgleich die meisten Westdeutschen von der Wiederaufrüstung nicht begeistert und auf einen Beitritt zur EVG oder zur NATO nicht erpicht waren, war ihnen doch klar, daß Adenauer mit seinem außenpolitischen Programm besonders im Bereich des wirtschaftlichen Wiederaufbaus und der Wiedererlangung der Souveränität Fortschritte erzielte und daß weitere Erfolge von der deutschen Beteiligung am westlichen Militärbündnis abhingen. Die Widerstände gegen die Aufrüstung waren zwar weit verbreitet, doch wurden sie mehr als aufgewogen durch praktische Überlegungen; und außerdem fehlte ihnen eine wirksame politische Vertretung in Bonn. Die Oppositionsbewegung gegen die Wiederaufrüstung hatte eine weitverstreute Anhängerschaft in den Gewerkschaften, den Kirchen, bei Intellektuellen und Studenten, doch sie hatte Schwierigkeiten, ihre Forderungen schlagkräftig zu koordinieren. Im Gegensatz zu den Sozialdemokraten, denen ihre starre Haltung jedoch jeden größeren Einfluß auf den politischen Prozeß verbaute, war die Opposition gegen die Wiederaufrüstung nicht wirksam organisiert, und außerdem neigte sie in sich zur Zersplitterung. Die praktischen und unmittelbaren Anforderungen des wirtschaftlichen Wiederaufbaus, der Wunsch nach einem angemessenen Lebensstandard nach zehn Jahren der Entbehrung, die als Gegenleistung für das Zusammengehen mit den Westmächten in Aussicht gestellten Vorteile – kurz, die Einsicht, daß die Politik Adenauers einen Weg zu Stabilität, Wiederaufbau und internationaler Anerkennung wies –, machte aus der Opposition gegen die Wiederaufrüstung eine emotionale Frage, die sich gegen die praktischen Vorteile und die Hoffnung auf »normale Zustände« durchsetzen mußte.

Im Rückblick sieht es nicht so aus, als seien die Sozialdemokraten die wirksamsten Verfechter der Wiedervereinigung gewesen. Ihre Stellung zu innenpolitischen Problemen wurde ständig durch die umfassenden wirtschaftlichen und sozialen Programme der Regierung überboten, und die rasche Verbesserung des Lebensstandards nahm ihnen fortwährend den Wind aus den Segeln. Die Regierung Adenauer wurde bald zum Symbol für politische Stabilität, der Wohlstand schien greifbar, und die Strategen der CDU hatten völlig richtig mit der gemäßigt-konservativen Stimmung der Wählerschaft gerechnet. Außerdem zwang die Konzentration auf die Wiedervereinigung die Sozialdemokraten zu einer negativen Haltung in allen anderen außenpolitischen Fragen. Damit wurde es für sie schwierig, sich an dem Ansehen der außenpolitischen Erfolge Adenauers zu beteiligen, und für Adenauer leicht, sie als starre Doktrinäre und naive Obstrukteure zu bezeichnen. In Bonn war die SPD von der politischen Macht ausgeschlossen, und es gelang ihr nicht, mehr als ein Drittel der Stimmen für die Ein-Punkt-Kampagne, die sie auf der nationalen Ebene führte, zu gewinnen.

Vermutlich war das wesentliche Problem, dem sich die Sozialdemokraten bei dem Versuch gegenüber sahen, den allgemeinen Wunsch nach Wiedervereinigung in Stimmen für die SPD umzumünzen, daß die praktischen und unmittelbaren Möglichkeiten für die Wiedervereinigung zu schwinden begannen. Das bedeutet nicht, daß die Deutschen die Wiedervereinigung nicht wollten; zu Beginn der fünfziger Jahre wurde für die Westdeutschen die Wiedervereinigung zum wichtigsten Problem der deutschen Außenpolitik.[1] Doch im Gegensatz zu dem direkten wirtschaftlichen und politischen Nutzen, den die pro-westliche Politik der Regierung erbrachte, wurde die Wiedervereinigungsfrage zunehmend abstrakt und hypothetisch. Die Tatsache, daß das Ziel der Wiedervereinigung in die Ferne rückte, resultierte also nicht nur aus den offenkundigen Risiken und Hindernissen, die einer Realisierung diplomatisch im Wege standen, sondern auch aus der Schwierigkeit, es mit den unmittelbar relevanten und konkreten Tagesfragen zu verknüpfen. Die Westdeutschen wurden ständig vor die Wahl zwischen Wiedervereinigung und dem möglichen Verlust demokratischer Freiheiten oder – weniger grundsätzlich – zwischen Wiedervereinigung und »normalen« politischen und wirtschaftlichen Zuständen gestellt. Selbst wenn eine große Anzahl von Westdeutschen bereit gewesen wäre, sich nachdrücklich für die Wiedervereinigung einzusetzen, so hätten doch die Alltagswirklichkeiten des politischen und wirtschaftlichen Lebens gegen diese Alternative gesprochen. Abgesehen von den wenig ermutigenden Bedingungen des internationalen Systems, unterlag die Frage der Wiedervereinigung im innenpolitischen Bereich einem ständigen Zermürbungsprozeß.

Die einzige organisierte Interessengruppe, die die Sache der Wiedervereinigung und damit auch indirekt die SPD unterstützte, waren wohl die Gewerkschaften. In engagierten Gewerkschaftskreisen betrachtete man die Wiedervereinigung als einen Weg, um die ziemlich schlaffe Gewerkschaftsbewegung erneut zu beleben, denn dort war man davon überzeugt, daß die politische Vorherrschaft der CDU/CSU mindestens teilweise daraus entstand, daß die traditionellen Hochburgen der Arbeiterklasse in Ostdeutschland aus dem politischen Leben der Bundesrepublik ausgeschlossen waren. Doch die widersprüchlichen Einflüsse, denen die einfachen Mitglieder auf Grund ihrer wirtschaftlichen und sozialen Interessen ausgesetzt waren, die Gegensätze in der Führung und der allgemeine Mangel an Leben in der Bewegung verhinderten, daß die Gewerkschaften eine wirksame Lobby für die Wiedervereinigung werden konnten. Für Führer und Mitglieder der Gewerkschaften stand beim politischen und wirtschaftlichen Wiederaufbauprogramm der Regierung zuviel auf dem Spiel, als daß sie die pro-westliche Politik Adenauers hätten sabotieren wollen. Auch industrielle Kreise waren nicht bereit, sich für ein außenpolitisches Programm, das der Wiedervereinigung den Vorrang eingeräumt hätte, einzusetzen. Für Geschäftsleute und Industrielle schienen die Auswirkungen einer entschlossenen Wiedervereinigungspolitik weitreichend und unabsehbar. Abgesehen jedoch von den wirtschaftlichen und politischen Rückwirkungen, die durch eine flexiblere Ostpolitik, die einer Wiedervereinigung voranging, zu erwarten waren – wie die mögliche Auflösung des so umsichtig gepflegten Bündnisses mit den Westmächten –, würden die späteren Aufgaben umfassende wirtschaftliche Opfer verlangen und erwartungsgemäß zu tiefgreifenden und unvorhersehbaren sozialökonomischen und politischen Wandlungen führen. Die Wiedervereinigung würde einmal Währungs- und Finanzprobleme und besonders das Problem der Angleichung der Währungen und der Steuersysteme mit sich bringen. Zusätzlich jedoch würde sie die Integration zweier Wirtschaftssysteme, die sich in verschiedene Richtungen entwickelten, erfordern. Die damit zwangsläufig verbundenen Unsicherheiten und Risiken schienen den westdeutschen Unternehmern zu hoch.

Die Probleme, vor denen Adenauer im internationalen Bereich stand, wenn er dem Ziel der Wiedervereinigung näherzukommen suchte, spiegelten sich also auf verblüffende Weise im innenpolitischen System wider. Der Teil der Wiedervereinigungspolitik, der auf den Westen gerichtet war, die Stärkung des westlichen Bündnisses und der politischen Machtstellung Bonns in westlichen Gremien durch die Wiederaufrüstung, wurde von mächtigen deutschen Interessengruppen und von großen Teilen der Wählerschaft unterstützt, denn dieser Teil der Politik erbrachte wichtige wirtschaftliche und politische Vorteile. Die Wiedervereinigungsstrategie der Sozialdemokraten, eine Verständigung mit der Sowjetunion auf der Basis eines neutralisierten, vereinten Deutschland, konnte nicht mit der Unterstützung der Westmächte rechnen und sich damit auch nicht in Form der Souveränität und des wirtschaftlichen Wiederaufbaus der Bundesrepublik auszahlen. Die FDP versuchte bewußt, diese beiden gegensätzlichen Wiedervereinigungsstrategien in Einklang zu bringen: die Freien Demokraten waren im allgemeinen »pro-westlich« eingestellt, doch immer bereit, Öffnungen nach Osten, die möglicherweise Chancen für die Wiedervereinigung enthielten, zu prüfen. Doch die Versuche der FDP, die Mitte zu besetzen, wurden innenpolitisch von rechts und links unterlaufen, besonders aber von den Christlichen Demokraten, die mit der Aussicht auf normale politische und wirtschaftliche Zustände eine breite Anhängerschaft ansprachen.

Der Wunsch der Deutschen nach der Rückkehr normaler Zustände war einerseits der Grund dafür, daß Adenauer sich eine breite Unterstützung für sein pro-westliches politisches und wirtschaftliches Wiederaufbauprogramm verschaffen konnte, und erklärt andererseits zu einem guten Teil die Schwierigkeiten der Opposition bei der Bekämpfung dieses Programms. Verständlicherweise war keine einigermaßen bedeutsame politische Gruppe gegen die Bemühungen der Regierung um die Wiedererlangung der Souveränität. Doch den spezifischen Gehalt von Adenauers Politik des Wiederaufbaus mit den in ihr schon vorweggenommenen Folgen für die anderen außenpolitischen Ziele und für die zukünftige Entwicklung der westdeutschen Gesellschaft bekämpfte die Opposition durchgängig, und dagegen wandten sich auch die Koalitionspartner der CDU. Dabei war ein Punkt besonders intensiver Diskussion die mögliche Auswirkung – besonders auf die Chancen für die Wiedervereinigung – durch die Tatsache, daß die Schaffung einer politischen Ordnung für Deutschland verknüpft wurde mit einer westeuropäischen Gemeinschaft. Die Wiederaufrüstung wurde zu einem Schlüsselproblem, weil sie der Regierung die politische Hebelstellung verschaffte, die notwendig war, um die allgemeinen politischen Vorstellungen Adenauers im internationalen System voranzutreiben. Die Schaffung einer politischen Ordnung wurde ihrerseits zu einem wesentlichen inhaltlichen Problem, da sich mit ihr die spezifischen

Werte verbanden, die die streitenden Parteien in das deutsche Staatswesen einbringen wollten. Die Wahl des Weges für den politischen Aufbau war die Wahl der Richtung für die deutsche Gesellschaft. Das Bemühen um eine politische Neuordnung Deutschlands im Rahmen des internationalen Systems hatte dementsprechend weitreichende Konsequenzen für die zukünftige Gesellschaftsordnung.

Dieses Faktum erzeugte innerhalb der Regierung Spannungen. Die Freien Demokraten setzten sich nicht besonders nachdrücklich für die westeuropäische Ordnung ein, die Adenauer und die europäischen »Föderalisten« in der CDU zu schaffen suchten; die Forderung der FDP nach der westdeutschen Souveränität war im allgemeinen nationalistisch und im Sinne des rechten Flügels der Partei. Die Geschäfts- und Industriekreise, denen das liberale Wirtschaftsprogramm des Laissez-faire der FDP zusagte, hatten ihrerseits jedoch ein beträchtliches Interesse an der pro-westlichen Politik der Regierung und wurden damit zum wirksamen Gegengewicht gegen den rechten Flügel der Partei. Solche Beschränkungen gab es für die Deutsche Partei und die Sprecher der Vertriebeneninteressen nicht. Aus dem Wunsch der DP, ein vereintes Deutschland in der Rolle des europäischen Mittlers zwischen Ost und West zu sehen, und aus dem wesentlich nationalistischen Programm der Partei ergab sich die Forderung nach Handlungsfreiheit und einer harten Haltung sowohl gegenüber dem Osten als auch gegenüber dem Westen. Für die DP bedeutete die Wiederherstellung der Souveränität die Chance, Machtpolitik zu treiben, und die Möglichkeit, den Osten gegen den Westen auszuspielen, ohne durch die Bindung der Bundesrepublik an die westliche Allianz vertraglichen Beschränkungen zu unterliegen.

Die Haltung der Sozialdemokraten zur Souveränität und zur Gestaltung des politischen Systems wurde bestimmt durch ihr allgemeines politisches Programm und durch ihr vorrangiges Interesse an der Wiedervereinigung. Ihre Ablehnung einer deutschen Mitgliedschaft in einer westeuropäischen Gemeinschaft mit konservativem Einschlag, deren Rückwirkungen auf die Wiedervereinigung und ihre Furcht davor, daß sie sich erneut (wie es nach dem Ersten Weltkrieg der Fall war) dem Vorwurf eines selbstverleugnenden »Internationalismus« aussetzen könnten, machten die SPD zum nachdrücklichsten Verfechter des deutschen Eigeninteresses. Damit ergaben sich jedoch für die Sozialdemokraten eine Anzahl von Problemen. Obgleich sie nämlich ständig auf volle Gleichberechtigung und rechtliche Souveränität drängten, konnten sie sich doch nicht wirklich für die Wiederherstellung einer uneingeschränkten Souveränität stark machen, da eine solche sich möglicherweise nachteilig auf die Wiedervereinigung ausgewirkt hätte. Es schien politisch und psychologisch unklug, die rechtliche Souveränität Westdeutschlands übermäßig in den Vordergrund zu stellen, auch wenn – im Sinne der SPD – der Akzent darauf lag, daß die Souveränität nicht durch die Verwicklung in das Kalte-Kriegs-Bündnis des Westens beeinträchtigt sein sollte. Dadurch wurde nämlich die Teilung Deutschlands betont und die Möglichkeit beschworen, die Verantwortung für die Wiedervereinigung von den vier Mächten auf die beiden deutschen Staaten abzuwälzen.

Für alle Beteiligten war der Kernpunkt immer die Frage, wie die rechtliche Seite der Souveränität, die an die Bundesrepublik zurückgegeben werden sollte, eingesetzt werden konnte. Da die Souveränität, die Wiederaufrüstung und die westeuropäischen Integrationsansätze rechtlich und politisch im internationalen Bereich gekoppelt waren, war der Gewinn an Souveränität, den die Bundesregierung erlangen konnte, nie »verfügbar« für andere Zwecke als solche, die in den vertraglichen Bestimmungen gekennzeichnet waren. Die Interessen der Westmächte und die Pläne Adenauers zur Integration Deutschlands in eine westeuropäische Union ergänzten einander offensichtlich. Diese Interessen standen jedoch zwangsläufig im Gegensatz zu der von der SPD geforderten Handlungsfreiheit, die zur Wiedervereinigung führen konnte, und sie mußten sich nachteilig auf die langfristigen Pläne der SPD für die Gesellschaftsordnung Deutschlands auswirken. Für Adenauer wurde die Notwendigkeit zur Tugend; für die Sozialdemokraten war der internationale Tauschhandel, der die Souveränität um den Preis der Wiederaufrüstung brachte, aus vielen Gründen anstößig. Es handelte sich hier nach der Auffassung der Sozialdemokraten nicht um einen Kompromiß: Viele der erworbenen rechtlichen Aspekte der Souveränität banden die Bundesrepublik unmittelbar an die entstehende westeuropäische Union, die die SPD ablehnte, und die Beteiligung Deutschlands an einem Militärbündnis, das sich gegen die Sowjetunion richtete, gefährdete die Wiedervereinigung und machte Deutschland zum möglichen Schlachtfeld eines Krieges zwischen Ost und West.

Das Dilemma der Sozialdemokraten zeigte sich im Bereich des wirtschaftlichen Wiederaufbaus noch schärfer. Wie in Kapitel II erwähnt, war der Schuman-Plan für die Europäische Gemeinschaft für Kohle und Stahl, die Montanunion, ein wichtiger Meilenstein auf dem Weg des deutschen wirtschaftlichen und politischen Wiederaufbaus, da er die deutsche Beteiligung auf gleichberechtigter Ebene vorsah und Engpässe in der Versorgung mit Rohstoffen, die den Aufschwung der deutschen Industrie behinderten, beseitigte. Die Opposition der Sozialdemokraten richtete sich nicht gegen Integration oder Europäisierung im allgemeinen, doch waren ihre Einwände so massiv und umfassend, daß es zu einigen heftigen politischen Schlachten im Bundestag kam. Die Sozialdemokraten behaupteten, die Montanunion sei ein konservativer regionaler Zusammenschluß zur Erhaltung des Kapitalismus, und ihr Zweck sei, die Gestaltung der Wirtschafts- und Sozialordnung Deutschlands durch die Fortführung der Besatzungspolitik zu bestimmen. Sie griffen auch die französischen Bemühungen an, das Saargebiet als autonome Einheit zur Montanunion zuzulassen, und bezeichneten den Schuman-Plan insgesamt als eine internationale Verschwörung zur Verhinderung der deutschen Wiedervereinigung und zur Behinderung der deutschen Möglichkeiten, mit der französischen Industrie auf dem Weltmarkt zu konkurrieren.

Es trifft natürlich zu, daß die Westmächte die Montanunion als ein Mittel betrachteten, um das erwachende Industriepotential Deutschlands in Schach zu halten. Doch trifft es ebenso zu, daß Deutschland erhebliche Vorteile erzielte, von denen die wirtschaftlichen nicht unbedingt die wichtigsten waren. Durch den Schuman-Plan schien die Saar-Frage einer Lösung näherzukommen, und durch ihn konnten auch die französischen Befürchtungen, daß die internationale Kontrolle des Ruhrgebiets sich allmählich in Nichts auflösen könnte, beschwichtigt werden. Außerdem war die Montanunion ein beträchtlicher Schritt auf dem Wege zur deutschen Souveränität, da mit ihr ein alliiertes Kontrollinstrument durch eine internationale Organisation, in der die Bundesrepublik als gleichberechtigter Partner beteiligt sein würde, ersetzt wurde.

Diese politischen Vorteile paßten ausgezeichnet in den allgemeinen Rahmen der Politik der Christlichen Demokraten, doch von den Koalitionspartnern der CDU wurden sie weit zurückhaltender eingeschätzt. Die FDP und die DP wollten für die europäische Integration keine Opfer bringen. Sie fürchteten, daß der Schuman-Plan sich negativ auf die Saar-Frage auswirken könnte. Einige führende Politiker der FDP und ihnen nahestehende Industriekreise waren außerdem gegen die scharfen Anti-Kartellbestimmungen der Montanunion. Andererseits waren jedoch die Freien Demokraten und deutsche Industriekreise daran interessiert, das Ruhr-Statut, die Beschränkungsvorschriften, die der Verbundindustrie in der Kohle- und Stahlproduktion auferlegt waren, und die alliierte Kontrolle über die Produktionshöhe abzuschaffen. Bei einer Abwägung schienen die Vorteile der Montanunion die Nachteile zu überwiegen, und so konnte schließlich die Regierung mit den 51 Stimmen der Freien Demokraten den Vertrag über die Montanunion mit 232 gegen 143 Stimmen im Parlament durchbringen.

Selbst die engen Beziehungen zwischen der SPD und der Gewerkschaftsbewegung brachten den Sozialdemokraten wenig Unterstützung für ihre Opposition gegen die Montanunion. Die Gewerkschaftsführer begrüßten ausdrücklich die Aufhebung alliierter Kontrollen. Außerdem lag ihnen viel daran, daß die Gewerkschaften den Einfluß der Unternehmerorganisationen in der Montanunion kontrollieren konnten. Viele Gewerkschaftssprecher waren der Ansicht, daß die Gewerkschaften sich die Vertretung in der Montanunion nicht durch eigenes Verschulden entgehen lassen sollten. Insbesondere die Gewerkschaften der Bergbau- und der Metallarbeiter sahen hier eine Möglichkeit, die Mitbestimmung in der deutschen Kohle- und Stahlindustrie auf die internationale Ebene auszudehnen. Vergleichende statistische Untersuchungen durch die Montanunion stützten die Forderungen der Gewerkschaften in bezug auf Löhne und Arbeitszeit. Und auch wenn sich in Gewerkschaftskreisen Widerspruch gegen die Freizügigkeit der Arbeitskräfte in der Kohle- und Stahlindustrie innerhalb des Bereichs der sechs Länder der Montanunion erhob, so wollten die Gewerkschaften sich den Vorschlag des Schuman-Plans für eine Vierzigstundenwoche, für eine einheitliche Überstundenregelung und für längere Urlaubszeiten zunutze machen. Der Schuman-Plan kam auch den gesellschaftlichen Absichten der Arbeiter entgegen. Die politische Doktrin des Supranationalismus konnte möglicherweise die Chancen der Arbeiterbewegung auf soziale Gleichstellung und Anerkennung erhöhen, während die Gewerkschaften hierbei von den Industriekreisen des eigenen Landes weniger Entgegenkommen zu erwarten hatten.

1954 entschlossen sich die Sozialdemokraten, aus ihrer isolierten Stellung, in die sie sich selbst durch ihre Opposition gegen den Schuman-Plan gebracht hatten, herauszukommen, indem sie eine drastische Veränderung ihrer Position vornahmen. Das SPD-Programm von 1954 formulierte keine Einwände mehr gegen die Übertragung wirtschaftlicher Verfügungsgewalt auf internationale Gremien, statt dessen wurden die demokratisch-parlamentarischen Methoden für solche Übertragungen betont. SPD-Sprecher forderten nun erweiterte Wirtschaftsplanung, supranational koordinierte Wirtschaftsanalysen und antizyklische Maßnahmen und Investitionen. 1955 forderten die Sozialdemokraten eine international koordinierte Investitionspolitik und eine Lenkung der Konjunkturzyklen, und sie kritisierten die Montanunion, daß sie nicht genügend in dieser Richtung unternommen hatte.

Der Kurswechsel der SPD läßt sich teilweise damit erklären, daß sich die Saar-Frage, die in den Einwänden der SPD gegen den Schuman-Plan einen hohen Stellenwert hatte, nun anders darstellte und nach der pro-deutschen Volksabstimmung im wesentlichen geregelt war. Außerdem befürchtete die SPD offenbar, daß eine völlig negative Haltung die Montanunion den Unternehmensinteressen ausliefern und den sozialdemokratischen Einfluß durch eigenes Verschulden ausschalten würde. Schließlich war nach dem Untergang der EVG im August 1954 »die Partei nicht länger gezwungen (um nicht inkonsequent zu sein), sich gegen den Supranationalismus überhaupt zu wenden, weil er zu Militarismus und Bündnissen führe. So konnte sie ihre gesamtdeutsche Politik intakt und rein halten und gleichzeitig die wirtschaftliche Integration unterstützen«.[2] Die innenpolitische Isolierung und die Veränderungen im internationalen System hatten damit zu einer bedeutsamen Verhaltensänderung der SPD in einer wichtigen außenpolitischen Frage geführt.

Trotz des Kurswechsels der Sozialdemokraten in der Frage des Schuman-Plans, der eine Reihe von Revisionen in der sozialdemokratischen Politik einleitete, die allmählich die Kluft zwischen Regierung und Opposition verringerten, hatte bis 1955 die Auseinandersetzung über die Außenpolitik zu einer solchen Polarisierung geführt, daß, wie Arnold Heidenheimer bemerkte,

> »in Deutschland jetzt – das erste Mal seit dem Krieg – zwei alternative außenpolitische Vorstellungen vorhanden sind. Die eine von Adenauer sieht die starken zwei Drittel des Landes im Bündnis mit der freien Welt in der Hoffnung, daß eine ›Politik der Stärke‹ früher oder später die Russen dazu zwingen wird, den Eisernen Vorhang mindestens bis an die Oder zurückzuziehen. Die sozialdemokratische Alternative erstrebt die unmittelbare Wiedervereinigung durch das Angebot, die geplanten zwölf deutschen Divisionen gegen zwanzig Millionen Zivilisten der Ostzone einzutauschen«.[3]

Der grundsätzliche Unterschied zwischen Regierung und SPD in der Frage »Wiederaufrüstung oder Wiedervereinigung« wurde jedoch abgeschwächt und gelegentlich verwischt durch punktuelle Einigungen und ad-hoc-Koalitionen zwischen den großen politischen Parteien und Interessengruppen. Eine Anzahl von Gruppierungen in der FDP und in der DP sympathisierten mit dem intensiven Einsatz der SPD für die Wiedervereinigung, mit ihrer Abneigung gegen ein »Miniatureuropa« und mit ihrem ausdrücklichen Antiklerikalismus, obgleich andererseits die Sozialdemokraten mit diesen Gruppen in wirtschaftlichen Fragen überhaupt nicht übereinstimmten und den Chauvinismus des rechten Flügels, wie er von einigen FDP- und fast allen DP-Mitgliedern vertreten wurde, zutiefst ablehnten. Die Freien Demokraten waren im großen und ganzen mit den Christlichen Demokraten in den Grundfragen der Wirtschaft einer Meinung, und sie teilten die Befürchtungen der Protestanten in der CDU über den Klerikalismus. Sie konnten der westeuropäischen Integration, die von fast allen CDU-Mitgliedern unterstützt wurde, nichts abgewinnen, und sie waren der Auffassung, daß

Adenauer die Wiedervereinigungsfrage verschleppe. Die Sozialdemokraten, die Christlichen Demokraten und der liberale Flügel der FDP waren gleichermaßen einer demokratischen politischen Ordnung verpflichtet, auch wenn Adenauer selbst häufig vorgeworfen wurde, er vernachlässige den inhaltlichen Prozeß der Demokratie und regiere lieber über eine »Kanzler-Demokratie«.

Charakteristisch für die innenpolitische Szene war vor 1955 die Polarisierung der Standpunkte über den Weg zur Wiedervereinigung und im Zusammenhang damit über weniger wichtige Fragen. Die innenpolitische Polarisierung über die Wiederaufrüstung und die Wiedervereinigung war wesentlich bestimmt durch die Polarisierung im internationalen System, obgleich ihr Inhalt und ihre Begründung sich ableiteten aus gegensätzlichen Entwürfen der streitenden Parteien über die Beschaffenheit der deutschen Gesellschaft. Die bedeutsamen Veränderungen, die nach 1955 im internationalen System stattfanden, schufen einen neuen Rahmen für die innenpolitische Debatte über die Außenpolitik und erzeugten entsprechend andere Verlagerungen und Fronten in den innenpolitischen Konflikt- und Konsensmustern.

1955–1963

Die Möglichkeiten für eine weniger polarisierte innenpolitische Konflikthaltung zur Außenpolitik, die sich bereits in der Periode vor 1955 in Ansätzen abzeichnete, wurden gegen Ende der fünfziger und zu Beginn der sechziger Jahre allmählich größer, und am Ende der Ära Adenauer im Jahre 1963 war die erbitterte und unversöhnliche Auseinandersetzung über die Außenpolitik einem bemerkenswerten, wenngleich begrenzten Maß an Übereinstimmung gewichen.

Bei der Behandlung der Regierungszeit Adenauers erscheint es nützlich, diese in zwei zeitliche Einheiten von 1949 bis 1955 und von 1955 bis 1963 aufzuteilen. Solch eine Einteilung ist notwendigerweise immer auch willkürlich. Obgleich jedoch die Ereignisse des Jahres 1955 (Erlangung der deutschen Souveränität, Beitritt Deutschlands zur NATO) keinen spezifischen Wendepunkt im internationalen System der Nachkriegszeit markieren – größere Veränderungen im internationalen System lassen sich kaum so präzise festlegen –, kennzeichneten sie doch das Ende einer bestimmten Phase in der westdeutschen Außenpolitik.

Wie in der Zeit vor 1955, war es auch jetzt vor allem der internationale Bereich mit seinen wechselnden Beschränkungen und Möglichkeiten für die außenpolitischen Pläne Bonns, von dem aus die Grenzen für die innenpolitische Debatte über die auswärtigen Angelegenheiten abgesteckt wurden und von dem eine entsprechende Verlagerung des innenpolitischen Zusammengehens in außenpolitischen Fragen ausging. Ein besonders wichtiger Punkt war, daß die Entscheidung über den Vorrang von Sicherheit, Wiederaufbau und demokratischen Freiheiten auf der einen oder Wiedervereinigung auf der anderen Seite, die vorher der zentrale Punkt der innenpolitischen Auseinandersetzungen über die Außenpolitik gewesen war, mit der deutschen Mitgliedschaft in der NATO und mit der vollzogenen Integration des politischen und wirtschaftlichen Kurses Deutschlands in das westliche Bündnissystem nun wesentlich zu einer akademischen Frage wurde. Da außerdem inzwischen klar war, daß für die Wiedervereinigung keine sinnvolle Chance – außer unter den Bedingungen der Sowjetunion – bestand, brauchten ihre glühendsten Verfechter sich nicht auf sie zu konzentrieren und konnten andere außenpolitische Probleme nach ihrem Eigenwert und mit mehr Distanz beurteilen. Durch diese Entwicklung wurde die punktuelle Übereinstimmung, die vor 1955 zwischen den großen politischen Parteien und Interessengruppen bestanden hatte, erweitert und verstärkt. Dieser Prozeß wurde auch dadurch gefördert, daß in der CDU/CSU und in der SPD die flexibleren Kräfte zugenommen hatten und daß von daher die Einigung leichter wurde.

Der Abbau der Kluft zwischen Regierung und Opposition verlangte von den Sozialdemokraten erheblich mühsamere Anstrengungen und schmerzhaftere Anpassungen als von den Christlichen Demokraten. Die Stellung der Sozialdemokraten beruhte weit mehr auf einer präzise formulierten Ideologie, als das bei der CDU/CSU der Fall war, und daher war es für die SPD schwieriger, ihre Politik zu revidieren. Darüber hinaus waren die Sozialdemokraten von Anfang an vom Hauptstrom der deutschen Politik und von den internationalen Kräften, die deren äußeren Rahmen schufen, abgeschnitten. Die zögernden Versuche der Sozialdemokraten, ihre Partei den innenpolitischen und internationalen Realitäten anzupassen, wurden allerdings nachhaltig bestärkt durch den Wandel des internationalen Systems und wurden weniger schmerzlich empfunden, weil auch andere politische Gruppen – besonders die FDP – einen ähnlichen Anpassungsprozeß durchliefen.

In den Bereichen der Wiederaufrüstung und der Militärstrategie änderten die Sozialdemokraten ihre Haltung erst gegen Ende der fünfziger Jahre, als deutlich wurde, daß selbst Annäherungen an die Sowjetunion mit einem Höchstmaß an Verständigungswillen, wie er etwa im Deutschlandplan der SPD von 1959 enthalten war, der Wiedervereinigung vermutlich nicht zugute kamen. Auf Grund der Linie der Regierung Adenauer in der Atomwaffenfrage und auf Grund ihres Plans, sich Zugang zur Verfügungsgewalt über Atomwaffen zu verschaffen, schürten jedoch die Sozialdemokraten zu Ende der fünfziger Jahre erneut die Auseinandersetzung über die Wiederaufrüstung, die vor dem Beitritt Westdeutschlands zur NATO begonnen hatte. Mit dem sich abzeichnenden atomaren Patt zwischen Ost und West gegen Ende der fünfziger Jahre fühlten sich die Sozialdemokraten in dem Argument bestärkt, daß die Wiederaufrüstung Deutschlands und die Mitgliedschaft in der NATO die Aussichten auf die deutsche Einheit verringert und die Aussichten, daß Deutschland in einem »heißen Krieg« zum Schlachtfeld werde, bestärkt hatten. Sie übten scharfe Kritik daran, daß deutsche Kontingente als die Fußsoldaten der NATO vorgesehen waren, andererseits lehnten sie jedoch ebenso scharf die Doktrin der massiven Vergeltung Washingtons ab. Wie in der Periode vor 1955, hatten die Sozialdemokraten auch jetzt Schwierigkeiten, eine logisch stimmige Einstellung zur Bonner Militärpolitik zu finden: einerseits waren sie gegen den Aufbau deutscher konventioneller Streitkräfte, andererseits lehnten sie die einzig mögliche Alternative, nämlich die strategische atomare Abschreckung durch Amerika, ab. Als 1956 die Rekrutierungsmethoden und das Gefüge der westdeutschen Streitkräfte zum wesentlichen Streitpunkt wurden, vertraten die Sozialdemokraten die Auffassung, die allgemeine Wehrpflicht sei unnötig und ein kleines Freiwilligenheer sei für die Sicherheitsbedürfnisse Westdeutschlands ausreichend, da es im Zeitalter der Kernwaffen ohnehin wenig Unterschied mache, ob Bonn zwölf Divisionen oder 6000 Freiwillige unter Waffen habe.

Die hitzigsten Diskussionen entstanden jedoch über die Frage der Atomwaffen. Im Mai 1957 fand im Bundestag die erste große Debatte über die militärischen und politischen Aspekte der atomaren Versuchsexplosionen und der Lagerung von Atomwaffen auf deutschem Gebiet statt. In dieser Debatte verurteilte die SPD lautstark die Bewaffnung deutscher Streitkräfte mit Atomwaffen und verlangte ein umfassendes internationales Kontrollabkommen zur Ächtung und späteren Abschaffung von atomaren Waffen.

Nach den Wahlen im Herbst 1957, die der CDU/CSU die absolute Mehrheit im Bundestag brachten und die allgemein als Zustimmung des Volkes zu Adenauers Außenpolitik gewertet wurden, bemühten sich die Sozialdemokraten erneut, eine Opposition gegen Atomwaffen in der Bevölkerung anzuregen. Diese Bemühungen gipfelten im Frühjahr 1958 in der von der SPD unterstützten Kampagne »Kampf dem Atomtod«, in der sich Wissenschaftler, Theologen, Journalisten und Politiker zusammenfanden.

Die Ergebnisse waren:

	Stimmenanteil	Mandate
CDU/CSU	50,2 %	270
SPD	31,8 %	169
FDP	7,7 %	41
DP	3,4 %	17
BHE	4,6 %	–
Extreme Rechte	1,0 %	–
andere	1,3 %	–
insgesamt	100,0 %	497
Wahlbeteiligung	87,8 %	

Die Regierung bestand aus 16 CDU/CSU-Mitgliedern (mit dem Kanzler) und zwei Mitgliedern der Deutschen Partei

Diese Kampagne wurde auch von den freien Demokraten unterstützt. Der politische Stern der FDP hatte erheblich unter der Revolte der »Jungtürken« gelitten, die 1956 die Partei spaltete. Die Partei gehörte nach den Wahlen von 1957 nicht länger der Koalition an, die nun aus der CDU/CSU und der DP bestand. Dadurch konnten die Freien Demokraten ihre wachsende Kritik an der Außenpolitik Adenauers, deren Inflexibilität und Einfallslosigkeit sie besonders im Hinblick auf die Wiedervereinigung für gefährlich hielten, äußern. Sie schlugen sich auf die Seite der SPD und erklärten, daß das atomare Gleichgewicht zwischen den Supermächten Atomwaffen für Deutschland überflüssig mache und dies insbesondere, da die andere Seite im Rapacki-Plan den Verzicht auf atomare Bewaffnung anbot.

Auch in der Öffentlichkeit wurden sehr starke Bedenken geäußert. Obgleich jedoch eine große Zahl von Westdeutschen Atomwaffen auf deutschem Boden, unter wessen Kontrolle auch immer, ablehnten, sprach sich andererseits fast die Hälfte der Bevölkerung in Meinungsumfragen für die Mitgliedschaft Deutschlands in der NATO aus. Ein noch höherer Prozentsatz, der seit 1951 ständig gestiegen war, befürwortete die Stationierung amerikanischer Truppen in Deutschland. Auch wenn die Westdeutschen Atomwaffen ablehnten, wurde ihnen doch offenbar zunehmend die Vielschichtigkeit der Verteidigungsanforderungen bewußt, und sie waren offenbar nicht bereit, die deutsche Beteiligung an den westlichen Verteidigungsanstrengungen nur auf Grund ihres Abscheus vor Atomwaffen zu verwerfen.

Obgleich der Kampf der Sozialdemokraten um die Unterstützung der Bevölkerung gegen die Regierung sehr mühsam war, waren es doch weitgehend internationale Faktoren, die die SPD zu einem drastischen Positionswechsel antrieben. Der wichtigste Punkt hierbei war, daß die Aussichten auf die Wiedervereinigung immer geringer wurden. In den

Jahren 1957 und 1958 wurden die Sozialdemokraten durch die Disengagementvorschläge, die auf beiden Seiten des Eisernen Vorhangs vorgelegt wurden und die von internationaler Seite die sozialdemokratische Einstellung zu bestätigen schienen, ermutigt, neue Vorschläge zur Förderung der Wiedervereinigung zu machen. Ihre Vorstellung war, man könne sich einer militärischen Entspannung in Mitteleuropa dadurch nähern, daß die konventionellen Streitkräfte zurückgezogen und verringert, daß atomare Waffen von deutschem Gebiet ferngehalten würden und daß ein vereintes Deutschland im Rahmen eines mitteleuropäischen kollektiven Sicherheitssystems neutralisiert würde. Hier lag wesentlich der Grund für die Opposition der SPD gegen die Lagerung amerikanischer Atomwaffen auf deutschem Gebiet, da nach der Auffassung der SPD dadurch die Chancen, sich an Disengagementplänen zu beteiligen, verdorben wurden.

Als die verschiedenen Disengagementpläne zu keinem Ergebnis führten und als deutlich wurde, daß die Sowjetunion den europäischen Status quo nicht nur annehmbar fand, sondern vielmehr bestrebt war, ihn vertraglich abzusichern, hielten die Sozialdemokraten noch größere Anstrengungen für notwendig. In einem letzten Bemühen, die sowjetischen Absichten zu erkunden, reiste im Februar 1959 eine SPD-Delegation unter der Leitung von Carlo Schmid und Fritz Erler zu einem Meinungsaustausch über die deutsche Frage nach Moskau, bei dem sie die Haltung Chruschtschows erfahren wollte. In den Diskussionen wurde klar, daß die Sowjetunion einer Wiedervereinigung unter Bedingungen, die für die Sozialdemokraten oder gar für die Bonner Regierung annehmbar waren, nicht zustimmen würde. Eine Woche nach der Rückkehr der Delegation legten die Sozialdemokraten noch einmal einen detaillierten Deutschlandplan vor, in dem ein schrittweises militärisches Disengagement in Verbindung mit einer graduellen politischen und wirtschaftlichen Integration der beiden deutschen Staaten befürwortet wurde. In diesem neuen Deutschlandplan wurde ein Zugeständnis angeboten, das auch die Sozialdemokraten bislang nicht vorgeschlagen hatten, nämlich der Abzug fremder Truppen aus West- und Ostdeutschland auch vor einer Einigung über die Wiedervereinigung. Dieser Plan ging auch weitgehend auf die sowjetische Vorstellung eines »konföderierten« Deutschland ein, indem er die Errichtung gesamtdeutscher Institutionen vorschlug, in denen Bonn und Pankow gleichberechtigt vertreten sein sollten. Die Frage der freien Wahlen und der ungehinderten Betätigung politischer Parteien in beiden Teilen Deutschlands wurde in das letzte Stadium eines Dreistufenplanes der Integration verlegt.

Mit dem Deutschlandplan von 1959 gingen die Sozialdemokraten bis zur äußersten, ihnen noch möglichen Konzession: Sie waren bereit, in Wiedervereinigungsfragen mit der ostdeutschen Regierung als einem annehmbaren und gleichberechtigten Partner zu verhandeln. Doch selbst das große Entgegenkommen dieses Vorschlags fand im Ostblock kein positives Echo. Ein Jahr nach seiner Vorlage wurde der Plan von den Sozialdemokraten selbst als überholt bewertet. Die Sozialdemokraten gaben damit ihr Interesse an einem Disengagement nicht unmittelbar auf. Der Bau der Berliner Mauer im Jahr 1961 trieb sie jedoch schließlich in die Nähe der resignierten und grundsätzlich pessimistischen Haltung gegenüber der Wiedervereinigung, wie sie die CDU/CSU schon jahrelang einnahm. Im Wahlkampf des Jahres 1961 begann die SPD, die westliche Bündnispolitik der CDU großenteils zu unterstützen, und Willy Brandt, Bürgermeister von West-Berlin und Kanzlerkandidat der SPD, gab zu, daß »die Sicherung des freien Teils unseres Landes und nicht mehr die Wiedervereinigung jetzt für uns zwangsläufig Aufgabe Nummer eins geworden ist«.[4]

Mit dieser Ankündigung wurde der große Umschwung in den Hauptzielen der Politik der SPD, der sich schon einige Jahre lang angedeutet hatte und der durch den Wechsel in der Machtstruktur der Partei erleichtert wurde, direkt bestätigt.

Nach den enttäuschenden Auftritten der SPD bei den Wahlen von 1953 und 1957 entstand ein »rechter« Flügel in der Partei, der sich vorwiegend aus jüngeren Mitgliedern zusammensetzte, die die Linie und das Ansehen der SPD aufbessern und sie aus einem doktrinären Instrument des »Klassenkampfes« in eine Partei auf breiter Grundlage umwandeln wollte, die für eine breitere Wählerschicht anziehend war. Die Veränderungen, die von diesen Reformern vorgeschlagen wurden, betrafen nicht nur politische Fragen – sie traten beispielsweise für die Bejahung der EWG, der deutschen Mitgliedschaft in der NATO und dafür ein, die Forderung nach der Verstaatlichung der Grundindustrie fallen zu lassen –, sondern zielten auch auf eine Umgruppierung in der Machtstruktur der Partei. Der Streit spielte sich im wesentlichen zwischen den ideologisch orientierten Parteifunktionären, die im allgemeinen den Nachfolger Kurt Schumachers, Erich Ollenhauer, unterstützten, und den mehr pragmatisch orientierten SPD-Politikern im Bundesparlament und in den Landtagen ab, also Leuten wie Willy Brandt (damals Bürgermeister von West-Berlin), Carlo Schmid, Fritz Erler, Karl Mommer, Waldemar von Knoeringen, Herbert Wehner und Helmut Schmidt. 1961 wurde der Kampf zugunsten der »Liberalen« in der SPD entschieden. Brandt, der erst 1964, nach Ollenhauers Tod, Parteivorsitzender wurde, wurde 1961 zum Kanzler-Kandidaten der Partei gewählt, und die wichtigen Punkte des Wahlprogramms der SPD für 1961 waren von Brandt und seinen Anhängern stark geprägt.

Nach der Wahl verlangte Brandt, daß die deutsche Frage nicht von der politischen Tagesordnung des Westens abgesetzt werden dürfe, auch wenn sie »gegenwärtig und für unbestimmbare Zeit ein hoffnungsloses

Problem« sei und obgleich er den Eindruck hätte, daß es »abgesehen von der Auslieferung unserer Freiheit, offenbar keinen vorstellbaren Preis für die Wiedervereinigung Deutschlands gibt«.[5] Das Wiedervereinigungsprogramm der SPD hatte sich von dem großen Entwurf des Deutschlandplans von 1959 reduziert auf eine Taktik der »kleinen Schritte«.

Das Engagement der FDP für die Wiedervereinigung unterlag demselben Druck. Noch während des Wahlkampfs von 1961 verlangten die Freien Demokraten eine »unabhängigere« Außenpolitik für Westdeutschland und betonten, daß die Deutschen selbst und nicht die vier Mächte letztlich für die Wiedervereinigung verantwortlich seien. Noch zu Beginn des Jahres 1962 schlug die FDP vor, daß Bonn bilaterale Sondierungsgespräche mit der Sowjetunion über die Deutschland- und Berlin-Frage durchführen sollte, und Teile der Partei liebäugelten offenbar mit der Möglichkeit eines zweiten Rapallo. Doch im März, kurz vor seiner Reise zu einem Besuch der Vereinigten Staaten, erklärte der Parteivorsitzende Erich Mende, daß seine Partei ihren außenpolitischen Standpunkt überprüft habe und daß sie jetzt die Neutralität Deutschlands und die Disengagementpläne für Mitteleuropa ablehne. Die FDP zog auch ihre früheren Anregungen für bilaterale Gespräche zwischen Moskau und Bonn zurück. Auf dem Parteitag der FDP im Sommer blieb die Frage der Wiedervereinigung weitgehend im Hintergrund, und man betonte statt dessen, daß die Westdeutschen auf eine Liberalisierung des Ulbricht-Regimes drängen müßten, um das Los der Ostdeutschen zu verbessern. 1962 äußerte FDP-Mitglied und Vizepräsident des Bundestags, Thomas Dehler, sein Bedauern darüber, daß »das Bewußtsein der Deutschen dafür, daß die staatliche Einheit ihnen als geschichtliche Aufgabe gesetzt ist, geschwunden ist«[6] und daß die im Grundgesetz verankerte Verpflichtung, für die nationale Einheit zu arbeiten, offenbar nicht länger als verbindlich betrachtet werde.

Die große Enttäuschung über die sowjetische Reaktion auf ihren Deutschlandplan und die Aussichtslosigkeit der Wiedervereinigung in absehbarer Zukunft trugen dazu bei, daß die Sozialdemokraten ihr gesamtes außenpolitisches Programm überprüften und neu formulierten. Auf ihrem Parteitag im Jahre 1959 zeigte die SPD zum erstenmal eine positive Einstellung zur nationalen Verteidigung; sie setzte sich jetzt auch für einen vollwertigen deutschen Verteidigungsbeitrag im westlichen Bündnis ein. Damit änderte sich allmählich der gesamte Stil des Dialogs der Sozialdemokraten mit der Regierung über Verteidigungsfragen. Die Versammlungsreden wurden abgelöst durch einen ruhigen und stärker sachlich geprägten Meinungsaustausch über strategische Probleme, und die SPD kam nun auch mit positiven Vorschlägen über

Wege zur Erhöhung der Abschreckungsglaubwürdigkeit des westlichen Bündnisses. Auf dem Wahlparteitag von 1960, auf dem Willy Brandt zum Kanzlerkandidaten der SPD gewählt wurde, stellten sich die Sozialdemokraten völlig hinter die NATO, und selbst die Frage der atomaren Bewaffnung hatte offenbar ihren schlimmsten Schrecken verloren. Die Sozialdemokraten wandten sich vor allem gegen eine unabhängige westdeutsche Atompolitik und setzten sich statt dessen für eine »vernünftige Verteilung der Aufgaben« in der NATO ein. Doch hatten sie keine Einwände gegen einen wachsenden Einfluß Deutschlands auf die nukleare Politik in den NATO-Gremien.

Die Ergebnisse der Wahlen von 1961 waren

	Stimmenanteil	Mandate
CDU/CSU	45,3 %	242
SPD	36,2 %	190
FDP	12,8 %	67
DP*	2,8 %	–
BHE*		
Extreme Rechte	0,8 %	–
Neutralisten (DFU)	1,9 %	–
andere	0,2 %	–
insgesamt	100,0 %	499
Wahlbeteiligung	87,7 %	

*seit April 1961 zusammen als Gesamtdeutsche Partei, GDP

Die Regierung bestand aus 16 Mitgliedern der CDU/CSU (mit dem Kanzler) und sechs Mitgliedern der FDP

Nach den Wahlen des Jahres 1961, in denen die Sozialdemokraten einige Gewinne erzielten, erklärte Brandt, daß »unsere Nation ein natürliches Interesse daran hat, daß Entscheidungen, die Leben und Tod unserer Nation betreffen, nicht gefällt werden können, ohne daß unsere eigene Regierung zu Rate gezogen wird«. Doch empfahl er eine »gewisse Zurückhaltung«, um das Ansehen der jungen deutschen Demokratie zu schützen. Er sprach sich dafür aus, daß die Frage der Ausrüstung der NATO mit Atomwaffen auf der Grundlage »politischer Einsicht und militärischen Nutzens«[7] entschieden werden solle. Die eigentlichen Wahlsieger, die Freien Demokraten, bewegten sich in dieselbe Richtung. Als die FDP mit der CDU/CSU die beschwerliche Koalition von 1961 einging, begann auch sie ihre Stellung zu militär-strategischen Fragen zu revidieren und gab die Vorstellung eines Alleingangs auf, mit der sie früher gespielt hatte. Der Parteitag der FDP 1962 in Düsseldorf sprach sich klar für die NATO und die westdeutsche Verteidigungsplanung aus.

Die Übereinstimmung, die sich über die strategische Hauptlinie für Bonn herauskristallisierte, war offensichtlich auch im Sinne der öffentlichen Meinung. Umfragen zeigen, daß 1962 das Vertrauen der Öffentlichkeit in die NATO als Schutzschild gegen die Sowjetunion beträchtlich gestiegen war, und es gab Anzeichen dafür, daß die Haltung der Bevölkerung zur Anwesenheit amerikanischer Truppen in Westdeutschland nun noch positiver war als 1958. Die Hälfte der Befragten lehnten jedoch Atomwaffen für die Bundeswehr ab, und nur 28 % sprachen sich dafür aus. Immerhin waren die entsprechenden Zahlen fünf Jahre früher 72 bzw. 13 % (DIVO-Pressedienst, Frankfurt, 1.4. und 11.8.1962)

1963 verstand sich die SPD dann als der eigentliche Verfechter der NATO. Die Sozialdemokraten drängten Adenauer, sich der zerstörerischen NATO-Politik de Gaulles zu widersetzen, und sie äußerten sogar ihr wohlwollendes Verständnis für die Probleme, vor denen Washington bei dem Versuch stand, die Glaubwürdigkeit der amerikanischen nuklearen Abschreckung durch eine Doktrin der Flexibilität zu erhalten. Die Sozialdemokraten vertraten jetzt praktisch den Standpunkt, daß ein wirksames westliches Abschreckungssystem die Stärkung der konventionellen Streitkräfte erfordere. Während die Regierung Adenauer gegenüber der McNamara-Doktrin sehr kritisch war und auch einen Teil der Militärplanung der NATO in Frage zu stellen begann, näherten sich die Sozialdemokraten und die Freien Demokraten der amerikanischen Position – allerdings nicht, weil sie von deren militär-strategischer Berechtigung völlig überzeugt waren, sondern eher deshalb, weil sie in der NATO ein Kontrollinstrument für Bonn und Paris sahen. Die Sozialdemokraten fürchteten, daß es de Gaulle gelingen würde, Adenauer zu überreden, die Sicherheit Deutschlands dem Schutz der Franzosen anzuvertrauen und dem nuklearen Schirm der Amerikaner zu entziehen. Außerdem waren sie äußerst beunruhigt über die Ansätze zum Alleingang, zu denen der rechte Flügel der CDU/CSU anscheinend neigte. Es entbehrt nicht einer gewissen Ironie, daß zu einer Zeit, als Adenauer ernsthafte Bedenken gegen die Umstellung der amerikanischen strategischen Doktrin durch die Regierung Kennedy entwickelte, seine lautstärksten Kritiker die ehemalige uneingeschränkte Unterstützung der NATO durch Adenauer nun nachträglich bestätigten.

Raymond Aron ist (in *The Great Debate*, S.90) der Auffassung, daß die Sozialdemokraten offenbar genau verstanden, daß »die Vereinigten Staaten ihre Doktrin der massiven Vergeltung aufzugeben gezwungen waren« und daß »europäische Nationen, die sich eine nationale, d.h. eine beschränkte und verwundbare Abschreckungsstreitmacht verschafften, aus den gleichen und noch zwingenderen Gründen ebenso verfahren müßten. ... Die Sozialdemokraten neigen offenbar zu dieser Ansicht, und deren praktische Durchführung legt die Verstärkung der konventionellen Waffen im Westen, also Gleichheit auf allen Ebenen, nahe«.

Die veränderte Haltung der Sozialdemokraten und der Freien Demokraten gegenüber der NATO fiel zusammen mit ihrer Opposition gegen die Europapolitik der Regierung, die die Mitgliedschaft im Gemeinsamen Markt begrenzte, und mit den Bedenken gegen die engen Beziehungen zwischen Adenauer und de Gaulle. De Gaulle hatte sich bereit erklärt, Adenauers harte Linie gegenüber dem Ostblock zu unterstützen, wenn Adenauer seinerseits de Gaulles Politik des »kleinen Europa« unterstützte. Der SPD war dies zuwider, da sie sowohl die Ziele de Gaulles als auch diejenigen Adenauers ablehnte. Die Sozialdemokraten hofften nämlich immer noch, daß die polyzentrischen Tendenzen im Ostblock zur Wiedervereinigung führen könnten, und daher traten sie für eine erheblich flexiblere Politik gegenüber der Sowjetunion und Osteuropa ein. Den Versuchen de Gaulles wiederum, die Mitgliedschaft im Gemeinsamen Markt zu begrenzen und sich eine Führungsposition unter den sechs Mitgliedstaaten aufzubauen, standen die Sozialdemokraten äußerst kritisch gegenüber.

Die anti-gaullistische Dimension der sozialdemokratischen Politik kam in ihrer Haltung gegenüber dem Gemeinsamen Markt klar zum Ausdruck. Von Anfang an waren die Reaktionen der SPD auf die EWG sehr zurückhaltend. In der Auffassung der Sozialdemokraten war die EWG geographisch zu eng begrenzt; darüber hinaus befürchteten sie, daß die deutsche Mitgliedschaft die Teilung Deutschlands weiter vertiefen würde. Außerdem kritisierten sie Wirtschaftsminister Ludwig Erhard, weil er sich gegen die Vereinheitlichung der Sozialbeiträge in den Mitgliedstaaten der EWG wandte (die für die deutschen Sozialempfänger Vorteile gebracht hätte), und weil er den Vorschlag für eine gemeinsame Wirtschaftspolitik der sechs Länder hintertrieb. Die SPD befand sich in einer schwierigen Position, und ihre Reaktionen waren entsprechend zwiespältig. Einerseits hatten die Sozialdemokraten wenig Interesse daran, daß sich das Gebäude eines »kleinen Europa« weiter festigte, das die Macht der konservativen Kräfte in Westeuropa erhöhte und die Spaltung Europas und die Teilung Deutschlands bekräftigte; andererseits war es riskant, die erprobte Wirtschaftspolitik der Regierung anzugreifen. Die SPD hoffte außerdem, die EWG könne in eine supranationale Behörde für wirtschaftliche Planung umgewandelt werden. Schließlich erklärten die Sozialdemokraten, daß sie die Ausdehnung des Gemeinsamen Marktes über die Montanunion und den Kohle- und Stahlmarkt hinaus unter der Bedingung begrüßen würde, daß 1. die Einbeziehung von überseeischen Gebieten anderer Länder die Bundesrepublik nicht mit Kolonialpolitik belasten würde, daß 2. die Grenze zwischen Ost- und Westdeutschland keine Zollgrenze werden dürfe, die die Teilung Deutschlands noch weiter vertiefen würde, daß 3. das

Niveau der deutschen Zölle nicht übermäßig angehoben werden dürfe, um nicht die deutschen Exporte und die innere Preisstabilität zu gefährden, daß 4. die Mitgliedschaft im Gemeinsamen Markt allen Ländern offenstünde, um eine weitere Teilung Europas zu vermeiden, und daß 5. Euratom ausschließlich der friedlichen Nutzung von Atomenergie diene und daß die Eigentumsrechte an dem gesamten spaltbaren Material bei der Gemeinschaft als Ganzes liegen sollte.

Einige der Einwände der Sozialdemokraten wurden von bedeutenden deutschen politischen und Unternehmenskreisen geteilt. Die deutsche Geschäftswelt war alles andere als einig in der Einschätzung der EWG. Ein Teil sah in der EWG große Möglichkeiten zur Ausschöpfung eines großen europäischen »Binnenmarktes«, während eine andere Gruppe, deren Sprecher Ludwig Erhard und die Freien Demokraten waren, den Verlust von Märkten außerhalb der EWG auf Grund eines höheren gemeinsamen Außenzolls befürchtete, der vor allem Frankreich nützte. Diese Gruppe ließ sich von dem Argument der Europa-Anhänger, der Gemeinsame Markt könne zu einer politischen Integration der sechs Länder führen, nicht beeindrucken; sie fürchtete vielmehr, daß Großbritannien und die skandinavischen Länder für immer ausgeschlossen würden. Die Gruppe um Erhard wandte sich auch gegen die Erhöhung der deutschen Sozialversicherungskosten als Ergebnis einer Standardisierung zwischen den sechs Mitgliedstaaten, die die Beiträge, welche die deutschen Unternehmer schon bezahlten, noch erhöhen würden. Es gab auch prominente Unternehmer, denen der Gemeinsame Markt wegen seiner Möglichkeiten der Wirtschaftsplanung verdächtig war, und andere, die ihn ablehnten, weil durch ihn die Schutzzölle abgebaut würden. Die Landwirte waren besonders durch den drohenden Verlust der Schutzzölle, die sie traditionell von ausländischer Konkurrenz abgeschirmt hatten, alarmiert.

Die widerstreitenden Interessen in Industriekreisen und die Befürchtungen der landwirtschaftlichen Gruppen führten zu einigen komplizierten politischen Fragestellungen. Zum einen kamen die Anhänger Erhards in der CDU/CSU (die das brennende Interesse an Europa einiger Adenauer-Anhänger nicht teilten und die von dem beschränkten Charakter der EWG nicht sonderlich begeistert waren) der FDP in dieser Frage sehr nahe, und die Trennungslinie zwischen der FDP und der Erhard-Gruppe in der CDU wurde undeutlicher. Zum anderen hatten landwirtschaftliche Kreise machtvolle Fürsprecher nicht nur in der bayerischen CSU, sondern auch bei Teilen der zersplitterten FDP, und außerdem wurden sie von den Sozialdemokraten umworben, die ihre traditionellen Schwierigkeiten in ländlichen Gebieten zu überwinden suchten.

Diese vielschichtigen und sich überschneidenden Interessenkalkulationen prägten sich nach der Errichtung der von Großbritannien angeführten Europäischen Freihandelszone noch deutlicher aus. Wieder waren es die SPD, die FDP und die Anhänger Erhards in der CDU/CSU – eine recht uneinheitliche »Koalition« –, die auf die Zulassung Großbritanniens zum Gemeinsamen Markt drängten und die davor warnten, daß die Senkung der Zölle in der EFTA und in der EWG in Verbindung mit dem gemeinsamen Außenzoll der EWG zu Spannungen zwischen den beiden wirtschaftlichen Gruppierungen führen und außerdem das Preisniveau in Deutschland hochtreiben werde. Alle Teile in dieser Gruppierung vermieden jedoch sorgfältig den Eindruck, als identifizierten sie sich nicht mit den EWG-Zielen – solange diese Ziele nicht eine erweiterte Mitgliedschaft der Gemeinschaft ausschlossen.

Die SPD hatte sich in ihrer internationalen Wirtschaftspolitik inzwischen nicht nur der Stellung der FDP und einiger Teile der CDU genähert, sondern auch der Position der USA. Washington unterstützte zwar aus politischen und strategischen Gründen stärker die EWG als die EFTA, die Regierung Kennedy trat jedoch für einen offeneren Gemeinsamen Markt ein (weil eine wirtschaftliche Spaltung des nichtkommunistischen Europa die Zahlungsbilanzprobleme der USA verschärften und die wirtschaftlichen Grundlagen des »Grand Design« der Kennedy-Regierung gefährdeten). Das Eintreten von Sozialdemokraten, Freien Demokraten und liberalen Christlichen Demokraten für einen erweiterten Gemeinsamen Markt entsprach auch recht genau der Unterstützung der NATO und der Opposition dieser Gruppierung gegen die Pläne de Gaulles für ein westeuropäisches Gebilde unter französischer Vorherrschaft und für ein europäisches atomares Protektorat unter französischer Führung. Obgleich diese verschiedenen Gruppen nicht an sich anti-französisch eingestellt waren, waren sie doch weit weniger als Adenauer bereit, großzügig Rücksicht auf de Gaulles Außenpolitik zu nehmen, die das westliche Bündnis sprengte und die nach ihrer Meinung im Widerspruch zu den politischen, wirtschaftlichen und militär-strategischen Interessen Deutschlands stand. Sie waren alle gleichermaßen aus politischen wie wirtschaftlichen und militär-strategischen Gründen gegen den Plan de Gaulles für eine europäische Ordnung unter französischer Führung; sie verlangten die Mitgliedschaft Großbritanniens im Gemeinsamen Markt; sie waren sich darüber einig, daß die Sache der deutschen Einheit eine flexiblere und einfallsreichere Politik gegenüber der Sowjetunion und Osteuropa erforderte; sie befürworteten eine aufgeklärte und undoktrinäre Sicherheitspolitik in enger Zusammenarbeit mit der NATO und den USA; schließlich wollten sie alle einen Regierungswechsel in Bonn. Auf dieser Grundlage gelangten die Sozialdemokraten, die Freien Demokraten und der liberale Flügel der CDU zu einer gebrechlichen, unausgesprochenen, partiellen, aber doch wichtigen Übereinstimmung.

Im Grunde kamen die Anstöße für die neuen Fronten in Bonn natürlich aus Veränderungen im internationalen System. Zur Verwischung der früher polarisierten Positionen in politischen und wirtschaftlichen wie in militärischen und strategischen Fragen trug teilweise die offenkundige Aussichtslosigkeit der Wiedervereinigung und die schrittweise Zersplitterung des westlichen Bündnisses bei, dessen konzertierte Aktionen und Übereinstimmung der Ziele die Voraussetzung für die innenpolitischen und die internationalen Erfolge des außenpolitischen Programms Adenauers geschaffen hatten. Als es schließlich notwendig wurde, zwischen Washington und Paris zu wählen, ließen sich auch die schon lange vorhandenen Unterschiede in den Zielvorstellungen in der Regierungskoalition und in der CDU nicht länger verdecken. Die Meinungsverschiedenheiten zwischen den USA und Frankreich erzeugten nicht nur ernste Probleme für die Außenpolitik Bonns, sie schwächten auch innenpolitisch und selbst in seiner eigenen Partei den Rückhalt für Adenauer in außenpolitischen Fragen, da die westdeutsche Politik auf äußere Einflüsse sehr empfindlich reagierte.

Vermutlich ersparte die doktrinäre Starrheit der sozialdemokratischen Opposition Adenauer die politische Isolation zu einem früheren Zeitpunkt. So etwa hatte sich die SPD zu einer Zeit, als die CDU/CSU eine ihrer größten internen Krisen im Gefolge der zynischen Manipulationen Adenauers in der Frage der Nachfolge für den Bundespräsidenten durchmachte, mehr denn je von der parlamentarischen Mehrheit entfernt, indem sie mit ihrem Deutschlandplan von 1959 ein Wiedervereinigungsprogramm vorlegte, das der Sowjetunion so weit entgegenkam, daß selbst Teile der SPD es nicht unterstützten. Auf der Höhe der »Nachfolgekrise« sagte Fritz René Allemann: »Der automatische Instinkt der CDU, sich trotz ihrer Empörung und ihrem Unmut unter außenpolitischen Parolen sogleich wieder um den Mann zu sammeln, der ihr soeben einen so schweren Schlag versetzt hatte, erscheint als die unmittelbare und zwingende Folge dieser Verkrustung und Verhärtung der führenden Oppositionspartei: je radikaler diese sich dem ›Adenauerstaat‹ entfremdet, desto mehr gibt sie die Möglichkeit aus der Hand, die inneren Brüche innerhalb jener Gruppen, die diesen Staat als den ihren betrachten, durch ihre eigene Aktion für ein parlamentarisches Revirement nutzbar zu machen. Alle Vorstöße gegen den Kanzler müssen ins Leere gehen, solange der Verdacht besteht, daß diese Vorstöße mit seinem innenpolitischen Regiment zugleich das Kernstück seiner außenpolitischen Konzeption – die unverbrüchliche Bindung der Bundesrepublik an die westliche Allianz – treffen sollen.« (Allemann, *Stabilität und Krise*, S. 63)
Dieses Phänomen könnte auch den Wahlerfolg der Freien Demokraten im Jahr 1961 erklären. Die Sozialdemokraten gewannen zwar auch Stimmen, doch kam das offenkundige Unbehagen über die gesamte Politik Adenauers der FDP zugute.

Um 1962 wurden die glühendsten Verfechter der europäischen Integration – der frühere Außenminister von Brentano, Walter Hallstein, die Gruppe um Adenauer und einige andere Prominente Bonns – von vielen Seiten und auch aus ihrer eigenen Partei unter Druck gesetzt. (So wurde auch nach den Wahlen 1961 Brentano durch Gerhard Schröder als Außenminister ersetzt, weil die Freien Demokraten auf einer pro-atlantischen Geste von seiten der CDU bestanden, ehe sie in den Eintritt in die Koalition einwilligten.) Der liberale protestantische Flügel in der heterogenen CDU/CSU hatte schon immer andere Wertvorstellungen als Adenauer, und für die »kleineuropäische« Lösung war er nie besonders begeistert eingetreten. Die Entscheidungen, vor die Bonn durch die Differenzen zwischen den USA und Frankreich in militär-strategischen, politischen und wirtschaftlichen Fragen gestellt wurde, führten in der CDU zu einer umfassenden Kontroverse, die von einer Gruppe geschürt wurde, die lange unter dem autoritären Regime Adenauers gelitten hatte.

Adenauer war jedoch trotz der gewaltigen Opposition, die sich gegen seine unbewegliche Kalte-Kriegs-Haltung und seine Unterstützung de Gaulles entwickelt hatte, nicht völlig isoliert. Die Konservativen und die eifrigen »Kalten Krieger« in der CDU/CSU standen hinter ihm, und die Stärke der führenden Politiker der CDU und CSU, die mit de Gaulle sympathisierten, sollte dabei nicht unterschätzt werden. Entweder glaubten sie, daß de Gaulle den Schlüssel zur europäischen Integration in der Hand habe, oder sie wollten seiner bestimmten Haltung gegenüber Washington und Moskau nacheifern. Doch war es de Gaulle selbst, der sich seine Anhänger in Bonn entfremdete. De Gaulles Feindseligkeit gegen echte Integrationsmaßnahmen im Rahmen der EWG stieß auch die geduldigsten und langmütigsten Europäer in Bonn ab, und seine deutlichen Absichten, die Bundesrepublik in der europäischen Machtpolitik in eine zweitrangige Rolle zu drängen, waren für deutsche Gaullisten wie Franz Josef Strauß, die zu einer echten deutsch-französischen Mitbestimmungspolitik bereit gewesen wären, unannehmbar.

Der Prozeß, in dem die Unterstützung für die Außenpolitik Adenauers in Bonn abbröckelte, wurde noch beschleunigt durch den Zerfall seiner persönlichen Autorität. 1959 hatte Adenauer erheblichen Zynismus und mangelnden Respekt vor den demokratischen Institutionen des westdeutschen Staates demonstriert, als er sich nicht entscheiden konnte, ob er der Nachfolger von Theodor Heuss für das wesentlich repräsentativere Amt des Bundespräsidenten werden wolle oder nicht. Adenauers Spiel mit der Macht in dieser Episode, mit dem er offenkundig seinen Einfluß auf die Außenpolitik auch für die Zeit nach seinem Abgang als Kanzler weiter sichern wollte, kostete ihn einen guten Teil seines Anhangs und seines Prestiges nicht nur in politischen Kreisen, sondern auch in der Bevölkerung. Nach den Wahlen von 1961 spitzte sich diese Entwicklung zu. Die FDP hatte (auf Kosten der CDU/CSU, da die Sozialdemokraten auch Stimmen gewonnen hatten) beträchtliche Stimmengewinne erzielt und stellte nun als Bedingung für ihren Eintritt in die Regierungskoalition, daß Adenauer sich einverstanden erklären müsse, bis 1963 das Kanzleramt aufzugeben. Die Koalition von 1961, die von Anfang an unsicher war, brach nach einem Jahr im Zusammenhang mit der Empörung über die sogenannte Spiegel-Affäre auseinander. Bei dieser zwielichtigen Angelegenheit wurden führende Redaktionsmitglieder des Nachrichtenmagazins *Der Spiegel*, der der Regierung und besonders dem Verteidigungsminister Franz Josef Strauß schon lange ein Dorn im Auge war, mit der Begründung verhaftet, sie hätten angeblich geheime Berechnungen über die Kampffähigkeit der NATO und Westdeutschlands veröffentlicht. Die Verhaftungen, die in einem an Nazimethoden erinnernden Stil vorgenommen wurden, führten zum Rücktritt von Strauß, der hinter den Kulissen gearbeitet hatte, um den Übergriff auf den *Spiegel* zu inszenieren.

Die FDP ließ sich schließlich überreden, einem umgebildeten Kabinett wieder beizutreten, nachdem Adenauer mit der Bildung einer »Großen Koalition« zwischen CDU/CSU und SPD gedroht hatte. So wurde zwar die FDP vorläufig in Schach gehalten, doch der innere Zusammenhalt der CDU/CSU war von Grund auf erschüttert. Adenauers Rücktritt stand bevor, und er konnte 1963 nicht einmal mehr die Kanzlerschaft von Ludwig Erhard verhindern, den Adenauer rundum ablehnte und den er immer wieder beleidigt hatte durch die Behauptung, es fehle Erhard an politischem Scharfsinn, an Vorstellungsvermögen und an Erfahrung.

Kapitel V

Außenpolitik und innenpolitischer Konsens unter Erhard und Kiesinger

1963–1966

In einigen entscheidenden Punkten wurde die Person des neuen Kanzlers zum Symbol für die begrenzte Übereinstimmung, die in Bonn um 1963 in Fragen der Außenpolitik entstanden war. Ludwig Erhard war das Symbol für die erfolgreiche Rückkehr Deutschlands zu normalen Verhältnissen. Er war der Schutzheilige des »Wirtschaftswunders«, und seine Popularität bei den Wählern war ein wichtiger Faktor bei der Entscheidung für ihn als Kanzler der CDU gewesen. Er war zweifellos weniger autoritär als Adenauer, und er hatte selbst unter der Anmaßung gelitten, mit der sein Vorgänger allmählich auch seine Anhänger gegen sich aufgebracht hatte. Er repräsentierte die Übereinstimmung der proatlantischen Haltung, die sich durch das politische Spektrum Bonns hindurchzog (und die sich in nachdrücklicher Unterstützung der NATO und einer erweiterten Mitgliedschaft des Gemeinsamen Marktes äußerte). Außerdem trat er für eine weniger doktrinäre und flexiblere Politik gegenüber der Sowjetunion und den Ländern Osteuropas ein.

Vom Anschein her hätte diese in Ansätzen vorhandene Übereinstimmung für Bonn die lange gesuchte Gelegenheit schaffen können, außenpolitische Probleme mit Nachdruck und auf einer sicheren Grundlage der innenpolitischen Unterstützung anzugehen. Einige Faktoren arbeiteten jedoch dieser Möglichkeit entgegen. Zum einen empfanden es viele Westdeutsche als angenehm, daß nach einem Jahrzehnt einer lautstarken und verletzenden Kontroverse über die Außenpolitik nun eine stärker pragmatisch und weniger ideologisch geprägte Auseinandersetzung stattfand, die durch die partielle Übereinstimmung in außenpolitischen Fragen möglich wurde. Das Abflauen des Streits über die Außenpolitik schien die Chance zu eröffnen, die politischen Energien Westdeutschlands nach innen zu leiten und sie dem Zugriff des internationalen Systems zu entziehen. Da die Fiktion (die auch im Grundgesetz verankert ist), die Bundesrepublik sei politisch und institutionell ein »Provisorium«, eine vorläufige Station auf dem Weg zu einem vereinten deutschen Staat, nicht länger aufrechterhalten werden konnte, schien diese Möglichkeit durchaus zutreffend. Zum anderen waren die beiden zentralen politischen Probleme, die die Grenzen der

Bundesrepublik überschritten und die an ein starkes emotionales Engagement gebunden waren, nämlich die Wiedervereinigung und die europäische Integration, auf absehbare Zeit nicht zu lösen. Die Tatsache, daß Adenauer, für den wirtschaftliche und rein innenpolitische Fragen immer zweitrangig waren, durch einen Wirtschaftsfachmann ersetzt wurde, der weder besondere außenpolitische Erfahrungen noch ein besonderes Interesse an der Außenpolitik hatte, symbolisierte deutlich die Bemühungen, sich von den auswärtigen Angelegenheiten abzuwenden.

Es erwies sich jedoch bald, daß sich der internationale Bereich nach wie vor eindringlich und zwingend bemerkbar machte und daß er außerdem in Bonn weiterhin gespaltene Reaktionen hervorrief. Das größte Hindernis für die Umsetzung der partiellen Übereinstimmung in außenpolitischen Fragen in ein wirksames politisches Handeln war der sich verstärkende Konflikt zwischen den Vereinigten Staaten und Frankreich in der Mitte der sechziger Jahre. Als sich herausstellte, daß Erhard dazu neigte (und von den Umständen auch dazu gezwungen wurde), eher Washington als Paris zu unterstützen, zeigte sich auch, daß die keimende Übereinstimmung nicht breit genug war, da sie wichtige Teile der Mehrheitspartei, der CDU/CSU, nicht umfaßte. So entwickelte sich bald eine neue Polarisierung politischer Standpunkte, doch im Gegensatz zu der Polarisierung der fünfziger Jahre fand sie jetzt in den Parteien und durch sie hindurch statt, denn sowohl die Standpunkte der »Gaullisten« wie der »Atlantiker« waren am stärksten innerhalb der CDU/CSU vertreten.

Dies war eigentlich nicht überraschend. Seit 1949 hatte die volle Unterstützung der pro-westlichen Politik Adenauers die verschiedenen Kräfte in der CDU/CSU, die sich in anderen Fragen erheblich unterschieden, zusammengehalten. Hinzu kam das Bewußtsein, daß die Wahlerfolge der CDU/CSU zum großen Teil dieser pro-westlichen Haltung zuzuschreiben waren, da diese sich für die politische und wirtschaftliche Genesung Deutschlands so vorteilhaft ausgewirkt hatte. Als die Voraussetzung der Politik Adenauers, eine in sich geschlossene atlantische Gemeinschaft, zerbrach, zerfiel auch die Grundlage der innerparteilichen Harmonie in CDU und CSU – und dies hatte für die politische Zukunft der Partei bedeutsame Folgen. Eine Konsequenz der innerparteilichen Spaltung war, daß die pro-atlantische Linie, die Erhard, Außenminister Gerhard Schröder und Verteidigungsminister Kai-Uwe von Hassel verfolgten, zwar von der Mehrheit der Bundestagsabgeordneten der SPD und der FDP unterstützt wurde, aber in den Reihen der CDU/CSU auf Opposition stieß. Die »Gaullisten« der Partei – Franz Josef Strauß (Verteidigungsminister unter Adenauer und

Vorsitzender der einflußreichen CSU), Bundestagspräsident Eugen Gerstenmaier, der außenpolitische Experte der CSU, Karl von Guttenberg, und Adenauer selbst (der immer noch Parteivorsitzender war) – hielten strategisch einflußreiche Positionen, konnten mit der Unterstützung der katholischen und konservativen Teile in der Partei rechnen und ihre Machtstellung noch dadurch verstärken, daß Erhard sich in politischen Tagesangelegenheiten sehr ungeschickt verhielt.

Den Meinungsverschiedenheiten zwischen Gaullisten und Atlantikern lag eine erhebliche Enttäuschung über die USA zugrunde. Adenauer und Strauß, die besonders stolz auf ihre *Realpolitik* (deutsch im Orig.) waren, hatten den Eindruck, daß die nationalen Interessen Deutschlands durch die Regierung Kennedy und die Regierung Johnson immer weniger beachtet und respektiert wurden. Die Gaullisten waren der Auffassung, daß in der weltweiten Entspannungspolitik der Regierung Kennedy die Bereitschaft Washingtons lag, sich mit der Sowjetunion über Europa und Deutschland hinweg zu einigen, und daß im Gegensatz dazu das außenpolitische Programm de Gaulles, das die Machtstellung Europas in einer multipolaren Welt so weit wie möglich auszubauen suchte, für die Lösung der deutschen außenpolitischen Probleme erheblich mehr versprach. Aus diesen Gründen betrachteten die Gaullisten mit großem Wohlwollen die Bemühungen de Gaulles, Europa eine unabhängigere Rolle in der Weltpolitik zu verschaffen; eine Rolle, die auf der engen deutsch-französischen Zusammenarbeit beruhen und durch das wirtschaftliche und militärische Potential der Mitglieder des Gemeinsamen Marktes gestützt werden sollte. Deshalb verwundert es nicht, daß die Gaullisten von der Aussicht auf die britische Mitgliedschaft in der EWG nicht besonders begeistert waren und daß sie den Kurs der Regierung zur Erweiterung des Gemeinsamen Marktes nur widerwillig unterstützten.

Die rapide Verschlechterung der deutsch-französischen Beziehungen und die Erfolglosigkeit Erhards in Washington, besonders im Zusammenhang mit der MLF (vgl. dazu Kapitel I), vertieften die Spannungen in der CDU/CSU. Die Opposition der Gaullisten bezog sich jedoch nicht nur auf die pro-atlantische Politik Erhards, die nach ihrer Meinung in die falsche Richtung ging und naiv war, sondern auch auf die flexiblere Ostpolitik der Regierung (die im wesentlichen durch Schröder eingeleitet wurde), die sie für genauso wenig realistisch und bestimmt hielten. Die Gaullisten identifizierten sich durch ihre Überzeugung und durch frühere Bindungen weit mehr mit der orthodoxen Position des kalten Krieges aus der Adenauer-Zeit. Ihre Vorstellung einer losen »Gemeinschaft« von ost- und westeuropäischen Staaten, die anscheinend die Grundlage ihrer Wiedervereinigungspolitik war, zielte eindeutig auf die Schwächung der sowjetischen Position in Osteuropa. Insbesondere jedoch widersetzten sie sich jeder Abschwächung der Hallstein-Doktrin und der offiziellen Stellung der Regierung zur Frage der Oder-Neiße-Grenze und traten für eine harte Linie gegenüber dem ostdeutschen Regime ein.

Erhard und Schröder wurden so einerseits von den Gaullisten in ihrer eigenen Partei angegriffen, weil ihre »Öffnung nach Osten« gefährlich sei, andererseits wurde ihnen von ihren Koalitionspartnern, den Freien Demokraten unter der Führung des Vizekanzlers und Ministers für gesamtdeutsche Fragen, Erich Mende, einem alten Gegner von Strauß, vorgeworfen, die Öffnung gehe nicht weit genug. Auf ihrem Parteitag im März 1965 ging die FDP über die Politik der »kleinen Schritte«, für die sich Schröder einsetzte, hinaus, indem sie das Schlagwort der »mittleren Schritte« prägte. Sie verlangte eine Abänderung der Hallstein-Doktrin, um die Aufnahme diplomatischer Beziehungen zu Osteuropa zu ermöglichen. Zwar waren die Freien Demokraten in wirtschaftlichen und sozialen Fragen konservativ und für die EWG-Politik der Regierung, doch ihr Engagement für eine dynamische Wiedervereinigungspolitik führte dazu, daß sie die zögernden Gesten ihres Koalitionspartners gegenüber Osteuropa sehr viel heftiger kritisierten als die sozialdemokratische Opposition. Die Sozialdemokraten betonten vielmehr das »gemeinsame Vorgehen« in der Außenpolitik. Die SPD-Führung war entschlossen, aus dem Bewußtsein der Wähler die Vorstellung völlig zu löschen, daß die Partei weniger als die CDU/CSU um die Sicherheit besorgt sei und für die NATO eintrete. Parteisprecher lehnten es daher im allgemeinen auch ab, in der Kontroverse zwischen Atlantikern und Gaullisten Stellung zu beziehen, mit dem Argument, Bonn dürfe sich weder die Feindschaft von Washington noch von Paris zuziehen.

Dennoch blieb die SPD im Brennpunkt der Debatte über die Deutschlandfrage, die in Bonn um die Mitte der sechziger Jahre zunehmend intensiv geführt wurde. Im Frühjahr und Sommer 1966 beteiligte sich die SPD an den vorzeitig abgebrochenen Bemühungen um einen Redneraustausch zwischen Ost- und Westdeutschland. Darüber hinaus bemühten sich die Sozialdemokraten zusammen mit den Freien Demokraten und einer großen Anzahl von Journalisten, Intellektuellen, kirchlichen Gruppen und anderen weiterhin, die deutsche Frage im Bewußtsein der Öffentlichkeit lebendig zu halten. Fast alle politischen Gruppierungen waren sich einig, daß der Wandel der internationalen Situation und besonders die Veränderungen im Ostblock von Bonn neue Initiativen verlangten, doch sie waren sich nicht einig über das Ausmaß und die Richtung einer revidierten Wiedervereinigungspolitik.

Dabei gab es besonders über die Stellung, die Ostdeutschland in den politischen Machtkalkulationen Bonns einzunehmen habe, breite Diskussionen. Auf der Linken vertraten die Kritiker der offiziellen Ostpolitik der Regierung die Auffassung, daß diese so lange unwirksam bleiben müsse, als Bonn seine starre Haltung zur Oder-Neiße-Linie und zum Münchner Abkommen nicht revidiere. Insbesondere lehnten sie die Versuche zur Isolierung Ostdeutschlands ab, die ein wichtiger Bestandteil der Politik der »kleinen Schritte« von Schröder für eine Annäherung an Osteuropa war. Sie traten vielmehr für verstärkte Kontakte zu Ostdeutschland, auch auf offizieller Ebene, ein, um damit eine Vergrößerung der Kluft zu verhindern und die Liberalisierung des ostdeutschen Regimes zu fördern.

Die Wiedervereinigungsvorschläge der verschiedenen politischen Gruppen unterschieden sich vor allem in der Frage, wie weit Bonn auf die Forderungen Ostdeutschlands eingehen solle, beträchtlich. Die Kritiker auf der Linken waren sich freilich im allgemeinen klar darüber, daß die von ihnen empfohlene Politik – jedenfalls kurzfristig – die internationale und die innenpolitische Stellung der Ulbricht-Regierung stärken könnte, auch wenn sie nicht bis zur Anerkennung Ostdeutschlands ging. Ihrer Meinung nach sollte jedoch die Politik Bonns gegenüber Pankow sich in jedem Fall vorwiegend an die jüngeren, aufsteigenden Parteifunktionäre in Ostdeutschland richten und nicht so sehr an die in ihre Stellungen eingegrabene und auf ihre harte Linie festgelegte Ulbricht-Mannschaft, denn sie hofften, die pragmatischere Einstellung dieser »Gegenelite« werde sich früher oder später in der ostdeutschen Politik durchsetzen.[1]

Der Dialog der Linken hatte keine unmittelbar sichtbare Auswirkung auf die Regierungspolitik. Um so wirksamer war auf Grund ihrer Machtstellung sowohl im Kabinett als in der CDU/CSU die Opposition der Rechten. Wie erwähnt, waren die Gaullisten entschlossen, die gemäßigt fortschrittliche Ostpolitik von Erhard und Schröder zu hintertreiben. Sie blockierten im Jahr 1966 die Aufnahme diplomatischer Beziehungen zu Rumänien, sie verbauten die Gelegenheiten für Sondierungsgespräche mit der CSSR zum gleichen Thema und sie drängten die Regierung zur Abschwächung der versöhnlichen Akzente in der »Friedensnote« Erhards. Das Mißtrauen der Konservativen gegenüber den Kommunisten äußerte sich häufig darin, daß sie sich auf die formal-rechtlichen Bestimmungen der Hallstein-Doktrin beriefen oder sich in einen resignierten Realismus flüchteten. So etwa erklärte Strauß im Frühjahr 1966, daß er sich nicht vorstellen könne, wie unter den gegenwärtigen oder absehbaren Umständen ein wiedervereinigter deutscher Staat entstehen könne.

Zwar schien die öffentliche Meinung in der Frage einer flexibleren Deutschlandpolitik recht aufgeschlossen, doch die CDU/CSU blieb im wesentlichen unbeweglich, und SPD und FDP vermieden es mit Bedacht, sich in einer Frage, die innenpolitisch höchst vielschichtig und heikel war, mit anderen Stellungnahmen zu exponieren. Hätten nicht einige kühnere Gruppen in der SPD und der FDP die Frage gelegentlich aufgenommen, so hätten sich die Führungen der beiden Parteien damit begnügt, die Beziehungen Bonns zu Ostdeutschland außerhalb der institutionellen Politik zu diskutieren und die Frage aus dem Wahlkampf von 1965 herauszuhalten. Dazu gab Peter Bender, der selbst für eine Verständigung mit Ostdeutschland eintrat, 1966 einen ätzenden Kommentar:

»Die einzige Möglichkeit, in der Bundesrepublik eine neue Politik einzuführen, liegt in der Versicherung, daß es sich nur um die Fortführung einer alten Politik handele. Freilich halten es die meisten Politiker für wichtig, nicht für dogmatisch gehalten zu werden. Kürzlich haben sich auch einige zu Sprechern einer Abkehr von der Wiedervereinigungsideologie Bonns gemacht. So erklärte der Minister für gesamtdeutsche Fragen, Erich Mende: ›Wir können im Jahr 1966 eine Wiedervereinigungspolitik nicht mit den Plattitüden und Klischees aus den fünfziger Jahren betreiben.‹ Und der Berliner Bürgermeister Willy Brandt erklärte auf dem SPD-Parteitag im Juni: ›Unsere Situation erlaubt es uns nicht, Leerformeln wie heilige Kühe zu behandeln – als unantastbar und nutzlos.‹ Was immer Mende und Brandt gemeint haben mögen, Worte wie ›Plattitüden‹, ›Klischees‹, ›Leerformeln‹ machen immer noch den Rückzug in die sicheren Gefilde der Orthodoxie möglich. Die verwirrenden Gegensätze zwischen Worten und Taten in der gegenwärtigen deutschen Politik können nur erklärt werden als das Wechselspiel, die Gegenüberstellung und schließlich die völlige Vermischung von alter und neuer Politik.«[2]

Die Linien zwischen der Regierung und der Opposition verwischten sich. Die CDU/CSU (und zum Teil auch ihr Koalitionspartner, die FDP) spielten nicht nur die Rollen der Parteien an der Macht, sondern verhielten sich in einigen der Hauptpunkte der Außenpolitik auch als inoffizielle Opposition, während die offizielle Opposition, die SPD, sich einige Punkte der Regierungspolitik zu eigen machte und sich aus den Streitpunkten, die die Mehrheitspartei spalteten, herauszuhalten suchte. Die Folge daraus, ein wenig klares und eindeutiges Profil der Parteien, half möglicherweise der CDU in dem glanzlosen Wahlkampf von 1965. Erhard erwies sich als ein sehr beachtliches Zugpferd für Stimmen, und die Partei gewann beinahe die absolute Mehrheit, die sie 1961 verloren hatte, zurück.

Die Ergebnisse der Wahl von 1965 waren:

	Stimmenanteil	Mandate
CDU/CSU	47,6%	245
SPD	39,3%	202
FDP	9,5%	49
NPD	2,0%	–
DFU	1,3%	–
andere	0,3%	–
insgesamt	100,0%	496
Wahlbeteiligung	86,8%	

Die Regierung setzte sich aus 16 CDU/CSU-Mitgliedern (mit dem Kanzler), fünf FDP-Mitgliedern und einem Parteilosen zusammen.

Im Gegensatz zu früheren Jahren drückte sich 1965 in einer Stimme für die CDU/CSU eine unsichere Haltung zur Außenpolitik aus, und diese Stimmen ließen sich interpretieren als Weigerung, sich für oder gegen eine »atlantische« oder »gaullistische« Stellungnahme zu entscheiden.

Interessanter als die Wahlen selbst waren die nachfolgenden Verhandlungen über die Bildung einer neuen Regierung. Es war natürlich keine Frage, daß Erhard weiterhin Kanzler bleiben würde – jedenfalls vorerst. Auf Grund der sich verwischenden Linien zwischen Regierung und Opposition wurde jetzt jedoch zum erstenmal ernsthaft die Möglichkeit einer Großen Koalition zwischen Christlichen Demokraten und Sozialdemokraten erwogen. Außerdem war die unmittelbar wohl taktisch gemeinte Drohung von Franz Josef Strauß, die CSU aus ihrer langjährigen Verbindung mit der CDU zu lösen und sie aus einer regionalen Partei in Bayern zu einer nationalen Partei zu erweitern, durchaus plausibel: damit hätte die Anhängerschaft der Gaullisten ein nationales politisches Instrument erhalten und wäre den Wählern der CDU/CSU eine echte Entscheidung über die Hauptfragen der Außenpolitik der sechziger Jahre ermöglicht worden. Schließlich wurde zwar die traditionelle Koalition zwischen CDU/CSU und FDP wieder gebildet (weiterhin mit Schröder als Außenminister, besonders weil die FDP sich heftig gegen Strauß wehrte, der Schröders Nachfolger werden wollte), doch sie wurde in breiten Kreisen als Zwischenlösung betrachtet, weil die Unfähigkeit Erhards als Kanzler seine Rivalen in der CDU/CSU schon zu einer Auseinandersetzung über die Nachfolge mobilisiert hatte. Das Prestige Erhards hatte in Bonn so sehr gelitten, daß zum Zeitpunkt des Wahltriumphs seiner Partei, zu dem er erheblich beigetragen hatte, seine Rivalen schon Pläne für seinen Sturz entwarfen.

Das Feilschen um die Macht in Bonn führte zu einem merkwürdigen und paradoxen Zusammenspiel von innen- und außenpolitischen Überlegungen. Es waren die Gaullisten (Strauß, Guttenberg, Gestenmaier und Adenauer) und nicht die Atlantiker, die entschlossen waren, Erhard die Macht zu entreißen und die Nachfolge Schröders auszuschließen, und die mit der Möglichkeit einer Großen Koalition mit den Sozialdemokraten liebäugelten, obgleich die außenpolitischen Vorstellungen der SPD dem atlantischen Kurs von Schröder und Erhard und der Linie der FDP in der Ostpolitik viel näher und entsprechend im Gegensatz zu den Vorstellungen der Gaullisten standen. Erhard, Schröder und von Hassel fürchteten ihrerseits, daß die Große Koalition mit den Sozialdemokraten, die zwar unter dem Gesichtspunkt der Außenpolitik durchaus annehmbar war, dazu führen könnte, daß ihre Macht in einer »nationalen Front« aufgeschluckt werden könnte. Verständlicherweise war auch die FDP von der Aussicht auf eine Große Koalition oder auf eine All-Parteien-Koalition nicht begeistert. Die FDP, die ständig befürchten mußte, bei Wahlen unter die Fünf-Prozent-Grenze abzusinken und ihre Vertretung im Bundestag zu verlieren, und die durch die geplanten Reformen des Wahlsystems aus dem Parlament ausgeschlossen zu werden drohte, mußte aus Existenzgründen ihr Profil und ihre Machtstellung als »dritte Kraft« beibehalten, auch wenn die Hauptlinien der Außenpolitik einer Großen Koalition zwischen CDU/CSU und SPD für sie vermutlich akzeptabel waren.

Diese Situation hob sich deutlich von der der fünfziger Jahre ab, als die Trennungslinie zwischen Regierung und Opposition scharf war, als die außenpolitischen Programme wesentlich den innenpolitischen Programmen und Machtkalkulationen entsprachen und als diese verschiedenen Aspekte von bestimmten Parteien in vergleichsweise klaren Fronten vertreten wurden. Darüber hinaus waren die verschlungenen Muster von Bündnis und Opposition in den sechziger Jahren und ihre Beziehungen zu außen- und innenpolitischen Überlegungen gewissermaßen doppelt verzahnt. Die unerfreuliche Notwendigkeit, entweder Washington oder Paris zu unterstützen, führte zu einer Polarisierung der Standpunkte, die mit der Polarisierung der fünfziger Jahre Ähnlichkeiten hatte. Doch die Tatsache, daß die Polarisierung der sechziger Jahre durch anders gelagerte Probleme entstand und dadurch wichtige Verschiebungen im internationalen System reflektierte, führte dazu, daß die Vertreter des einen Standpunktes, die Atlantiker, sich über ein breites politisches Spektrum verteilten und dadurch nicht in dem Maße eine politisch »institutionalisierte« Vertretung hatten, wie es der Fall gewesen wäre, wenn dieser Standpunkt von einer politischen Partei vertreten worden wäre. (Diesem Muster der mangelnden Institutionalisierung der Standpunkte widerspricht nicht, daß die Vertreter des gaullistischen Standpunktes sich wesentlich in einer Partei befanden, denn hier ergab sich das Problem, daß die CDU/CSU auch eine wichtige Plattform für den atlantischen Kurs war.)

Dieses Phänomen wirkte sich widersprüchlich auf die Machtkalkulationen der verschiedenen Gruppen und Personen in Bonn aus. Einerseits führte die Verwischung der Linien zwischen Regierung und Opposition (im Vergleich zu den fünfziger Jahren) zu einer größeren Bereitschaft, außenpolitische Vorstellungen um innenpolitischer Vorteile willen anzugleichen. Dieser Prozeß wurde durch den Pragmatismus, der die ideologischen Strukturen der fünfziger Jahre ersetzt hatte, noch erleichtert. Alle Gruppierungen des politischen Spektrums versuchten auf nahezu promiskuitive Weise, mehr oder weniger passende Bettgenossen zu verführen, mit ihnen große oder kleine Koalitionen einzugehen. Auf der anderen Seite wurden die inhaltlichen außenpolitischen Meinungsverschiedenheiten zwischen den Atlantikern und den Gaullisten in der CDU/CSU verschärft durch die Bemühungen der Gaullisten, den Kanzler abzusetzen. Dadurch wurden beide Seiten zur Verkündung außenpolitischer Stellungnahmen gezwungen, die auf beachtlichen Fehleinschätzungen des internationalen Systems beruhten. Sicherlich bestand zwischen den USA und Frankreich ein echter Konflikt, doch die Positionen der Atlantiker und der Gaullisten in Bonn entsprachen nicht wirklich den Positionen von Washington und von Paris. Die innenpolitischen Zusammenschlüsse in außenpolitischen Fragen gestalteten sich nach Alternativen, denen im internationalen Bereich keine echten Alternativen entsprachen. Die außenpolitischen Interessen der Bundesrepublik, wie sie von den Atlantikern oder den Gaullisten interpretiert wurden, standen weder mit denen der USA noch mit denen Frankreichs im Einklang. Fritz René Allemann verwies auf diesen Punkt:

»Die ›Gaullisten‹ waren zwar bemüht, sich näher an Paris anzuschließen, doch waren sie durchaus nicht völlig einverstanden mit der Osteuropapolitik von Präsident de Gaulle, und seine Vision eines größeren Europa unter Einschluß des kommunistischen östlichen Teils erschreckte sie. Die ›Atlantiker‹ ließen sich von dem Traum einer deutschen Beteiligung an der atomaren Verteidigung und von dem Traum einer Art ›besonderer Beziehung‹ zwischen den USA und der Bundesrepublik auch dann noch ködern, als längst klargeworden war, daß Washington den Plan der MLF fallengelassen hatte und in genauso starkem Maße wie de Gaulle selbst daran interessiert war, zu einer Verständigung mit der Sowjetunion und mit den osteuropäischen Verbündeten Moskaus zu kommen. Auf weite Strecken war der Streit dieser Meinungsrichtungen eine Art Tragikomödie der Irrtümer: Die deutschen Anhänger von Frankreich und Amerika kämpften noch immer Schlachten, die ihre ausländischen Freunde schon beendet hatten. In Wirklichkeit verdeckten diese Schlachten jedoch einen Machtkampf, der wenig mit den ideologischen Namenschildern zu tun hatte.«[3]

Die Vielschichtigkeit dieser Situation und die Schwierigkeit, sie zu meistern, hätte jeden Kanzler vor eine beträchtliche Probe gestellt. Erhard war durch eine gespaltene Partei, eine gespaltene Koalition und durch sein eigenes Unvermögen behindert und verlor schnell die Herrschaft über den Entscheidungsprozeß in Bonn. Seine unsichere politische Haltung war ein ernstliches Hindernis für die Regierung, innenpolitische und internationale Probleme anzugehen, und führte dazu, daß – wozu Erhard ohnehin neigte – Entscheidungen hinausgeschoben wurden.

Während des Jahres 1966 traf Erhard eine Reihe politischer Rückschläge, die unausweichlich zu seinem erzwungenen Rücktritt am Ende des Jahres führten. In der Außenpolitik wäre es erforderlich gewesen, zwischen gegensätzlichen Alternativen geschickt zu lavieren oder sie überlegt auszugleichen. Erhards Diplomatie bestand jedoch fast ausschließlich aus pro-atlantischen Gesten und gelegentlichen pro-gaullistischen rhetorischen Äußerungen, die vorweg durch guten Willen und ein leutseliges persönliches Auftreten gestützt wurden. Er konnte die Johnson-Regierung nicht zum Einschwenken auf den deutschen Standpunkt zur MLF überreden, die deutsch-französischen Beziehungen hatten seit der Gründung der Bundesrepublik einen absoluten Tiefstand erreicht, und die halbherzigen Vorstöße der Regierung nach Osteuropa verärgerten lediglich den rechten Flügel der CDU/CSU, ohne Freie Demokraten und Sozialdemokraten sonderlich zu beeindrucken.

In der Innenpolitik sah es auch nicht besser aus. Seit das Wirtschaftswunder eingesetzt hatte, wurde Westdeutschland nun zum erstenmal wieder von einer ernsten Rezession getroffen, die zu Arbeitslosigkeit und einer Verschärfung der Haushalts- und Finanzprobleme führte. Die zur weiteren Finanzierung großzügiger Sozialprogramme erforderlichen Steuererhöhungen wurden nicht durchgeführt, und Erhard verdarb es mit vielen seiner Anhänger auf Grund seiner unzulänglichen Bewältigung der Wirtschafts- und Haushaltprobleme, für die er ja als Experte galt. Die Enttäuschung über den glücklosen Kanzler bei den Wählern und bei den Parteipolitikern kam bei den Wahlen im Bundesstaat Nordrhein-Westfalen im Juni 1966 sehr deutlich zum Ausdruck: Offenbar trug der persönliche Einsatz Erhards im Wahlkampf der CDU/CSU zum Wahlsieg der Sozialdemokraten bei, die mit fast 50 Prozent der Stimmen die stärkste Partei wurden. Da Erhard von der CDU/CSU primär wegen seiner Fähigkeiten, Stimmen zu fangen, ausgewählt worden war, waren nun eindeutig die Amtstage des Kanzlers gezählt.

Die Schwierigkeiten Erhards steigerten sich durch den beunruhigenden Stimmengewinn der rechtsradikalen Nationaldemokratischen Partei (NPD) in regionalen Wahlen der Jahre 1965 und 1966, der von vielen

Beobachtern mit dem Zerfall der Autorität in Bonn in Zusammenhang gebracht wurde. Dazu kam die »Führungskrise« im Verteidigungsministerium im Herbst 1966. Als der Kanzler dann im Herbst von einer Reise nach Washington zurückkam, ohne eine Verminderung oder auch nur einen Aufschub der deutschen Ausgleichszahlungsverpflichtungen erreicht zu haben, zerfielen auch die letzten Reste seines Prestiges. Der unmittelbare Anlaß des Sturzes von Erhard, der Rücktritt der FDP-Minister wegen Haushaltsfragen im Oktober 1966, war nur der auslösende Faktor und nicht die Ursache für den Fall der Regierung Erhard.

1966–1969

Im Dezember 1966 taten sich zum erstenmal seit dem Bestehen der Bundesrepublik die Christlichen Demokraten und die Sozialdemokraten zu einer nationalen Koalitionsregierung zusammen, die ihnen mit 447 von 496 Sitzen im Bundestag eine überwältigende Mehrheit brachte. Die Koalition stand von Anfang an auf unsicherer Grundlage. Sie war, wie Willy Brandt sie charakterisierte, weder eine Liebesheirat noch eine Mußehe, sondern eine Vernunftehe. Der CDU/CSU kam sie vor allem deshalb gelegen, weil die Differenzen mit dem langjährigen Regierungspartner, der FDP, nicht mehr zu überbrücken waren und weil einige Parteiführer befürchteten, daß die zentrifugalen Tendenzen in der Partei zu ihrer Auflösung in der Rolle der Opposition führen könnten. Die Sozialdemokraten, die seit 36 Jahren auf nationaler Ebene nicht mehr an der Regierung gewesen waren, waren darum besorgt, den heimlichen Verdacht der Wählerschaft, die marxistische Vergangenheit der Partei und die Lautstärke ihrer Opposition in den fünfziger Jahren mache sie unfähig zur Regierungsverantwortung, zu entkräften.

Es steckt trotz einer gewissen Übertreibung ein guter Teil Wahrheit in dem Argument von Jürgen Lorenz: »In einem Land, dessen einer Teil von marxistischen Sozialisten unterdrückt wird, sind vielen Leuten auch die demokratischen Sozialisten verdächtig. Außerdem wird der Sozialismus mit Planwirtschaft gleichgesetzt. Der Mann auf der Straße sieht die Planwirtschaft unter dem Aspekt des Krieges und der unmittelbaren Nachkriegsjahre. Kommunismus, Planwirtschaft, zwei Inflationen – das sind die Wurzeln des Mißtrauens der Mehrheit der Deutschen gegen ›die Linke‹« (»Germany after Erhard – An Analysis«, *Atlantic Community Quarterly*, 5/1967, S. 67f.).

Außerdem war die FDP, die in sich gespalten war, für die Sozialdemokraten kein besonders zuverlässiger Koalitionspartner, und sie hätte einem sozialdemokratischen Kanzler erhebliche Schwierigkeiten machen können. Sicherlich hätte die Bildung einer »kleinen Koalition« zwischen SPD und FDP, die nur über eine sehr geringe Mehrheit verfügt hätte, zu einem ausgeprägt neuen Kurs in der Außenpolitik geführt, doch eine solche Koalition hätte unter den unterschiedlichen Auffassungen von Sozialdemokraten und Freien Demokraten in Wirtschafts- und Finanzfragen gelitten. Eine echte Alternative zur bislang herrschenden außenpolitischen Linie war deshalb vor allem aus innenpolitischen Gründen ausgeschlossen.

In der Öffentlichkeit und in beiden Parteien herrschten starke Zweifel daran, daß eine gemeinsame Koalitionsregierung der beiden größten Parteien ein vernünftiger Schritt war. Abgesehen von politischen Befürchtungen und ideologischen Überlegungen, die von beiden Parteien gegen die erwarteten Vorteile abgewogen werden mußten, blieb die ernste Frage, wie sich das Fehlen einer wirksamen Opposition auf die Demokratie auswirken würde – und in dieser Hinsicht war das österreichische Beispiel nicht gerade ermutigend.[4] Andererseits zeigte sich in den ausgedehnten Beratungen und Verhandlungen, die vor der Bildung der neuen Regierung stattfanden und bei denen alle Parteien alle möglichen Koalitionsregelungen in Betracht zogen, auch der zunehmende Pragmatismus und die wachsende Entideologisierung der westdeutschen Politik und die Bereitschaft der Parteien, ihre politische Programmatik den praktischen politischen Vorteilen anzupassen.

Dies heißt jedoch nicht, daß nicht inhaltliche politische Fragen der Innen- und Außenpolitik in den Überlegungen der Parteien eine bedeutende Rolle spielten. Tatsächlich war die eigentliche Rechtfertigung für die Große Koalition, daß eine gemeinsame Anstrengung der beiden größten Parteien zur Lösung der wichtigen politischen Probleme, vor die sich Deutschland gestellt sah, führen konnte: die Außenpolitik Bonns befand sich in einem Zustand völliger Verwirrung; durch den Zerfall der Regierungsautorität und durch das Gefühl der Ziellosigkeit der Politik während der Regierung Erhard wurde in weiten Kreisen der Ruf nach einer starken Regierung laut; die radikale rechte NPD hatte in den Landtagswahlen in Hessen und Bayern (wo sie erstmals in die Landtage einzog) erhebliche Stimmengewinne erzielt; es bestand eine ernste Wirtschafts- und Finanzkrise. Schließlich war für solche entscheidenden Fragen wie die Abänderung des Wahlgesetzes, um ein Zweiparteiensystem zu sichern und eine Reform der Finanzbeziehungen zwischen der Bundesregierung und den Länderregierungen durchzuführen, ein gemeinsames Vorgehen der beiden Parteien und eine Bereitschaft zur gemeinsamen politischen Verantwortung nicht nur notwendig, sondern die Voraussetzung für die nach dem Grundgesetz erforderliche Zwei-Drittel-Mehrheit im Bundestag.

Im Hinblick auf mögliche Streitfragen »erleichterte«, in den Worten von F. R. Allemann, »die CDU die Einigung, indem sie die Hauptpunkte des SPD-Programms akzeptierte: eine Wirtschaftspolitik, die auf eine neue Expansion und nicht auf harte deflationäre Beschränkungen abzielte; eine Außenpolitik, die auf internationaler Entspannung beruhte, auf atomare Ambitionen der Bundesrepublik verzichtete, grundsätzlich für die Aufnahme diplomatischer Beziehungen zu allen kommunistischen Staaten, soweit sie nicht unannehmbare Bedingungen stellten, eintrat und die eine elastische Politik gegenüber Ostdeutschland, mit Regierungskontakten bis zur Schwelle der Anerkennung, möglich machte. Außerdem überließ die CDU ihrem neuen Partner neun von 19 Ministerien, darunter das Außenministerium, das Ministerium für gesamtdeutsche Fragen und die innenpolitischen Schlüsselministerien, das Wirtschafts- und das Justizministerium. Die Einigung, die erreicht wurde, macht außerdem klar, daß die Große Koalition nicht für alle Zeit gedacht war«.[5]

Die endgültige Zusammensetzung der neuen Regierung spiegelte das labile Gleichgewicht, das zwischen den verschiedenen Parteiflügeln, politischen Richtungen und Personen gefunden wurde. Kurt Georg Kiesinger, für den sich die CDU/CSU als Kanzler entschied, war ein Kompromißkandidat. Seiner Kandidatur kam besonders zugute, daß seit 1958 sein Amt als Ministerpräsident von Baden-Württemberg (davor war er einer der außenpolitischen Experten der CDU im Bundestag gewesen) es ihm möglich gemacht hatte, sich aus den Parteistreitigkeiten auf nationaler Ebene, besonders aber aus dem Streit über die Außenpolitik herauszuhalten, wodurch er nun sowohl für die Gaullisten als für die Atlantiker annehmbar war. Er wurde auch, was wichtig war, von Franz Josef Strauß, dem Vorsitzenden der einflußreichen bayerischen CSU, unterstützt, der sich damit seine eigene Rückkehr in die Regierung, aus der er seit der »Spiegel-Affäre« im Jahre 1962 ausgeschlossen war, sicherte. Obgleich viele sozialdemokratische Abgeordnete und Parteifunktionäre eine kleine Koalition mit der FDP vorgezogen hätten und obgleich aus den Reihen der Parteimitglieder Stimmen laut wurden, die die Parteiführung drängten, ihre Entscheidung noch einmal genau zu überprüfen, war die Stellung von Willy Brandt als Parteivorsitzendem zu keinem Zeitpunkt ernsthaft gefährdet. Nachdem fest stand, daß Kiesinger Kanzler und Brandt Vizekanzler und Außenminister wurden, blieb noch die Aufgabe, die anderen Kabinettsposten zwischen den führenden CDU/CSU- und SPD-Politikern aufzuteilen. Dazu mit John Herz:

»Einige ›starke‹ Persönlichkeiten beider Parteien schafften es nicht. Der Militärexperte der SPD, Helmut Schmidt, wollte das Verteidigungsministerium, doch es mußte an Schröder von der CDU abgetreten werden, da er seinerseits das Außenministerium an Brandt abgeben mußte. Ein CDU-Minister ... wurde fallengelassen, da mit ihm ein Katholik zuviel in der Regierung gewesen wäre; sein Posten [das Vertriebenenministerium] ging an den früheren Verteidigungsminister von Hassel, der den Vorzug hatte, Protestant zu sein. Und so ging es weiter. Das Endergebnis war ein Gleichgewicht zwischen fast allen Kräften, Flügeln und Persönlichkeiten: der Ultranationalist von Hassel auf der einen, der frühere Neutralist Gustav Heinemann [als Justizminister] auf der anderen Seite; der Atlantiker Schröder und der Gaullist Strauß [Finanzminister]; der industriefreundliche Wirtschaftsliberale Schmücker und die Gewerkschafter Katzer und Leber; ›Intellektuelle‹ wie Carlo Schmid [und sein SPD-Parteifreund Karl Schiller als Wirtschaftsminister] und ›Techniker der Macht‹ wie Strauß und Paul Lücke [Innenminister].«[6]

Anfangs schien es, als hätte in diesem komplizierten Konglomerat aus politischen Richtungen, mannigfaltigen Persönlichkeiten, persönlichem Ehrgeiz und ungleichen Machtpositionen die SPD eine größere Machtstellung zur Durchführung ihrer Politik (und besonders der Außenpolitik). Doch diese anfänglichen Vorteile schwanden bald. Kiesinger konnte sich zum umsichtigen und vertrauenerweckenden Führer der neuen »Dynamik« in Bonn aufbauen, und die Stimmengewinne der CDU und Stimmenverluste der SPD bei einigen Landtagswahlen im Jahr 1968 schienen ein Zeichen dafür, daß die Sozialdemokraten von der CDU geschickt ausmanövriert wurden und daß diese für sich die Erfolge, die die Große Koalition nach einigen Jahren im Amt für sich verbuchen konnte, einheimste.

Die Leistungen der Großen Koalition waren nicht überwältigend. Im innenpolitischen Bereich war der einzige größere Erfolg der Regierung die neo-keynesianische mittelfristige Finanzpolitik (die sogenannte Mifrifi), mit der der SPD-Wirtschaftsminister Karl Schiller Westdeutschland nach der Rezession von 1966 zu einer neuen Hochkonjunktur führte (diese wurde wesentlich durch einen ausgeglichenen Haushalt, eine Senkung der Diskontsätze der Zentralbank und durch extensive Investitionsabschreibungen erreicht).[7] Die Finanzreform, die zu einer Neugestaltung der Finanzbeziehungen zwischen der Bundesregierung und einigen Ländern führen sollte, erwies sich schließlich als eine verwässerte Maßnahme, die keineswegs eine wirksame Lösung war. Die Auseinandersetzung über das Gesetz zur Verjährung der Kriegsverbrechen und des Völkermords wurde durch einen Kompromiß beigelegt. Und der vielleicht wichtigste Punkt, die Verabschiedung eines neuen Wahlgesetzes nach dem Mehrheitswahlrecht, das das Zweiparteiensystem gesichert und damit die Notwendigkeit zukünftiger Koalitionsregierungen überflüssig gemacht hätte, wurde vertagt.

Die Gründe für das Scheitern dieser Gesetzgebung sind sehr vielschichtig. Die Wahlreform hätte sich für die im Bundestag vertretenen Abgeordneten der beiden großen Parteien nachteilig ausgewirkt. Die Christlichen Demokraten mußten mit Verlusten in den städtischen und die Sozialdemokraten mit Verlusten in den ländlichen (besonders den katholischen) Kreisen rechnen. Außerdem wurde alles in allem damit gerechnet, daß die CDU/CSU höchstwahrscheinlich mit dem geplanten neuen System bei den Wahlen von 1969 die absolute Mehrheit gewinnen würde. Die SPD versuchte deshalb, den Zeitpunkt des Inkrafttretens der Reform bis 1973 hinauszuschieben.
Die Wahlreform hätte darüber hinaus nicht nur die radikale rechte NPD, sondern auch die Freien Demokraten ausgebootet, da diese nicht damit rechnen konnten, ein Direktmandat im Mehrheitswahlsystem zu gewinnen. Die Beziehungen zwischen den Freien Demokraten und den Sozialdemokraten hatten sich jedoch erheblich verbessert, seit im Frühjahr 1969 der Kandidat der SPD, Gustav Heinemann, mit den Stimmen der FDP zum Bundespräsidenten gewählt worden war.
Außerdem fragt Gerhard Lehmbruch (in: »Ambiguous Coalition«, S. 204) zu Recht, ob eine Reform des Wahlsystems tatsächlich zu einem »echten System alternativer Regierung« führen würde. »Einige Autoren nehmen dies offenbar an, und zwar auf der Grundlage theoretischer Überlegungen, die auf der Isolierung bestimmter Variablen des Wählerverhaltens beruhen. . . . Wenn man aber die übrigen institutionellen und sozialen Bedingungen und die eingeführten Gewohnheiten bei der Behandlung politischer Konflikte berücksichtigt, kann man damit rechnen, daß viele wichtige Probleme weiterhin durch Verhandlungen zwischen Gruppen und nicht durch den Wahlkampf oder durch parlamentarische Mehrheiten erledigt werden.«

In der Außenpolitik war das vorrangige (und allgemeinste) Bestreben der Großen Koalition, Deutschlands Handlungsspielraum zu erweitern und einen realistischeren Kurs einzuführen. Doch internationale und innenpolitische Faktoren zusammen machten es fast unmöglich, der Lösung der wichtigsten außenpolitischen Probleme näherzukommen. Schon während der Regierungszeit Erhards setzte sich in der Bundesrepublik in weiten Kreisen die klare Einsicht durch, daß die allgemeinen Grundsätze, die die deutsche Außenpolitik in den Jahren ihrer Entwicklung unter Adenauer bestimmt hatten, Grundsätze, die im Rahmen des kalten Krieges formuliert wurden, in einem Rahmen der Koexistenz zwischen Ost und West nicht länger angewendet werden konnten. Die Möglichkeiten für eine gründliche (wenn auch vielleicht schmerzliche) Neueinschätzung, die nun mit einer verantwortlichen Regierung der »nationalen Front« aufzutauchen schienen, schufen auch Erwartungen darüber, daß die neuen Führer, die alle in irgendeinem Punkt mit der Außenpolitik Erhards unzufrieden waren, neue Grundsätze formulieren und eine dynamischere Außenpolitik verfolgen würden.

Man vergleiche dazu beispielsweise die glühenden Hoffnungen, die Theo Sommer in *Foreign Affairs* (April 1967, S. 477) kurz nach der Bildung der Großen

Koalition zum Ausdruck brachte: »Die deutsche Szene hat sich zur Unkenntlichkeit verändert. Nach Jahren der Ziellosigkeit und der Unentschlossenheit ist Bonn jetzt von einem neuen Gefühl der Kraft und der Zielstrebigkeit durchdrungen . . . (und) erst jetzt gibt es eine Regierung, die sich den Ungewißheiten der Zukunft mit dem tröstlichen Gefühl stellen kann, daß die innenpolitische Basis intakt ist. Vermutlich bedurfte es der Großen Koalition, damit eine zuverlässige parlamentarische Mehrheit für eine Politik der Erneuerung entstand und sich ein neuer Führungsstil entwickeln konnte, der entspannt, doch entschlossen, voll Selbstvertrauen, aber nicht arrogant, praktisch und dennoch einfallsreich ist.«
Zwei Jahre später hatten sich seine Hoffnungen gedämpft: »Wie die Karten des politischen Spiels derzeit gemischt sind und wie die entscheidenden Spieler ihre Strategie angelegt haben, wird auch der Wahlgang am 28. September (1969) nichts daran ändern. Der nächste Kanzler wird wohl wiederum Kiesinger heißen, die nächste Regierungskoalition abermals die schwarz-rote Flagge führen. Doch darf man sich nichts vormachen lassen: Das wird weder eine Frage der Prozente noch eine Frage der Personen sein, sondern schlicht eine Frage des mangelnden Willens zum Wandel. Man kann das nur mit Betrübnis verzeichnen, denn jede andere Koalition wäre für Staat und Gesellschaft besser als die jetzige.« (*Die Zeit* vom 27. Juni 1969, S. 1.)

Solche neuen Ansätze wurden in der Tat entworfen. Die neuen Möglichkeiten, die das internationale System um die Mitte der sechziger Jahre zu eröffnen schien, waren jedoch besonders trügerisch. Verglichen mit der wesentlich bipolaren Struktur des kalten Krieges der fünfziger Jahre, die den Bonner Politikern starre und nicht zu vereinbarende Alternativen aufgezwungen hatte, schien die zersplitterte und fließende Struktur der sechziger Jahre einen größeren Handlungsspielraum zu bieten (Erhard wurde von vielen politischen Kreisen kritisiert, weil er diese offenkundigen Handlungsmöglichkeiten nicht ausgenutzt hatte). Doch die klaren Begrenzungen der Bonner Außenpolitik in den fünfziger Jahren wurden in den sechziger Jahren durch ein weniger sichtbares, aber nicht weniger verbindliches und noch komplizierteres Netz von Zwängen ersetzt. Und der Grund für die Unfähigkeit Bonns, die außenpolitischen Ziele wirksam zu verfolgen, lag zum großen Teil in den weiterhin vorhandenen Widerständen des internationalen Bereichs. Doch schienen neue Möglichkeiten vorgegeben; und die Große Koalition verpflichtete sich in ihren frühen Äußerungen auch, sie auszunutzen. Man hatte große Hoffnungen, die, als sie durch Hindernisse von außen zerstört wurden, sich zu ernsten Belastungen im innenpolitischen Bereich auswuchsen. Karl Kaiser hat diesen Vorgang im Hinblick auf die Ostpolitik Bonns treffend beschrieben:

»Eine engagierte Ostpolitik, die das Abwarten durch Aktivität und das Abfinden mit einer vorübergehend starren Situation durch den Glauben an wirkliche Chancen eines Fortschritts ersetzt, ist für Rückschläge besonders anfällig. Ein politischer Rückschlag, der unter den früheren Umständen als Ergebnis einer unmöglichen Situation betrachtet werden konnte, wird jetzt zu einer klaren Niederlage.«[8]

Die Große Koalition wurde (und das ist wohl nicht verwunderlich) von dem Problem, die politische Verantwortung sowohl für die Erfolge als auch für die Niederlagen zu teilen, am stärksten belastet. Da im politischen Entscheidungsapparat in Bonn verschiedene Gruppen versuchten, außenpolitische Ziele in verschiedenen Richtungen und mit verschiedenen Mitteln zu erreichen, konnten die Vertreter neuer Ansätze ihre Fehlschläge zum Teil mit den Kompromissen begründen, die geschlossen werden mußten, da, wie sie sagten, verwässerte, halbe Maßnahmen nicht dieselben Ergebnisse bringen konnten wie klare und nachdrückliche Initiativen.

Rückblickend erscheint es zweifelhaft, ob eine stärker umgestaltete Ostpolitik, für die die SPD eintrat, bessere Ergebnisse erbracht hätte (angesichts der Ereignisse in der Tschechoslowakei könnte man sogar das Gegenteil annehmen), doch auch ein unvoreingenommener Betrachter wie James Richardson bemerkte im Herbst 1968, daß, obgleich die Kritiker der Außenpolitik der Großen Koalition diese nicht völlig umstoßen konnten, »die Gegner [dieser Außenpolitik] in der CDU stark genug sein könnten, um ihre *Nuancen* zu beeinflussen – und diese *Nuancen* können in der heiklen Angelegenheit der Aufnahme von Beziehungen zu osteuropäischen Regierungen entscheidend sein«. (»Eastern Policy«, S. 383.)

Außerdem war die institutionelle Verantwortung für die Außenpolitik nicht genau geklärt. Kiesinger und Brandt waren Vorsitzende ihrer Parteien. Kiesinger hatte als Kanzler nach der Verfassuung das Recht, die allgemeinen Richtlinien der Politik zu bestimmen, doch war andererseits Brandt im Außenministerium eindeutig die treibende Kraft bei der Erneuerung der Außenpolitik.

Es ist unwahrscheinlich, daß reine, neue außenpolitische Strategien zu anderen Ergebnissen geführt hätten, dies ist jedoch auch für die Erörterung des innenpolitischen Zusammenhangs der Außenpolitik nicht so wichtig. Wichtiger ist hier, daß das System von wechselseitigen Hemmungen und Gleichgewichten in der Außenpolitik, das in die Große Koalition eingebaut war, zu Kompromissen führte, die nicht nur bestimmte politische Maßnahmen verwässerten, sondern auch die Zuständigkeit der Regierung zermürbten. Nur selten äußerte sich die Große Koalition einstimmig. Und dies ist nicht verwunderlich, wenn man die gegensätzlichen außenpolitischen Vorstellungen betrachtet, die in der Regierung »institutionalisiert« waren. Im Hinblick auf die Wiedervereinigungsfrage und auf die neue Ostpolitik der Regierung gab es mindestens zwei gegensätzliche Ansichten, die beide im Kabinett nachdrücklich vertreten wurden. Karl Kaiser charakterisierte sie 1968 so:

»Für die erste (Ansicht) bleibt die *kleindeutsche Lösung* (deutsch im Orig.) Bismarcks für einen einheitlichen deutschen Staat, ein *Reich*, ein relevantes Modell als Richtlinie für die deutsche Politik. Unterstützt wird sie von verschiedenn, nicht klar bestimmten Gruppen. Bestimmen lassen sich gewisse Stützpunkte bei konservativen Protestanten, älteren Beamten (besonders Diplomaten), bei Flüchtlingen und bei der extremen Rechten. Die zweite Auffassung sucht, teils in Reaktion auf die erste, nach einer anderen Lösung des deutschen Problems, wenn nötig auch in Form einer radikalen Abweichung von den Vorstellungen der vergangenen Jahrzehnte und früherer deutscher Regierungen. Ihre Umrisse blieben etwas unbestimmt, doch der gemeinsame Punkt ist die Bereitschaft, eine politische Organisation für Deutschland zu akzeptieren, die auf getrennten politischen Einheiten beruht, die miteinander und mit benachbarten Einheiten durch verschiedene Formen des Zusammenschlusses, der Zusammenarbeit, der Konföderation usw. verbunden sind. Ihre Anhänger finden sich besonders unter Katholiken, unter Protestanten links von der Mitte und häufiger in der jüngeren als in der älteren Generation.
Die Unmöglichkeit der direkten Vereinigung in einem Staat macht die neue *Deutschland-* und *Ostpolitik* für die »Neo-Bismarckianer« annehmbar und für die »Zusammenschluß«-Reformer zwingend. Der Waffenstillstand zwischen ihnen wird ermöglicht durch eine Politik, die auf dem Zusammenschluß der beiden deutschen Staaten in der *nahen* Zukunft und gleichzeitigen Proklamation eines einheitlichen deutschen Staates als mögliches Ziel für die *ferne* Zukunft beruht.«[9]

Auch vor der sowjetischen Invasion der Tschechoslowakei, die die Voraussetzungen für beide Vorstellungen ernstlich in Frage stellte, arbeiteten die verschiedenen politischen Standpunkte zur Deutschlandfrage, die in der Großen Koalition vertreten waren, gegeneinander, und dabei stellten die konservativeren Teile der CDU/CSU eine ständige Bremse für die Kräfte der Erneuerung in der SPD dar. Die meisten Initiativen der Sozialdemokraten, wie etwa der Meinungsaustausch Herbert Wehners mit Ulbricht in der Presse, seine Andeutungen, offizielle Kontakte zur ostdeutschen Regierung seien möglich, wenn sich die Situation Ostdeutschlands nach österreichischem oder auch jugoslawischem Muster entwickle, oder das ständige Eintreten Willy Brandts für eine aktive Ostpolitik, stießen häufig mit den orthodoxen Positionen der Konservativen in der CDU/CSU zusammen, die im Alleinvertretungsanspruch, in der Hallstein-Doktrin und in der Weigerung, Ostdeutschland und die bestehenden Grenzen anzuerkennen, zum Ausdruck kamen. Bundeskanzler Kiesinger trug zwar selbst zu den neuen Initiativen Bonns bei, indem er sich etwa direkt und halboffiziell mit dem ostdeutschen Ministerpräsidenten in Verbindung setzte und indirekt das ostdeutsche Regime als die tatsächliche Regierung Ostdeutschlands anerkannte, doch stand er an sich den neuen Ansätzen weniger aufgeschlossen gegenüber als die SPD, und außerdem wurde er von den konservativeren Kräften in seiner eigenen Partei in Schach gehalten. 1968 wandte er sich nachdrücklich gegen eine Anerkennung Ostdeutschlands und kritisierte die Reformer als *Anerkennungspartei* (deutsch im Orig.). Außerdem fühlte er sich verpflichtet, sich ausdrücklich von der Forderung Willy Brandts nach der »Anerkennung und Respektierung« der Oder-Neiße-Linie (bis zu einem endgültigen Friedensvertrag), die dieser auf dem Parteitag der SPD im März 1968 gestellt hatte, zu distanzieren.

Es ist immerhin bemerkenswert, daß Brandts Vorschlag nicht viel öffentliche Unruhe erregte. Karl Kaiser (*German Foreign Policy*, S. 45) faßt die Ergebnisse von Meinungsumfragen zu diesem Thema folgendermaßen zusammen:
»Auf die Frage, ob sie die Oder-Neiße-Linie ›anerkennen‹ würden, gaben 19 % der Befragten einer EMNID-Umfrage eine bejahende, 51 % eine verneinende Antwort (Juni 1967); auf die Frage, ob die Deutschen sich mit der neuen Grenze ›abfinden‹ sollten, ergab eine Untersuchung des Allensbach-Instituts, daß 35 % dafür und 43 % dagegen waren (Oktober 1967). Die Frage jedoch, ob die Oder-Neiße-Linie ›anerkannt‹ werden sollte, ›wenn dafür die deutsche Einheit zustande käme‹, beantworteten 50 % positiv und 25 % negativ (Allensbach 1966); das Verhältnis war 53 % dafür und 33 % dagegen, ›wenn die Anerkennung bessere Beziehungen zum Osten schaffen würde‹ (Allensbach, 7. November 1967).«
Die Situation war etwas anders im Hinblick auf das Verhältnis Bonns zu Ostdeutschland. Eine Umfrage des Allensbach-Instituts (über die im *Stern* vom 10. März 1966 berichtet wird), zeigt, daß 29 % der Befragten für und 50 % gegen die Anerkennung waren, falls die Anerkennung eine Bedingung für die Errichtung humanitärer Kontakte zu Ostdeutschland sei. In Beantwortung einer Frage, die den Bezug auf die humanitären Überlegungen ausließ, äußerten sich 61 % gegen und 21 % für die Anerkennung (Richardson, »Eastern Policy«, S. 379, Fußnote).

Die Invasion der Tschechoslowakei, die weder für die Reformer noch für die Konservativen irgendwie erfreulich war, stärkte tendenziell die Stellung der Konservativen. Die Invasion und die Errichtung der vollständigen sowjetischen Kontrolle im Frühjahr 1969 schien für die skeptische Haltung der Konservativen gegenüber dem »New Look« des Kreml in den sechziger Jahren zu sprechen und ihr Argument zu bestätigen, daß die Reformer den konsequenten und berechtigten orthodoxen deutschen Standpunkt ohne Garantie durch die Sowjetunion und angesichts eines unverminderten sowjetischen Imperialismus aufgaben.

Der Konflikt zwischen den Reformern und den Traditionalisten wurde im Wahljahr 1969 verschärft. In den Jahren von Bundestagswahlen ging die politische Auseinandersetzung in der Bundesrepublik traditionell nach rechts und 1969 fiel es der SPD sehr schwer, die flexiblere Ostpolitik, auf die sich die Große Koalition geeinigt hatte und die in ihren ersten Erklärungen zum Ausdruck kam, gegen die zunehmend »national-konservative« außenpolitische Linie der Christlichen Demokraten zu verteidigen. In der »Deutschlanddebatte« des Bundestags im April wurde deutlich, daß die Invasion der Tschechoslowakei und das Scheitern der Annäherungsversuche Bonns an Moskau und Ost-Berlin die Entschlossenheit der Konservativen, den Neuerungen, die sie für unrealistisch und selbstzerstörerisch hielten, Grenzen zu setzen, versteift hatte. In dieser Debatte trug auch der Kanzler dazu bei, die Vielschichtigkeit der Bonner Ostpolitik auf viel zu simple Argumente zu reduzieren und damit indirekt die Befürchtungen der Traditionalisten zu unterstützen. Und selbst die Sozialdemokraten fühlten sich verpflichtet, mit dem Vokabular der Entspannung und Flexibilität sehr vorsichtig umzugehen. Die Forderung der FDP nach einem *Generalvertrag* (deutsch im Orig.), einem allgemeinen Vertrag zur Regelung der westdeutschen Beziehungen zu Ostdeutschland, wurde zwar nicht von vornherein zurückgewiesen, doch der allgemeine Tenor der Debatte deutete darauf hin, daß sich die Christlichen Demokraten auf einen Wahlkampf vorbereiteten, der in einer modifizierten Fassung auf das Motto »keine Experimente« hinauslief, mit dem sie in der Vergangenheit bei verschiedenen Gelegenheiten Erfolg hatten.

So reagierte beispielsweise der rechte Flügel der CDU (und besonders die Teile, die den organisierten Vertriebenenkreisen nahestanden) extrem negativ, als Willy Brandt im Mai 1969 auf ein polnisches Angebot über die Aufnahme von Verhandlungen zur Anerkennung der Oder-Neiße-Linie, das auch dem Vorschlag des SPD-Parteitags von 1968 entsprach, wohlwollend einging. Vgl. *Der Spiegel*, 22/1969, S.28.

Die Sozialdemokraten waren jedoch ihrerseits nicht bereit, bei der Verteidigung der neuen Ostpolitik Bonns zu sehr nachzugeben. Der Parteitag der SPD in Bad Godesberg im Frühjahr 1969 wurde von einigen der forscheren Bezirke, die sich für die offene Anerkennung Ostdeutschlands einsetzten, unter Druck gesetzt, und er faßte einen Beschluß, in dem festgestellt wurde, daß zwar die Frage der völkerrechtlichen Anerkennung Ostdeutschlands nicht relevant sei, da es sich bei Ostdeutschland nicht um ein fremdes Land handle, daß aber Bonn mit dem ostdeutschen Regime »ohne jede Diskriminierung« verkehren solle, da die Existenz eines ostdeutschen Staates nicht zu leugnen sei. Eine ähnliche Formel wurde von den Freien Demokraten auf ihrem Parteitag angenommen. Der wesentliche Unterschied war, daß die FDP mit Ostdeutschland über die Normalisierung der Beziehungen so bald wie möglich verhandeln wollte, während die SPD, die die Erfolgsaussichten skeptischer beurteilte und die durch ihren Koalitionspartner gebunden war, sich für eine Verschiebung bis zu dem Zeitpunkt einsetzte, an dem der Erfolg wahrscheinlicher sei. Die Freien Demokraten verlangten ausdrücklich die Abschaffung der Hallstein-Doktrin und des Bonner Alleinvertretungsanspruchs, doch die Frage der Oder-Neiße-Linie ignorierten sie weitgehend.

Zwar war die Übereinstimmung zwischen der SPD und der FDP über das Verhältnis zu Ostdeutschland nicht erstaunlich, dennoch wurde sie mit besonderem Interesse betrachtet, da sie sich anschloß an die Tatsache, daß die FDP den Kandidaten der SPD zum Bundespräsidenten, Gustav Heinemann, unterstützte. Durch die Unterstützung der FDP wurde Heinemann von der Bundesversammlung mit einem knappen Stimmenvorsprung vor dem Kandidaten der CDU/CSU, Gerhard Schröder, gewählt. Nachdem die Freien Demokraten unter der Führung von Walter Scheel hier den Sozialdemokraten ihre Parteidisziplin unter Beweis gestellt hatten, wurde eine kleine Koalition zwischen SPD und FDP nach den Wahlen im Herbst 1969 immerhin denkbar.

Die Spannungen in der Koalition über die Ostpolitik Bonns wurden erneut an die Öffentlichkeit getragen, als im Mai 1969 der Irak, Kambodscha und der Sudan diplomatische Beziehungen zu Ost-Berlin aufnahmen. Bonn hatte keine diplomatischen Beziehungen zum Irak und zum Sudan (als Westdeutschland 1965 diplomatische Beziehungen zu Israel aufnahm, zogen die meisten arabischen Staaten ihre Botschafter aus Bonn zurück), und so war es der Fall Kambodscha, der zu einer neuen Auseinandersetzung darüber führte, ob man den weiteren Zerfall der Hallstein-Doktrin in Kauf nehmen solle oder ob sie nicht wenigstens für die Länder der Dritten Welt weiterhin in Kraft bleiben solle. Außenminister Brandt, dessen Abneigung gegen die Hallstein-Doktrin (die er als ein veraltetes Relikt aus der Zeit Adenauers betrachtete) bekannt war, riet, die Beziehungen zu Kambodscha nicht abzubrechen, eine Haltung, die selbst von Franz Josef Strauß geteilt wurde. Führende CDU-Politiker, einschließlich des Kanzlers, setzten sich jedoch für eine harte Linie und für die Anwendung der Hallstein-Doktrin ein, obgleich Kiesinger in seiner eigenen Partei für die Aussetzung der Doktrin im Falle Jugoslawiens plädiert hatte.

Der Kompromiß, der im Kabinett erreicht wurde, nämlich die Entscheidung, die Beziehungen nicht abzubrechen, aber den deutschen Botschafter definitiv zurückzuziehen, ist ein typisches Beispiel dafür, wie sich die Hallstein-Doktrin in ihren Auswirkungen gegen ihre Urheber wandte. Da die Bundesrepublik jetzt in Kambodscha nur noch eine »Vertretungsmission« hatte, stufte sie ihre eigene Anwesenheit herab, während Ostdeutschland durch eine Botschaft voll vertreten war – eine direkte Umkehrung der früheren Situation. Die Anhänger der Hallstein-Doktrin befürchteten eine »Kettenreaktion« unter den Ländern der Dritten Welt. Im November 1967 hatte sich Kiesinger auf einer Asienreise zu vergewissern gesucht, daß die Anerkennung Jugoslawiens durch Bonn nicht massenweise zu einer Anerkennung Ostdeutschlands durch asiatische Länder führen würde. Durch diese Reaktion auf die Kambodscha-Affäre schien die Bundesregierung aber jetzt die Initiative in der Dritten Welt an Ostdeutschland abzutreten, und man betrachtete mit Sorge diesen Präzedenzfall für die Zukunft, wenn möglicherweise Laos, Burma oder selbst Indien dem Vorgehen Kambodschas folgen könnten. In ihrer Stellungnahme betonte die Bundesregierung, daß die Bundesrepublik in Zukunft die Anerkennung Ostdeutschlands durch Länder der Dritten Welt als unfreundlichen Akt betrachten würde und daß die Bonner Regierung ihre »Haltung und die Maßnahmen von der Einschätzung des Interesses des gesamten deutschen Volkes unter den gegebenen Umständen abhängig machen würde«. Diese Erklärung veranlaßte einen Kommentator zu der sarkastischen Bemerkung: »In anderen Worten, gebellt wird auf jeden Fall, gebissen nur unter Umständen.«[10]

Die Meinungsverschiedenheiten über die neue Ostpolitik Bonns zeigten sich innerhalb der Großen Koalition auch in den widersprüchlichen Standpunkten über die richtige Haltung Bonns in der Außenpolitik im allgemeinen und in der Frage der Bündnispolitik und der Entspannungsbemühungen zwischen Ost und West im besonderen. Ein besonders auffallendes Beispiel für diesen Konflikt war die Auseinandersetzung über den Atomwaffensperrvertrag. In der Debatte beanspruchten beide Seiten mit einem gewissen Recht, daß sie in der Verteidigung ihrer Position »realistisch« seien. Die Gruppen, die für die Unterzeichnung des Vertrags durch Deutschland eintraten (oder mindestens die Aussicht darauf akzeptierten), nämlich fast alle Sozialdemokraten, Freien Demokraten und die gemäßigten Teile in der CDU, schätzten die politischen und psychologischen Belastungen realistisch ein, die sich aus der Ablehnung eines entscheidenden Elements der Rüstungskontrolle ergeben würden, eines Elements, das atomare Stabilisierung versprach und daher von den Verbündeten und Gegnern Bonns weitgehend unterstützt wurde.

Die Gegner des Vertrags, mit Franz Josef Strauß an der Spitze (der ihn als ein »Versailles von kosmischen Ausmaßen« bezeichnete), dem früheren Bundeskanzler Adenauer (vor seinem Tod im April 1967) und einigen anderen führenden Politikern von CDU und CSU, sahen in ihm ein weiteres Beispiel für das Komplicentum zwischen der Sowjetunion und den USA, durch das lebenswichtige nationale deutsche Interessen ohne irgendeine Entschädigung fundamental geschädigt würden und durch das die gegenwärtige und zukünftige Bewegungsfähigkeit Bonns ernstlich beeinträchtigt würde.[11]

Strauß betonte besonders, daß der Vertrag der NATO, der EWG und der »gleichberechtigten Partnerschaft« Deutschlands mit den USA schaden würde und daß er Bonns Verhandlungsposition in der Deutschlandfrage schwächen würde. Er drohte im Herbst 1968, die CSU von der CDU abzutrennen und sie zu einer nationalen Partei aufzubauen, falls die Regierung den Vertrag unterzeichne. (Es wurde Strauß auch unterstellt, er benutze die Frage des Atomwaffensperrvertrags, um potentielle NPD-Wähler zu umwerben oder, noch schlimmer, um mit einer CSU-NPD-Koalition in einer Art deutschen *apertura a destra* zu regieren). Zwar waren die Gegner des Vertrags auch realistisch genug, um einzusehen, daß Bonn vermutlich nicht dem vereinten Druck von Ost und West widerstehen könne, doch waren sie entschlossen (einem internationalen und nationalen Publikum) eine außenpolitische Linie vorzuführen, die ein gewisses Maß an deutscher Unabhängigkeit besonders gegenüber den USA demonstrierte. Sie verlangten von der Großen Koalition die neue Entschlossenheit, die diese in die Bonner Außenpolitik einzuführen versprochen hatte. Dieser Druck vom rechten Flügel der Koalition kam Bundeskanzler Kiesinger nicht gänzlich ungelegen, denn er wollte jede Handlung bis nach den Wahlen im September verschieben, und er hoffte, ihn in seinen Verhandlungen mit Washington einsetzen zu können. (Hier sollte auch erwähnt werden, daß nicht nur CDU/CSU-Minister, sondern auch SPD-Minister im Kabinett der Auffassung waren, daß Erhard und Schröder gegenüber den USA zu nachgiebig gewesen waren.)

Die fehlenden echten Gelegenheiten, diese Entschlossenheit auf der politischen und strategischen Ebene gegenüber den USA zu demonstrieren, und die Enttäuschung der deutschen Gaullisten über die unabhängige Außenpolitik Frankreichs (von deren Gestaltung Bonn auch ausgeschlossen blieb, nachdem sich die Große Koalition mit großem Respekt um de Gaulle bemüht hatte), erklären zum Teil die hartnäckige Haltung Bonns während der »Krise des Franc«. Auf der Währungskonferenz im November 1968 in Bonn traten die in der Außenpolitik »Konservativen«, die durch Franz Josef Strauß vertreten waren, und die »reformerischen Liberalen«, vertreten durch SPD-Wirtschaftsminister Karl Schiller, zusammen mit einer unnachgiebigen Haltung gegen die Aufwertung auf. Sie erhielten dabei die Zustimmung der deutschen Öffentlichkeit (obgleich einige Fachleute, wie der Präsident der Deutschen Bundesbank, Karl Blessing, sich für die Aufwertung einsetzten). Natürlich hatten Schiller und Strauß verschiedene politische und wirtschaftliche Beweggründe. Schiller fürchtete, daß die Aufwertung sich nachteilig auf sein Wirtschaftsprogramm der Ankurbelung, mit dem er die deutsche Wirtschaft aus der Rezession von 1966 herausgeführt hatte, auswirken würde; Strauß war dagegen, weil die Aufwertung den Bundeshaushalt erheblich belastet hätte und weil er, was für ihn noch wichtiger war, in der Auseinandersetzung um die Währung eine Gelegenheit sah, den harten »Realismus« und die Entschlossenheit zu zeigen, die er in der Außenpolitik Bonns seit langem vermißte.

Doch war die Partnerschaft zwischen Schiller und Strauß von kurzer Dauer. Die Möglichkeit einer Aufwertung der Deutschen Mark, die im Frühjahr 1969 ins Gespräch gebracht wurde, wurde zum explosivsten Thema des Wahljahres und spaltete praktisch die Große Koalition.

Teils auf Grund des ständigen Anstiegs der deutschen Exporte (sie lagen im März 1969 um 40 % höher als im März 1968), teils auf Grund des unangemessenen internationalen Systems der Wechselkurse der Währungen und teils auf Grund des Rücktritts von de Gaulle strömte Anfang Mai 1969 eine neue Welle von spekulativem »heißen Geld« nach Deutschland. (Diesmal jedoch wurde, im Gegensatz zum November 1968, wenig Druck aus dem Ausland auf Bonn ausgeübt, und die politischen Folgen machten sich auch eher im innenpolitischen als im internationalen Bereich bemerkbar.) Um den Zustrom ausländischer Währung zu stoppen, beschloß das Kabinett Anfang Mai nach einer stürmischen Sitzung (in der der Präsident der Zentralbank, die Mehrheit der wirtschaftlichen Experten und besonders Wirtschaftsminister Karl Schiller überstimmt wurden), die D-Mark nicht aufzuwerten, und ein Regierungssprecher erklärte theatralisch, diese Entscheidung sei »endgültig, eindeutig und für alle Ewigkeit«.

Die wirtschaftlichen Verzweigungen dieses gesamten Problems im internationalen und innenpolitischen Bereich waren höchst kompliziert und nicht annähernd so klar, wie die beiden gegnerischen Parteien sie darstellten. Gerade die Vielschichtigkeit des Problems machte es leicht, seine absehbaren wirtschaftlichen Folgen in der öffentlichen Diskussion ungebührend zu vereinfachen. Die Sozialdemokraten warfen den Christlichen Demokraten vor, sie würden die Inflation anheizen, während die Christlichen Demokraten der SPD vorwarfen, sie manipuliere die Mark. Die Anhänger und die Gegner des Regierungsbeschlusses waren sich über die politischen und psychologischen Auswirkungen gerade im Wahljahr im klaren. Die Gegner der Aufwertung – und hier besonders Finanzminister Strauß, aber auch der Kanzler, wenn auch zögernd und nach Beratungen mit Unternehmern und Bankkreisen – hatten ernste Zweifel daran, daß eine einseitige Angleichung der Parität der Mark die Grundmängel des internationalen Währungssystems lösen könnte. Außerdem nahmen sie natürlich Rücksicht auf die Neigungen der Interessengruppen, die traditionell die CDU unterstützten. Die führenden Politiker der CDU/CSU wollten sich nicht gegen die vom Export abhängigen Industriekreise wenden. Und sie fürchteten, daß die Aufwertung die landwirtschaftlichen Wähler, denen ohne eine Entschädigung durch zusätzliche Subventionen Verluste bevorstanden, in die wachsenden Reihen der extremen rechten NPD treiben würde. (Eine solche Bewegung hätte durch die Veränderung des Parteienverhältnisses im Bundestag zukünftig vermutlich jede Koalition zwischen CDU/CSU und FDP ausgeschlossen.) Die Politiker der CDU/CSU gefielen sich auch in der Rolle der Verteidiger gegen »Spekulanten« und darin, mit erhobenem Zeigefinger auf Länder mit angeblich unverantwortlichen Finanzpraktiken zu deuten.

Es ist einfach aber falsch, finstere »Spekulanten« für die Währungskrisen vom November 1968 und vom Mai 1969 verantwortlich zu machen. Die Wirklichkeit ist sehr vielschichtig. Erstens kam ein großer Teil des Zustroms an »heißem Geld« von großen Industriekonzernen (besonders von internationalen Konzernen, die ihre Investitionen in ihren europäischen Tochtergesellschaften erhöhten), von Handelsbanken und auch von den Zentralbanken der Regierungen. Diese Unternehmen versuchten, ihre Geldreserven in Märkten anzulegen, die sowohl sicher als auch rentabel erschienen. Außerdem kauften viele große deutsche Industriefirmen Dollar oder andere fremde Währungen und tauschten sie, soweit wie möglich, in D-Mark um.
Zweitens war ein großer Teil des Zustroms nicht eigentlich »spekulativ«, sondern Ausdruck des durchaus berechtigten Wunsches, die Zahlungsbedingungen zu verändern. So bestanden beispielsweise die Käufer deutscher Exportgüter auf Vorauszahlung. Solche Vorauszahlungen können eine ganze Kette an Finanztransaktionen in Gang setzen. Die ausländischen Währungen, die deutsche Exporteure verdienen, werden, nachdem sie zur Umwandlung in D-Mark an die Zentralbank gegeben werden, von der Zentralbank wieder bei Handelsbanken in einem komplizierten Verfahren »eingetauscht« (mit einem garantierten Wechselkurs und Termingeschäften). Dies wiederum macht es den Handelsbanken möglich, Dollars zu erwerben und diese unmittelbar wieder in D-Mark umzuwandeln, und zwar entweder, um Gewinne zu erzielen oder um sich – wie im Falle der Aufwertung – gegen Verluste zu sichern. Dadurch entsteht ein »Multiplikator«-Effekt. Im November 1968 und im Mai 1969 wurden Dollars unmittelbar (und teils wiederholt) nach Deutschland zurücktransferiert. Sie belasteten entsprechend die Zentralbank mit Schulden, die, im Falle der Aufwertung, erheblich höher sind als die »sichtbaren« ausländischen Währungsreserven, die bei der Zentralbank liegen: Die Bank ist nämlich verpflichtet, im Terminhandel Dollars zur alten Parität aufzukaufen, und das kann sehr kostspielig werden. Dies veranlaßte die deutsche Zentralbank, Mitte Mai die »Tausch«-Transaktionen mit den Handelsbanken einzustellen.
Drittens wurde ein beträchtlicher Teil des »heißen Geldes«, das nach den Entscheidungen vom November und Mai gegen die Aufwertung den gesättigten deutschen Geldmarkt anscheinend verließ, in deutschen Wertpapieren reinvestiert, mit dem Ergebnis, daß die Börsenkurse erheblich stiegen, und zwar ins-

besondere deshalb, weil sie anfangs im Vergleich zum internationalen Niveau unterbewertet waren. In gewisser Weise wurde damit die Börse zum Ersatz für die unmittelbare Aufwertung.

Die Befürworter der Aufwertung, Zentralbankpräsident Karl Blessing, Wirtschaftsminister Karl Schiller (der eine Aufwertung von 6,25 % vorschlug), die übrigen SPD-Minister und viele Wirtschaftsexperten hielten die Überbrückungsmaßnahmen vom November 1968 für unzureichend, um das vorhandene (und wachsende) Ungleichgewicht des Handels zu korrigieren. Nach ihrer Meinung mußte die Deutsche Mark gegen die deutlichen inflationären Tendenzen im Ausland geschützt werden (in Frankreich lag die Inflationsrate bei 10 %, in Holland bei 7 %). Ohne Aufwertung würde die Inflation in anderen Ländern schließlich zu einer »importierten« Inflation in Deutschland selbst führen, und dies hätte schwerwiegende Folgen für die deutsche Wirtschaft. Sie fürchteten, daß die Preissteigerungen (besonders für Lebensmittel und Mieten) die Stabilität der Mark gefährden würden.

Die Trennungslinie zwischen den beiden streitenden Parteien fiel schließlich ziemlich genau mit den Parteilinien von CDU/CSU und SPD zusammen, während die FDP beiden Seiten vorwarf, daß sie sich in der Öffentlichkeit über ein ernstes wirtschaftliches Problem in unqualifizierter Weise zankten. Es ging beiden Teilen nicht nur um die Wahlen im September, sondern auch darum, daß grundsätzliche Ziele berührt wurden. Wie bei den meisten wirtschaftlichen Kontroversen, ging es auch hier wesentlich um die Verteilung oder Umverteilung des Volkseinkommens, also um die grundsätzliche Frage: Wer bezahlt wen wofür? Die konservativen und gemäßigten Kräfte in der CDU/CSU nahmen natürlich sehr genaue Rücksicht auf die Interessen ihrer traditionellen Anhänger unter den Landwirten, den Kleinunternehmern und der Großindustrie. Schiller, der in den Kreisen der Großindustrie an Popularität gewonnen hatte, seit sein wirtschaftliches »Wiederbelebungsprogramm« die Gewinne um durchschnittlich 17,6 % im Jahre 1968 hatte erhöhen helfen, fühlte sich dem Engagement seiner Partei für die unteren Einkommensschichten und Kleinsparer verpflichtet. Und die Sozialdemokraten wollten durch höhere Löhne den Anteil der Lohnempfänger am Wohlstand Deutschlands vergrößern, ohne daß die industriellen Arbeitgeber diese Lohnerhöhung durch eine Erhöhung der Preise wieder zunichte machen konnten. Die Stabilisierung der D-Mark und die Tatsache, daß erwartungsgemäß mit der Aufwertung der D-Mark die deutschen Industrie- und Handelskreise einer härteren internationalen Konkurrenz ausgesetzt würden, konnten diesem Ziel dienen und gleichzeitig die wirtschaftliche Konjunktur dämpfen. Der Beschluß der Großen Koalition, der einen Tag nach den Wahlen vom 28. September 1969 gefaßt wurde, vorübergehend durch die Freigabe der Kurse eine Art Aufwertung durch das freie Einpendeln der Kurse zuzulassen (vgl. Kap. II), wurde zum Teil der amtierenden Koalitionsregierung aufgezwungen: Er wurde gefaßt, um einer neuen Währungskrise vorzubeugen und um eine formelle Aufwertung schon einzuleiten, die dann von den Sozialdemokraten, deren bestimmende Rolle in einer neuen Koalitionsregierung sich schon abzeichnete, durchgeführt werden sollte.

Im Wahljahr 1969 nahmen die programmatischen Differenzen, die die Große Koalition schon immer belastet hatten, zu und trugen zu einer wachsenden Stagnation in der Außenpolitik Bonns bei. Die verflochtenen Interessenkalkulationen, die die beiden Koalitionspartner einmal zusammengebracht hatten, führten jedoch zu einem Zustand, in dem fast alle Teile der Koalition einerseits die öffentliche Auseinandersetzung dämpften, während sie gleichzeitig versuchten, das Profil der eigenen Parteien klar herauszuarbeiten und außenpolitische Fragen für das innenpolitische Prestige einzusetzen. Keiner der beiden Koalitionspartner wollte es vor den Wahlen zu einem vollen und offenen Bruch kommen lassen. Sowohl die Christlichen Demokraten als die Sozialdemokraten kalkulierten ein, daß die Wahlresultate im September sie möglicherweise zur Fortführung der Koalition zwingen würden, weil die Freien Demokraten vielleicht entweder nicht bereit waren, erneut mit der CDU/CSU zusammenzugehen, oder zu schwach, um eine Koalition mit der SPD einzugehen.

Tatsächlich erhielten die Freien Demokraten nur 5,8% der Stimmen bei der Wahl im September 1969 (verglichen mit 9,5% im Jahr 1965) und die SPD-FDP-Koalition verfügt nur über eine knappe Mehrheit im Bundestag. Die Ergebnisse der Wahl von 1969 sind:

	Stimmenanteil	Mandate
CDU/CSU	46,1%	242
SPD	42,7%	224
FDP	5,8%	30
NPD	4,3%	–
andere	1,1%	–
insgesamt	100,0%	496
Wahlbeteiligung	86,7%	

Die Koalitionsregierung von SPD und FDP bestand aus elf Mitgliedern der SPD (mit dem Kanzler), drei Mitgliedern der FDP und einem parteilosen Mitglied.

Ein offener Bruch in der Koalition hätte auch den künftigen Einsatz Kiesingers in Frage gestellt, da er als »Koalitionskanzler« für das Experiment stand. Er wäre in die schwierige Situation gekommen, mit einem Minderheitskabinett bis zu den Wahlen regieren zu müssen. Schließlich wollten die Christlichen Demokraten (möglicherweise mit Ausnahme von Franz Josef Strauß, der für seine CSU eine Schlüsselstellung erhoffte) nicht von vornherein die Möglichkeit der Bildung einer neuen Großen Koalition ausschließen. Eine zweite Große Koalition wäre jedoch schwer zu rechtfertigen gewesen, wenn die erste mit dem offenen Eingeständnis ihres Scheiterns geendet hätte.

Bei den Sozialdemokraten wurden ähnliche Überlegungen angestellt. Zwar hatte sich auf dem Parteitag im April im großen und ganzen das neue Selbstvertrauen der Partei gezeigt (und war ihre Absicht deutlich geworden, im Wahlkampf die konstruktive und rationale Rolle, die die SPD in der Regierung gespielt hatte, zu betonen), doch die Meinungsumfragen vor den Wahlen waren nicht besonders ermunternd. Einige Parteiführer (besonders Herbert Wehner) waren auch der Überzeugung, daß die Wähler noch immer Zweifel an der Vertrauenswürdigkeit der Partei hatten. So erklärt sich auch, warum die SPD sich im Mai nicht mit den Christlichen Demokraten auf einen umfassenden Kampf über die Frage der Aufwertung einlassen wollte. Die Strategen der SPD wollten mit den Christlichen Demokraten nicht wegen eines Problems brechen, das vom Durchschnittswähler so wenig verstanden wurde. Und sie wollten es auch besonders deshalb nicht zum Bruch kommen lassen, weil Schiller, mit dessen Fähigkeit, Stimmen zu gewinnen, die SPD stark rechnete, hier selbst an exponierter Stelle einbezogen war (Strauß gab sich schon als »Verteidiger der Mark«, und nach einer Meinungsumfrage waren 87 % der Befragten gegen die Aufwertung und nur 4 % mit Schiller und Blessing einverstanden). Die Wahlstrategie der SPD, die auf dem Parteitag im April entworfen wurde, sah dann auch eine Arbeitsteilung vor: Schiller, der für sich verbuchen konnte, daß er die deutsche Wirtschaft aus der Rezession zu den Höhen einer neuen Konjunktur geführt hatte, wurde zum idealen Symbol für die Vertrauenswürdigkeit der Partei in innenpolitischen (und besonders wirtschaftlichen) Fragen; Willy Brandt sollte der Partei Stimmengewinne auf der Grundlage der Flexibilität und »Modernität« der SPD in außenpolitischen Fragen bringen. Die SPD hoffte also, in wirtschaftlichen Fragen durch ihren Ruck nach »rechts« bei den Gemäßigten an Boden zu gewinnen, während sie in außenpolitischen Fragen nach »links« rückte. Damit sollten die Christlichen Demokraten in beiden Bereichen ausmanövriert werden.

Im Verlauf des Jahres 1969 machte sich in der deutschen Öffentlichkeit eine gewisse Unruhe über den Stillstand der deutschen Außenpolitik und außerdem die Bereitschaft bemerkbar, mögliche Alternativen wenigstens zu erörtern. Doch für die Parteien war es schwierig, überzeugende politische Standpunkte zu beziehen. Einer wirkungsvollen Führung in der Außenpolitik standen drei Haupthindernisse entgegen. Das erste war die »Unterdrückung von Konflikten« zwischen den deutschen politischen Parteien, die zwar primär den Machtkalkulationen und der Anpassung der Parteien aneinander im Bereich der Innenpolitik entsprang, die sich jedoch auf den gesamten politischen Prozeß und auch auf die Gestaltung der Außenpolitik nachhaltig auswirkte. Das zweite Hindernis war die Struktur des internationalen Systems der sechziger Jahre und das dritte der Zerfall politischer Ideologien in Westdeutschland.

Die Frage der »Unterdrückung der Konflikte« stellte sich folgendermaßen: In Deutschland werden, wie in vielen anderen modernen Demokratien, die politischen Einstellungen und die sozio-ökonomischen Interessen der Öffentlichkeit nur unzulänglich im Parteiensystem zusammengefaßt und artikuliert. Die Folge ist, daß die deutschen Politiker (besonders in den drei Jahren der Großen Koalition) dazu neigen, gegensätzliche Standpunkte durch ein System der »Konfliktregelung« anzugleichen, in dem politische Alternativen weniger nach ihrem Eigenwert als danach eingeschätzt werden, wie man den kleinsten gemeinsamen Nenner findet, der noch für die Verfechter der strittigen Ansichten annehmbar ist. Ralf Dahrendorf beurteilt diesen Punkt für Deutschland so:

> Ich weiß nicht, ob wir das Ende des Parteiensystems erreicht haben, aber ich bin sicher, daß durch das derzeitige Parteiensystem nicht mehr die aktuellen sozialen und politischen Differenzen vertreten werden, um von den Bemühungen, sie zu lösen, ganz zu schweigen, sondern daß dieses System dazu neigt, diese Differenzen zu unterdrücken. Damit trägt es dazu bei, ein zunehmend starres und daher auch zunehmend unglaubwürdiges politisches System aufrechtzuerhalten.[12]

Dieses Phänomen stellt für die Gestaltung der Außenpolitik besondere Probleme. Wenn in einer demokratischen Gesellschaft Konflikte gedämpft werden, weil die politischen Parteien sich als flexible Makler von Interessen verstehen, so kann dies zweifellos dann eine heilsame Wirkung haben, wenn die Anhängerschaft scharf gespalten ist und wenn die Bereitschaft zum Kompromiß frontale, sprengende und unversöhnliche Konflikte verhindert. Doch in Deutschland war 1969 die Situation nahezu genau umgekehrt. Die Führungen der etablierten politischen Parteien hatten es nicht mit einer Sturzwelle gegensätzlicher Standpunkte zur Außenpolitik, sondern eher mit einer allgemeinen Ratlosigkeit und Konturenlosigkeit zu tun. Darüber hinaus waren die Auswirkungen des internationalen Systems auf das westdeutsche innenpolitische System gegen Ende der sechziger Jahre geringer als in den Entstehungsjahren der Bundesrepublik. Dadurch wirkten sich 1969 die außenpolitischen Entscheidungen weniger spürbar auf das tägliche Leben des Durchschnittsbürgers aus, als dies zu Beginn der fünfziger Jahre der Fall gewesen war, als die pro-westliche Politik Adenauers direkt zu wirtschaftlichen und politischen Vorteilen führte. Jedenfalls schien gegen Ende der sechziger Jahre die Öffentlichkeit an außenpolitischen Fragen genügend interessiert und ihnen gegenüber genügend distanziert, um rationale Alternativen zu unterstützen, wenn diese vorgebracht worden wären.

Doch die unzugängliche und vielschichtige Struktur des internationalen Systems erschwerte die Führung in der Außenpolitik. Die allgemeine Unzugänglichkeit des internationalen Systems verhinderte selbst pragmatische und kurzfristige politische Initiativen, die sich, wenn sie erfolgreich gewesen wären, schrittweise zu einem zwar vorläufigen, aber doch zusammenhängenden Programm hätten kristallisieren können. Gleichzeitig machte die Vielschichtigkeit des Systems einen »großen Entwurf« unmöglich, der als langfristige strategische Anleitung und als Mittel hätte dienen können, um die öffentliche Meinung zu bilden und sie um eine überzeugende außenpolitische Richtung zu sammeln. Führung in der Außenpolitik erfordert in der Regel, daß die führenden Politiker eine komplexe Realität in verantwortlicher Weise stark vereinfachen. Der Mangel an Führung in Bonn entsprang nicht so sehr einem Mangel an Willen, als einem Mangel an Gelegenheit, aus dem verschlungenen internationalen System große Handlungsalternativen zu entwickeln. Hier ist wiederum der Gegensatz zwischen dem Ende der sechziger Jahre und dem Beginn der fünfziger Jahre aufschlußreich. Die wesentlich bipolare Struktur des internationalen Systems während der Zeit des kalten Krieges bot sich geradezu (und vielleicht zu sehr) für die Formulierung einer westdeutschen außenpolitischen Linie an, die, auch wenn sie vermutlich keine realistische Alternative hatte, unterstützt werden konnte durch den Verweis auf recht klar umrissene Strukturen von internationalen Zwängen und Möglichkeiten, die ihrerseits deutlich und in weiten Kreisen begriffen wurden. Solchermaßen einsichtige Verkürzungen der Wirklichkeit konnten aus der vielschichtigen und unzugänglichen internationalen Situation der sechziger Jahre nicht entwickelt werden.

Die innenpolitischen und die internationalen Faktoren, die einem zusammenhängenden außenpolitischen Entwurf im Wege standen, wurden durch den Zerfall politischer Ideologien in den sechziger Jahren noch zusätzlich bekräftigt. Seit der Entstehung der Bundesrepublik hatten sich die CDU/CSU und in geringerem Ausmaße auch die FDP jeder genau definierten ideologischen Vorstellung des Gemeinwohls enthalten, weil diese nicht nur beim Zugang zu großen und heterogenen Anhängergruppen eine Behinderung gewesen wäre, sondern auch, weil das Ableben des nationalsozialistischen Regimes bei den meisten Deutschen einen ideologischen Katzenjammer zurückgelassen hatte. Nachdem die Sozialdemokraten gegen Ende der fünfziger Jahre den dogmatischen Marxismus abgelegt hatten, wurden die deutschen politischen Parteien primär Instrumente zum Zwecke des Machterwerbs, und sie waren nicht länger Organe politischer Ideologien oder bewußt artikulierter Wertordnungen für politische und soziale Aktionen. Dieser Prozeß wurde deutlich und verstärkt durch den erfolgsorientierten Pragmatismus, der seit Anfang der sechziger Jahre den politischen Prozeß charakterisierte und der durch einige wichtige Tendenzen in der deutschen Gesellschaft erleichtert wurde. Soziale Schranken und Klassenunterschiede wurden unter den Bedingungen wirtschaftlichen Wohlstands abgebaut, und das Fehlen einer anerkannten herrschenden Elite schuf einen flexibleren und toleranteren Rahmen für soziale und politische Ideen. Der Wohlstand brachte einen gewissen hedonistischen Utilitarismus mit sich, der wenig Verwendung für ideologische Anstrengungen hatte. Die Mehrheit der Wähler schien zu einer vorsichtigen und stabilen Politik zu neigen, und das Wahlsystem förderte die Appelle an die Mehrheit der Mitte, indem es kleine politische Parteien durch die übergewichtige Repräsentation von Parteien mit größerer Gefolgschaft benachteiligte.

Dieses »Ende der Ideologie« stand einmal in direkter Verbindung mit der pragmatischen »Unterdrückung der Konflikte« bei den politischen Parteien, andererseits läßt es sich auch in verschiedener Weise zum außenpolitischen Gestaltungsprozeß in Beziehung setzen. Zum einen hatten die Veränderungen des internationalen Systems über zwei Jahrzehnte hinweg eine nachhaltige, wenngleich feine und indirekte Auswirkung auf den Prozeß der Entideologisierung. Da die großen Parteien in den fünfziger Jahren davon überzeugt waren, daß die Außenpolitik der Innenpolitik die Grenzen setze und letztlich die Sozialordnung, die in Deutschland gelten würde, bestimmte, kehrte die ideologisch geprägte politische Auseinandersetzung notwendig im Streit um die Außenpolitik wieder und wurde durch ihn noch betont. Als gegen Ende der fünfziger und zu Beginn der sechziger Jahre die Grenzen des im internationalen System Erreichbaren sich deutlich und unbestreitbar abzeichneten, erzwang das internationale System auch eine pragmatischere und rationalere Einschätzung außenpolitischer Pläne und machte außerdem deren Vertretern die autonomere Beurteilung innenpolitischer Fragen möglich. Die scharfen Meinungsverschiedenheiten über die Außenpolitik in den fünfziger Jahren waren häufig durch konkurrierende Wertsysteme verursacht. Gegen Ende der Adenauer-Periode im Jahr 1963 hatte der Zusammenbruch klar definierter, gegensätzlicher Standpunkte zwischen den Parteien und zwischen Regierung und Opposition wesentlich zum Zerfall der ideologischen Gehalte der gesamten politischen Diskussion beigetragen.

Dennoch schafften es weder die Regierung Erhard noch die Große Koalition, den Pragmatismus in eine wirksame Außenpolitik oder in wirklich erneuernde gesellschaftliche Reformen umzusetzen. Statt dessen führten die Abwesenheit einer wirksamen Führung, die Krise des politischen Vorstellungsvermögens und ein gewisser Überdruß an der Politik der Zweckmäßigkeit (besonders bei der jüngeren Generation) zu einer heftigen Reaktion auf das »Ende der Ideologie« und zu einer Gegentendenz, die sich in einer neuen Suche nach Ideen und Werten, mit denen man die komplexe und verwirrende Wirklichkeit erklären konnte, ausdrückte. Diese »dialektische« Antwort auf das Ende der Ideologie – ein Phänomen, das sich nicht auf Deutschland beschränkt – resultierte in beträchtlichem Ausmaß aus den Enttäuschungen über die Stagnation der deutschen Außenpolitik. Auf der Rechten sprach die Nationaldemokratische Partei die Wähler mit einem traditionellen, konservativen Nationalismus an, der neo-nationalsozialistische Beiklänge hatte. Die locker organisierte extreme Linke bildete dagegen eine »außerparlamentarische Opposition« mit der Begründung, daß im politischen Leben keine nennenswerte Opposition mehr existiere, seit die SPD in das deutsche »Establishment« eingetaucht sei, und daß die deutsche Außenpolitik gründlich revidiert werden müsse.

Wichtiger als die Suche der Extremisten nach der Gewißheit und dem psychologischen Trost einer *Weltanschauung* war die politisch-psychologische Haltung der Mitte. Zwar ist es schwierig und vielleicht gewagt, über eine solch große und heterogene Gruppe etwas Allgemeines auszusagen, doch es scheint, als habe sich eine politische Einstellung verbreitet, die sich (jedenfalls indirekt) um die Idee des »nationalen Interesses« konzentriert. Diese Einstellung ist nicht so sehr Ausdruck eines neuen Nationalismus – obgleich es natürlich in dem weiten Spektrum der Mitte politische Gruppierungen gibt, deren Haltung sich so charakterisieren läßt –, als vielmehr des Gefühls, daß die westdeutsche Außenpolitik unter Umständen sehr viel entschlossener den harten »Wirklichkeiten« des internationalen Bereichs angepaßt werden müßte. Mit der Betonung des nationalen Interesses lassen sich viele politische

Gruppen mit sonst unterschiedlichen Haltungen zusammenbringen. Oberflächlich betrachtet, geht es hier nicht um ausdrückliche und gegensätzliche ideologische Festlegungen. Vielmehr bietet sich hier anscheinend eine Richtschnur für kurzfristige und pragmatische politische Handlungen und eine psychologisch befriedigende allgemeine Erklärung für die Mechanismen der Weltpolitik an. Kurz, diese Orientierung am nationalen Interesse paßt recht gut zu der Stimmung (und der Selbsttäuschung) der Mehrheit der Öffentlichkeit: sie ist »pragmatisch« und »realistisch«, bietet jedoch einen »Sinn« ohne offene ideologische Züge; sie ist entschlossen und bestimmt, aber nicht allzu kämpferisch; sie liefert einen Standpunkt, der ohne direktes politisches Engagement vertreten werden kann.

Es ist für jede Gesellschaft nur von begrenztem Wert, sich auf das »objektive« Vorhandensein eines nationalen Interesses als Richtschnur für die Gestaltung der Außenpolitik zu verlassen, und sei es auch nur aus dem Grund, daß, selbst wenn es ein objektives nationales Interesse gäbe, die verschiedenen Politiker und die verschiedenen Teile der Öffentlichkeit diese »objektive« Wirklichkeit in subjektiv verschiedener Weise begreifen, artikulieren und für sich verwenden würden. Im Falle Westdeutschlands ist dieser Wert jedoch besonders zweifelhaft. Die vielschichtige und einschränkende Struktur des gegenwärtigen internationalen Systems legt von sich aus und aus sich heraus noch nicht besonders eindeutig nahe, was das deutsche nationale Interesse sein könnte. Entsprechend können aus ihr auch keine großen und einsichtigen Leitlinien über den Inhalt und die Mittel zur Verwirklichung der westdeutschen außenpolitischen Ziele abgeleitet werden. Dies wird besonders klar am Beispiel des Ziels der Wiedervereinigung. Nicht nur sind die Wege zur Verwirklichung mit Hindernissen gepflastert, auch die Natur des Ziels selbst – die Wiedervereinigung oder Assoziierung von zwei Staaten der gleichen Nation – erzeugt die politische (und semantische) Schwierigkeit, wie dem »nationalen« Interesse des einen Teils Deutschlands, der Bundesrepublik, angesichts des widersprechenden »nationalen« Interesses des anderen Teils gedient werden kann. Pierre Hassner stellt dazu (noch vor der Invasion der Tschechoslowakei) fest:

»Die zwei großen, langfristigen (vielleicht sich widersprechenden, vielleicht sich ergänzenden) Ziele deutscher Politik – die Vereinigung Europas und die Wiedervereinigung Deutschlands – sind beide zur gleichen Zeit in eine unabsehbare und zweifelhafte Zukunft entwichen. Wie der schwindende Glaube an das erste Ziel eine stärker national geprägte Politik fördert, so beraubt der schwindende Glaube an das zweite Ziel diese nationale Politik ihrer natürlichen Zielstellung. Das erste Phänomen schafft eine Neigung, den Status quo in Frage zu stellen;

das zweite demonstriert durch die Stabilität des Status quo die zu erwartende Enttäuschung dieser Neigung. Für Deutschland besteht daher die Gefahr, daß es eine nationale Politik ohne nationale Ziele hat – das beste Rezept für Instabilität, das sich denken läßt.«[13]

Die politischen und psychologischen Verwirrungen und Enttäuschungen, die aus der Konzentration auf ein nationales Interesse, das kein erreichbares natürliches Ziel hat, erwachsen, verweisen auf eine der grundlegendsten Wandlungen im Verhältnis zwischen dem internationalen System und dem deutschen innenpolitischen System in den letzten beiden Jahrzehnten. In den Entstehungsjahren der Bundesrepublik wurden außenpolitische Fragen weitgehend praktisch erfahren, aber oft ideologisch und programmatisch ausgedrückt. Heute scheint die außenpolitische Diskussion den am nationalen Interesse orientierten »Pragmatismus« zu betonen, doch die Resultate der Außenpolitik haben ihre unmittelbare Bedeutung für das tägliche Leben des Durchschnittsbürgers verloren und werden eher psychologisch erfahren. Gegen Ende der vierziger und zu Beginn der fünfziger Jahre wurden im allgemeinen Richtung und Inhalt des innenpolitischen Systems stark durch den internationalen Bereich geprägt, während sie heute weit stärker durch innere Antriebskräfte bestimmt werden, die, auch wenn sie empfindlich für Impulse von außen bleiben, sich doch im großen und ganzen aus sich heraus erneuern und erhalten.

Da es zu einem Zeitpunkt, an dem die Idee des deutschen nationalen Interesses wächst, kein realistisches nationales Ziel gibt, haben sich viele Deutsche, auch prominente Politiker in Bonn, halbpolitische und pseudo-politische Ersatzziele gesucht. Dieses Phänomen läßt sich sowohl sprachlich wie im Bereich der Wirtschaft nachweisen: viele Deutsche scheinen anfällig für einen gewissen »Exportnationalismus«.

Herbert Giersch, der Direktor des Instituts für Europäische Wirtschaftspolitik in Saarbrücken, sagte dazu in einem Interview in *Der Spiegel* (2/1969, S. 52): »Unsere durch die Unterbewertung der D-Mark subventionierte Exportoffensive droht zu einer Art Ersatznationalismus zu werden. Wenn ich an die Argumente denke, die neulich auf dem NPD-Parteitag vorgebracht wurden, so kann ich mich des Gefühls nicht erwehren, daß unser alter politisch-militärischer Nationalismus als Export-Nationalismus wieder auflebt.«

Ein Zeichen dafür war das kraftprotzende Auftreten der Deutschen in den Auseinandersetzungen um die Währungsprobleme im November 1968. Offenbar werden hier Befriedigungen erlebt, die sonst nur durch Erfolge bei den Olympischen Spielen verschafft werden. Es bleibt abzuwarten, ob und wie lange solche Trostpflaster als Ersatz für ein echtes Selbstverständnis dienen können.

Anmerkungen

Die vollständigen Angaben der in Kurzform zitierten Werke finden sich im Literaturverzeichnis.

Zu Kapitel I:

1 Ismay, NATO, S. 47.
2 Buchan und Windsor, Arms and Stability, S. 38.
3 Vgl. die ausführlichen Darstellungen bei Aron und Lerner, France Defeats the EDC and Furniss, Troubled Ally, Kap. 2 und 3.
4 Speier, German Rearmament, S. 210 und S. 197–212.
5 Richardson, Germany, S. 42.
6 Osgood, NATO, S. 255.
7 Kissinger, Unresolved Problems, S. 520 (Hervorh. im Orig.).
8 Buchan und Windsor, Arms and Stability, S. 12.
9 Schlesinger, A Thousand Days, S. 790.
10 Buchan und Windsor, Arms and Stability, S. 192–201.
11 Schlesinger, A Thousand Days, S. 780–787.
12 a.a.O., S. 780.
13 Vgl. Shulman, Europe Versus »Detente«, Gasteyger, American Dilemma, und Foster, New Directions.
14 Unterstaatssekretär George Ball am 10. April 1966, zit. nach Brodie, How not to Lead, S. 23.
15 Christian Science Monitor vom 8. März 1966.
16 Sommer, Bonn Changes Course, S. 486, vgl. auch ders., Objectives of Germany.
17 Bader, Nuclear Weapons Sharing, S. 698; eine zusammenfassende Behandlung der rechtlichen Aspekte findet sich bei Willrich, West Germany's Pledge.
18 Vgl. Brandt, Außenpolitik, S. 88, und das Interview mit Bundeskanzler Kiesinger, in: Der Spiegel, 13/1967, S. 42–53.
19 The New York Times vom 30. März 1967, S. 17.
20 Cleveland, NATO, Nau, Militärische Überlegungen, und Ranger, NATO's Reaction to Czechoslovakia. Die Invasion erhöhte auch die Zweifel am politischen und militärischen Wert der französischen Force de Frappe oder einer ähnlich strukturierten europäischen Atomstreitmacht. Vgl. dazu Delmar, L'Affair Tchèchoslovaquie.
21 Vgl. u.a. die Vorschläge des Warschauer Pakts bei der Tagung in Prag (Oktober 1969) und bei der Tagung in Budapest (März 1969), die Karlsbader Erklärung und die Erklärung von Bukarest des Politischen Komitees des Warschauer Pakts. Vgl. dazu auch Orlik und Rasmerov, European Security, S. 3–8 und S. 14; Sedivy, European Cooperation; Komponenten der europäischen Sicherheit; Centre d'Études de Politique Étrangère, Modèles; das Statement on Defense Estimates 1967 aus Großbritannien, S. 4; Gasteyger, Europe in the Seventies, und Blumenfeld, Europäische Friedensordnung. Als Beitrag von deutscher Seite nach der Invasion der Tschechoslowakei vgl. die Studie der Deutschen Gesellschaft für Auswärtige Politik, Mögliche Entwicklungen.
22 Vgl. dazu die ausführliche Darstellung bei Hassner, Change and Security.
23 Vgl. Bluhm, Detente, und Birnbaum, Das westliche Bündnis.
24 Vgl. Wettig, Europäische Sicherheit, und Mosely, East-West Detente.
25 Hassner, Change and Security, S. 20.%
26 Brandt, Außenpolitik, S. 97; die Zusammenfassung einer Rede von Bundeskanzler Kiesinger mit ähnlichem Inhalt findet sich in: Europa-Archiv, 18/1967, S. 683f.
27 Shub, Lessons of Czechoslovakia.

28 Long, Strategic Balance and ABM, S. 5; vgl. auch Wiesner, Cold War is Dead, und Klefisch, Strategie der siebziger Jahre, und ders., Brauchen wir Atomwaffen?
29 Hassner, Change and Security, S. 4.
30 Nerlich, Nukleare Dilemmas, S. 643; vgl. auch Richardson, Germany, Kap. 3 und 4.

Zu Kapitel II:

1 McInnis, Hiscocks und Spencer, Postwar Germany, S. 133.
2 Vgl. Wallich, Mainsprings.
3 Vgl. die ausführliche Darstellung der Montanunion in: Haas, Uniting of Europe.
4 Willis, France, Germany, and the New Europe, S. 265f.
5 a.a.O., S. 312.
6 Vgl. dazu die ausführliche Diskussion bei: Camps, European Unification.
7 a.a.O., S. 109.
8 a.a.O., S. 117f.
9 Hassner, German and European Reunification, S. 33f.
10 Brzezinski, Alternative to Partition, S. 108f. (hier zitiert nach der deutschen Ausgabe, Alternative zur Teilung, Köln/Berlin 1966, S. 141).
11 The New York Times vom 6. Oktober 1968.
12 Eine ausgewogene Darstellung der französischen Wirtschaft des Jahres 1967 findet sich in: OECD Economic Surveys: France.
13 The New York Times vom 23. November 1968, S. 80.
14 Vgl. zu Einzelheiten der Kürzung des französischen Rüstungsprogramms Der Spiegel, 9/1969, S. 122ff.
15 Vgl. das Interview mit Wirtschaftsminister Karl Schiller in: Der Spiegel 48/1968, S. 36ff.
16 OECD Economic Surveys: Germany, bes. S. 24–31; vgl. auch die Übersicht für Deutschland, hrsg. von der OECD im April 1968.
17 The New York Times vom 6. Juli 1969.

Zu Kapitel III:

1 Watt, Germany, S. 118.
2 Näheres über die Hintergrunde bei Smith, Defense of Berlin, und bei Manders, Berlin.
3 Vgl. Merritt, Berlin Wall.
4 Lippmann, Western Unity, S. 32.
5 Eine ausgezeichnete Darstellung dieser Veränderungen liefert Hassner, German and European Reunification.
6 Zit. nach Brzezinski, Alternative to Partition, S. 95 (hier zit. nach der deutschen Ausgabe Alternative zur Teilung, Köln/Berlin 1966, S. 126).
7 Schröder, Germany Looks at Eastern Europe, S. 21.
8 Vgl. Der Spiegel, 26/1965, S. 26 und 19/1966, S. 47f.
9 Vgl. Der Spiegel, 19/1966, S. 41ff.; 20/1966, S. 23–34; 23/1966, S. 32 und 28/1966, S. 15f.; vgl. auch Wettig, SPD and SED. Möglicherweise wurden die Ostdeutschen auch von den Russen gebremst; vgl. dazu Engert, Interview mit Brandt.
10 Hassner, German and European Reunification, S. 15ff.; vgl. auch Schulz, Moskaus wichtigster Partner, und Tudyka, DDR im Kräftefeld, S. 16–27.
11 Zum Text der Friedensnote und einigen Stellungnahmen aus dem Ausland vgl. Europa-Archiv, 7/1966, S. 171–175 und 18/1966, S. 465.
12 Vgl. Wettig, Moskau und die Große Koalition. Eine ausgezeichnete Darstellung der sowjetischen Politik, in der die Bedeutung der deutschen Frage für die sowjetischen Vorschläge zur Rüstungskontrolle hervorgehoben wird, gibt Larson, Disarmament.

13 Liska, Europe Ascendant, S. 80.
14 Birnbaum, European Security, S. 196; vgl. auch Cornides, German Unification, und Der Spiegel, 19/1965, S. 27f.
15 Vgl. die zusammenfassenden Darstellungen der Ostpolitik der Großen Koalition vor der sowjetischen Invasion der Tschechoslowakei bei Kaiser, German Foreign Policy; Sommer, Bonns New Ostpolitik, und Richardson, Eastern Policy.
16 Brandt, Policy Toward the East, S. 481, vgl. auch S. 476.
17 Sommer, Bonns New Ostpolitik, S. 60; vgl. auch S. 70–78. Vgl. zu den Kontakten zwischen Bonn und Pankow: Bemühungen der Bundesregierung, und Schwarzkopf, Gewaltverzicht.
18 Vgl. Dokumente zu den Beziehungen, Sommer, Bonns New Ostpolitik, bes. S. 65ff., Der Spiegel, 6/1967, S. 17f., und Die Ergebnisse.
19 Vgl. Berner, Karlsbader Aktionsprogramm, und Birrenbach, Germany Re-enters.
20 Vgl. z.B. das Interview mit Herbert Wehner, Minister für gesamtdeutsche Fragen, in: Der Spiegel, 35/1968, S. 31f. und die Bemerkungen von Willy Brandt, zit. in: Die Zeit vom 18. Februar 1969, S. 7.
21 Vgl. die anregende Darstellung bei Stehle, Blockierte Ostpolitik; vgl. auch Griffith, Eastern Europe, bes. S. 22; vgl. über die Bedeutung Chinas für Westdeutschland Griffith, European Communism, bes. S. 23; Augstein, Neue Politik, bes. S. 20; Löwenthal, Der Einfluß Chinas; Studnitz, Bismarck in Bonn, S. 146, und Smith, Two Germanies and Two Chinas.
22 Ermarth, Internationalism, S. 121f.
23 Vgl. Görgey, Emerging Patterns; Levi, Les Relations Economiques; Erler, Future of Germany, S. 438; Fortune, Bd. LXXVI, Nr. 2 (August 1967), S. 72–77; The New York Times vom 3., 11. und 14. Februar 1967; Pritzel, Der Interzonenhandel, und Griffith, Eastern Europe.
24 Brzezinski, Alternative to Partition, S. 101 (hier zit. nach der deutschen Ausgabe Alternative zur Teilung, Köln/Berlin 1966, S. 133); Hassner, German and European Reunification, S. 15.
25 Schack, Zum nächsten Abschnitt, S. 88. Vgl. auch Hoesch, Verfassungsrechtliche Aspekte, bes. S. 128–130; Der Spiegel, 51/1967, S. 27–29, und den Vorschlag des Vorsitzenden des Komitees Unteilbares Deutschland, Wilhelm Wolfgang Schütz, in: Die Zeit vom 8. Dezember 1967, S. 9.
26 Der Begriff »Hinnahme ohne Anerkennung« ist zit. nach Richardson, Germany's Eastern Policy, S. 379.

Zu Kapitel IV:

1 Vgl. zu den Daten der Meinungsumfragen Neumann und Noelle, Antworten, S. 119–128, und Noelle, Auskunft über die Parteien, S. 28.
2 Haas, Uniting of Europe, S. 138.
3 Heidenheimer, Bonn Dispatch, S. 17.
4 News from Germany, Bd. XV, Nr. 7 (Juli 1966), S. 2.
5 News from Germany, Bd. XV und XVI, Nr. 12 und 1 (Dezember 1961 und Januar 1962) S. 1.
6 Dehler, Politik für Deutschland, S. 222.
7 News from Germany, Bd. XV und XVI, Nr. 12 und 1 (Dezember 1961 und Januar 1962), S. 2.

Zu Kapitel V:

1 Vgl. Ludz, Parteielite im Wandel.
2 Bender, New Policy, S. 81f.
3 Allemann, Changing Scene, S. 54.
4 Näheres zur österreichischen Koalitionsregelung bei Engelmann, Austria, und Secher, Interest Groups in Austrian Politics.
5 Allemann, Changing Scene, S. 58.
6 Herz, Grand Coalition, S. 227.
7 Vgl. Hartwick, Ein Jahr Große Koalition.
8 Kaiser, German Foreign Policy, S. 23.
9 a.a.O., S. 125f.
10 Zundel, Ende der Doktrin?, S. 6.
11 Eine fundierte Darstellung dieses Standpunkts findet sich bei Horner, Atomsperrvertrag.
12 Dahrendorf, After Twenty Years, S. 170; vgl. auch Loewenberg, Parliament, bes. S. 393–397.
13 Hassner, Change and Security, S. 13.

Bibliographie

Adenauer, Konrad, Erinnerungen, 4 Bde., Stuttgart 1965–1967.
Ailleret, Général d'Armée, »Directed Defense«, Survival, Feb. 1968, pp. 38–43.
Albrecht, Karl, »Die Reservewährungen, das Währungssystem und die Politik der EWG«, Europa-Archiv, 15/1968, pp. 543–556.
Allemann, Fritz R., »Bonns verschränkte Fronten: Parteiensystem und internationale Politik«, Der Monat, 35/209 (Feb. 1966), pp. 7–15.
–, »The Changing Scene in Germany«, The World Today, Feb. 1967, pp. 49–62.
–, Bonn ist nicht Weimar, Köln 1956.
–, Zwischen Stabilität und Krise: Etappen der deutschen Politik 1955–1963, München 1963.
Almond, Gabriel A. (ed.), The Struggle for Democracy in Germany, Chapel Hill, N. C.: University of North Carolina Press 1949.
Altmann, Rüdiger, Das Erbe Adenauers, Stuttgart 1960.
–, Das Deutsche Risiko: Außenpolitische Perspektiven, Stuttgart 1962.
Amme, Carl H., jr. NATO Without France, a Strategic Appraisal. Stanford, Calif.: Hoover Institution, 1967.
Apel, Hans, Spaltung: Deutschland zwischen Vernunft und Vernichtung, Berlin 1966.
Armand, Louis, Die europäische Antwort, Köln – Berlin 1969.
Arndt, Adolf, Der deutsche Staat als Rechtsproblem, Berlin 1960.
Aron, Raymond, The Great Debate. Garden City, N.Y.: Doubleday, 1965.
–, and Daniel Lerner, France Defeats the EDC. New York: Praeger, 1957.
Ashkenasi, Abraham, Reformpartei und Außenpolitik, Köln – Opladen 1968.
Augstein, Rudolf, Konrad Adenauer, London: Secker & Warburg, 1964.
–, »Wege zu einer neuen Politik«, Der Spiegel, 39/1965, pp. 18–25.

Bader, W. B., »Nuclear Weapons Sharing and ›The German Problem‹«, Foreign Affairs, July 1966, pp. 693–700.
Ball, George W., Disziplin der Macht, Frankfurt/M. 1968.
Baring, Arnulf, Außenpolitik in Adenauers Kanzlerdemokratie, München – Wien 1969.
–, Der 17. Juni 1953, Bonn: Bundesministerium für Gesamtdeutsche Fragen, 1957.
Barnet, Richard, and Raskin, Marcus G., After Twenty Years: Alternatives to the Cold War in Europe, New York 1965.
Barwick, Johannes, Die deutschen Trümpfe, Stuttgart 1958.
Barzel, Rainer, Gesichtspunkte eines Deutschen, Düsseldorf 1968.
Bathurst, M. E., and Simpson, J. L., Germany and the North Atlantic Community, London: Stevens 1956.
Baudissin, Wolf Graf von, »NATO-Strategie im Zeichen der Friedenserhaltung: Politische und militärische Überlegungen zur Strategie der ›flexiblen Reaktion‹«, Europa-Archiv, 17/1968, pp. 627–638.

Bauer, Karl, Deutsche Verteidigungspolitik 1948–1967, Boppard/Rhein 1968.
Baumann, Gerhard, Der Atomsperrvertrag, Pfaffenhofen/Ilm 1968.
Beaton Leonard, »Kernwaffen-Sperrvertrag und nationale Sicherheit«, Europa-Archiv, 1/1969, pp. 5–12.
Bell, Coral, The Debatable Alliance. New York: Oxford University Press, 1964.
Beloff, Nora, The General Says No, Baltimore, Md.: Penguin Books, 1964.
»Bemühungen der Bundesregierung um innerdeutsche Regelungen«, Europa-Archiv, 14/1967, pp. D325–330; 20/1967, pp. D472–478.
Bender, Peter, »In Search of a New Policy«, Survey, 61, Oct. 1966, pp. 80–92.
–, Offensive Entspannung: Möglichkeit für Deutschland, Köln 1964.
–, Zehn Gründe für die Anerkennung der DDR, Frankfurt/M. 1968.
–, 6 × Sicherheit. Befürchtungen in Osteuropa, Köln – Berlin 1970.
Benoit, Emile, Europe at Sixes and Sevens: The Common Market, the Free Trade Association, and the United States, New York: Columbia University Press, 1961.
Berner, Wolfgang, »Das Karlsbader Aktionsprogramm«, Europa-Archiv, 11/1967, pp. 393–400.
Besson, Waldemar, Die Außenpolitik der Bundesrepublik. Erfahrungen in Maßstäbe, München 1970.
–, Die großen Mächte: Strukturfragen der gegenwärtigen Weltpolitik. Freiburg: Rombach 1966.
Birnbaum, Immanuel, Entzweite Nachbarn: Deutsche Politik in Osteuropa, Frankfurt/M. 1968.
Birnbaum, Karl E., »Das westliche Bündnis und die europäische Sicherheit«, Europa-Archiv, 7/1968, pp. 225–234.
–, »Ways Towards European Security«, Survival, June 1968, pp. 193–199.
Birrenbach, Kurt, »Germany Re-enters the Arena«, The Reporter, May 16, 1968, pp. 9–13.
–, Die Zukunft der Atlantischen Gemeinschaft, Freiburg 1962.
Bluhm, Georg, Die Oder-Neiße-Linie in der deutschen Außenpolitik, Freiburg/Br. 1963.
Bluhm, Georg R., Detente and Military Relaxation in Europe, Adelphi Paper No. 40. London: Institute for Strategic Studies, Sept. 1967.
Blumenfeld, Erik, »Wege zu einer europäischen Friedensordnung«, Europa-Archiv, 3/1967, pp. 95–104.
Bölling, Klaus, Republic in Suspense: Politics, Parties, and Personalities in Postwar Germany, New York: Praeger, 1965.
Bortfeld, Hermann, Die deutsche Einheit als ethische Entscheidung, Frankfurt/M. 1962.
Bowie, Robert, Shaping the Future: Foreign Policy in an Age of Transition, New York 1964.
Bracher, Karl-Dietrich, Deutschland zwischen Demokratie und Diktatur, Bern 1964.
Brandt, Willy, The Ordeal of Co-Existence, Cambridge, Mass.: Harvard University Press, 1963.
–, Zum Atomsperrvertrag, Berlin 1969.
–, Außenpolitik, Deutschlandpolitik, Europapolitik. Berlin: Berlin Verlag, 1968.
–, »German Policy Toward the East«, Foreign Affairs, April 1968, pp. 476–486.
Braunthal, Gerald, The Federation of German Industry in Politics, Ithaca, N.Y.: Cornell University Press, 1965.
Brecht, Arnold, Wiedervereinigung – Drei Vorlesungen, München 1957.

Brentano, Heinrich von, Germany and Europe – Reflections on German Foreign Policy, New York: Praeger, 1964.
Brodie, Bernard, »How Not to Lead an Alliance«, The Reporter, Mar. 9, 1967, pp. 18–24.
Bromke, Adam, and Riekhoff, Harald von, Poland and West Germany – A Belated Detente?, Ottawa: School of International Affairs Carleton University, 1969.
Brzezinski, Zbigniew, The Soviet Bloc, Cambridge, Mass.: Harvard University Press, 1960.
–, Alternative to Partition: For a Broader Conception of America's Role in Europe, New York 1965.
–, Alternative to Partition. New York: McGraw-Hill, 1965.
–, »Moscow and the MLF: Hostility and Ambivalence«, Foreign Affairs, Oct. 1964, pp. 126–134.
–, »Toward a Community of the Developed Nations«, Department of State Bulletin, Mar. 13, 1967, pp. 414–420.
Buchan, Alastair, ed., A World of Nuclear Powers?, Englewood Cliffs, N.J.: Prentice-Hall, 1966.
Buchan, Alastair, and Philip Windsor, Arms and Stability in Europe, New York: Praeger, 1963.
Buchan, Alastair, Eine Welt von Nuklearmächten?, Berlin 1968.
–, NATO in the 1960's: The Implications of Interdependence, Nw York: Praeger, 1963.
Bürger, G. A., Die Legende von 1952, Celle 1959.
Byrnes, James F., Speaking Frankly, New York: Harper, 1947.

Calder, Nigel, Eskalation der neuen Waffen (»Modelle für eine neue Welt«), München – Wien – Basel 1969.
Calleo, David P., Europe's Future: The Grand Alternatives, New York: W. W. Norton, 1967.
Camps, Miriam, European Unification in the Sixties: From the Veto to the Crisis, New York: McGraw-Hill, 1966.
–, European Unification in the Sixties, from the Veto to the Crisis, London, Oxford University Press, 1967.
Castellan, Georges, DDR: Allemagne de l'Est, Paris: Seuil, 1955.
Centre d'Études de Politique Étrangère, Paris, »Modèles de sécurité européenne«, Politique Étrangère, 6/1967, pp. 519–541.
Chalmers, Douglas A., The Social Democratic Party of Germany, New Haven: Yale University Press, 1964.
Clay, Lucius D., Decision in Germany, Gerden City, N.Y.: Doubleday, 1950.
Cleveland, Harlan, »NATO After the Invasion«, Foreign Affairs, Jan. 1969, pp. 251–265.
Conant, James B., Federal Republic of Germany – Our New Ally, Minneapolis: University of Minnesota, 1957.
Cornides, Wilhelm, Die Weltmächte und Deutschland – Geschichte der jüngsten Vergangenheit, 1945–1955, Tübingen 1957.
–, »German Unification and the Power Balance«, Survey, 58, Jan. 1966, pp. 140–148.
Cottrell, Alvin J., and Dougherty, James, The Politics of the Atlantic Alliance, New York; Praeger, 1964

Craig, Gordon A., From Bismarck to Adenauer: Aspects of German Statecraft. Baltimore, Md.: The Johns Hopkins Press, 1958.
Croan, Melvin, »Party Politics and the Wall«, Survey, 61, Oct. 1966, pp. 38–46.
Czempiel, E.-O., »Der Primat der Auswärtigen Politik, Kritische Würdigung einer Staatsmaxime«, Politische Vierteljahresschrift, 9/1963, 266–287

Dahrendorf, Ralf, »Bonn After Twenty Years: Are Germany's Problems nearer Solution?«, The World Today, Apr. 1969, pp. 158–171.
–, Gesellschaft und Demokratie in Deutschland, München 1966.
Dallin, David J., Soviet Foreign Policy After Stalin, Philadelphia: J. B. Lippincott Co., 1961.
Dalma, Alfons, Hintergründe der Berlin-Krise, Karlsruhe 1962.
Dams, Theodor, Agrarpolitik in der EWG, München – Basel – Wien 1968.
»Declaration on the Strengthening of Peace and Security in Europe« by the Political Committee of the Warsaw Pact members, Bucharest, July 5, 1966. Bucharest: Agerpress, 1966, pp. 9–10.
Dehler, Thomas, »Politik für Deutschland«, in Hans-Adolf Jacobsen and Otto Stenzl, eds. Deutschland und die Welt. Munich: Deutscher Taschenbuch Verlag, 1964.
Delmar, Claude, »L'Affair Tchèchoslovaquie et la Logique Nucléaire«, Revue Politique et Parlementaire, Sept. 1968, pp. 5–8.
Deuerlein, Ernst, Die Einheit Deutschlands, Frankfurt/M. 1961.
Deutsch, Karl W., and Edinger, Lewis J., Germany Rejoins the Powers, Stanford, California: Stanford University Press, 1959.
Deutsch, Karl W., et al. Political Community and the North Atlantic Area, Princeton, N.J.: Princeton University Press, 1957.
Deutsch, Karl W., Lewis J. Edinger, Roy C. Macridis, and Richard L. Merritt, France, Germany, and the Western Alliance. New York: Scribner's, 1967.
»Die Ergebnisse der Tagung des Warschauer Pakts in Bukarest«, Europa-Archiv, 16/1966, pp. D413–424.
Dinerstein, Herbert S., War and the Soviet Union: Nuclear Weapons and the Revolution in Soviet Military and Political Thinking, New York: Praeger, 1962.
DIVO-Pressedienst (Frankfurt), Apr. 1 and Aug. 11, 1962.
»Dokumente zu den Beziehungen zwischen der Bundesrepublik Deutschland und Osteuropa«, Europa-Archiv, 5/1967, pp. D97–116; 6/1967, pp. D117–135; 8/1967, pp. D187–196; 18/1967, pp. D431–434; 5/1968, pp. D107–108.
Domes, Alfred (ed.), Die Politik des Westens und Osteuropa, Köln 1966.
–, Entspannung – Sicherheit – Frieden, Köln 1968.
Dönhoff, Marion Gräfin, Leonhardt, Rudolf Walter, Sommer, Theo, Reise in ein fernes Land – Bericht über Kultur, Wirtschaft und Politik der DDR, Hamburg 1964.
Dönhoff, Marion Gräfin, Die Deutsche Ostpolitik, Erlenbach – Zürich – Stuttgart 1969.
Dougherty, James E., »The Nonproliferation Treaty«, The Russian Review, Vol. XXV, No. 1 (Jan. 1966), pp. 10–23.
Duboff, Richard B., »The Decline of Economic Planning in France«, Western Political Quarterly, Mar. 1968, pp. 98–109.
Dulles, Eleanor Lansing, One Germany or Two – The Struggle at the Heart of Europe, Stanford, Calif.: Hoover Institution Press, 1970.

Eberlein, Ludwig, Experiment Berlin: Plädoyer für eine deutsche Konföderation, Köln 1967.
Edinger, Lewis J., Kurt Schumacher: A Study in Personality and Political Behavior, Stanford, California, Stanford University Press, 1965.
Ehmke, Horst, Perspektiven, Reinbek b. Hamburg 1969.
Emrich, Dieter, Das Verhältnis des Rechts der Europäischen Gemeinschaften zum Recht der Bundesrepublik Deutschland, Marburg 1969.
Engelmann, Frederick C., »Austria: The Pooling of Opposition«, in Robert A. Dahl, ed. Political Opposition in Western Democracies. New Haven: Yale University Press, 1966.
Engert, Jürgen, Interview with Willy Brandt, Christ und Welt, July 8, 1966.
Epstein, Klaus, Germany after Adenauer, New York, Foreign Policy Association, 1964.
Erdmenger, Klaus, Das folgenschwere Mißverständnis: Bonn und die sowjetische Deutschlandpolitik 1949–1955, Freiburg 1967.
Erfurt, Werner, Die sowjetrussische Deutschland-Politik, Eßlingen 1956.
Erler, Fritz, Ein Volk sucht seine Sicherheit, Frankfurt/M. 1961.
–, »The Alliance and the Future of Germany«, Foreign Affairs, Apr. 1965, pp. 436–446.
Ermarth, Fritz, »Die Diskussion über die sowjetische Verteidigungspolitik unter Breshnjew und Kossygin«, Europa-Archiv, 16/1967, pp. 571–584.
–, Internationalism, Security, and Legitimacy: The Challenge to Soviet Interests in East Europe, 1964–1968. Santa Monica, Calif.: RAND Corp. Memorandum RM-5909-PR, Mar. 1969.
Ernst, Fritz, Germans and Their Modern History, New York, Columbia University Press, 1966.
Eschenburg, Theodor, Die deutsche Frage: Verfassungsprobleme der Wiedervereinigung, München 1959

Faust, Fritz, Das Potsdamer Abkommen und seine völkerrechtliche Bedeutung, Frankfurt/M. 1964.
Feld, Werner, Reunification and West-German – Soviet Relations, The Hague, Nijhoff, 1963.
–, »External Relations of the Common Market and Group Leadership Attitudes in the Member States«, Orbis, 10, 2/1966, pp. 564–587.
Fischer, Fritz, Griff nach der Weltmacht, Düsseldorf 1962.
Fischer, Per, Die Saar zwischen Deutschland und Frankreich, Frankfurt/M., Metzner, 1959.
Fischerhof, Hans, Atomwaffensperrvertrag, Baden-Baden 1969.
Flach, Karl-Hermann, Erhards schwerer Weg, Stuttgart 1963.
Foster, William C., »New Directions in Arms Control and Disarmament«, Foreign Affairs, July 1965, pp. 587–601.
Frank, Isaiah, The European Common Market, An Analysis of Commercial Policy, New York: Praeger, 1964.
Frank, Lewis A., »ABM and Nonproliferation: Related Issues«, Orbis, 11, 1/1967, pp. 67–79.
Freund, G., Germany Between Two Worlds. New York: Harcourt, Brace, 1961.
Freymond, Jaques, The Saar Conflict, 1945–1955. New York: Praeger, 1960.
Furniss, Edgar S., jr., »De Gaulle's France and NATO: An Interpretation«, International Organization, 15, 3/1969, pp. 349–365.
–, France, Troubled Ally. New York 1960.

Gablentz, O. M. von der, Die Berlin-Frage in ihrer weltpolitischen Verflechtung 1944–1963, München 1963.
Garthoff, Raymond L., Soviet Military Policy: A Historical Analysis, New York, Praeger, 1966.
–, Soviet Strategy in the Nuclear Age, New York, Praeger, 1962.
Gasteyger, Curt, The American Dilemma: Bipolarity or Alliance Cohesion, Adelphi Paper No. 24. London: Institute for Strategic Studies, Jan. 1966.
–, Europe in the Seventies, Adelphi Paper No. 37, London: Institute for Strategic Studies, June 1967.
German Foreign Policy Association. »Alternativen für Europa: Modelle möglicher Entwicklungen in den siebziger Jahren«, Europa-Archiv, 23/1968, pp. 851–864.
Gniffke, Erich, Jahre mit Ulbricht, Köln 1966.
Golay, John F., Die Gründung der Bundesrepublik Deutschland, Chicago: University of Chicago Press, 1958.
Goodman, Elliot R., »De Gaulle's NATO Policy in Perspective«, Orbis, 10, 3/1966, pp. 690–723.
Görgey, Laszlo, »Emerging Patterns in West German-East European Relations«, Orbis, 10, 3/1966, pp. 911–929.
Gradl, Johann Baptist, u. a., Gibt es noch Wege zur Wiedervereinigung?, Hamburg 1960.
Grewe, Wilhelm G., Deutsche Außenpolitik der Nachkriegszeit, Stuttgart 1960.
Griffith, William E., Eastern Europe After the Soviet Invasion of Czechoslovakia. Santa Monica, Calif.: RAND Paper P3983, October 1968.
–, »European Communism, 1965«, in William E. Griffith, ed. Communism in Europe, Vol. 2, Cambridge, Mass.: M.I.T. Press, 1966.
Grosser, Alfred, The Colossus Again. New York: Praeger, 1955.
–, French Foreign Policy Under De Gaulle. Boston: Little, Brown, 1965.
–, »General de Gaulle and the Foreign Policy of the Fifth Republic«, International Affairs, 39/1963, pp. 198–213.
–, Die Bonner Demokratie, Düsseldorf 1960.
–, Deutschlandbilanz. Geschichte Deutschlands seit 1945, München 1970.
Guttenberg, Karl-Theodor, Freiherr von und zu, Wenn der Westen will: Plädoyer für eine mutige Politik, Stuttgart 1964.

Haas, Ernst B., The Uniting of Europe: Political, Social, and Economic Forces, 1950–1957, Stanford, Calif.: Stanford University Press, 1958.
Haas, Ernst B., Beyond the Nation-State. Stanford, Calif.: Stanford University Press, 1964.
–, The Uniting of Europe. Stanford, Calif.: Stanford University Press, 1958.
Haas, Wilhelm, Beiträge zur Geschichte der Entstehung des Auswärtigen Dienstes der Bundesrepublik Deutschland, Bonn 1969.
Hacker, Jens, Die Rechtslage Berlins – Die Wandlungen in der sowjetischen Rechtsauffassung, Bonn 1965.
–, Sowjetunion und DDR zum Potsdamer Abkommen, Köln 1968.
Hahn, Walter F., and Alvin J. Cottrell, »Ballistic Missile Defense and Soviet Strategy«, Orbis, 9, 2/1965, pp. 316–337.
Hallett, Graham, »Britain and the Future of Germany«, The Political Quarterly, 39, 3/1968, pp. 283–300.
Hangen, Welles, The Muted Revolution: East Germany's Challenge to Russia and the West, New York 1966.

Hanrieder, Wolfram F., »Actor Objectives and International Systems«, Journal of Politics, Feb. 1965, pp. 109–132.
–, »Compatibility and Consensus: A Proposal for the Conseptual Linkage of External and Internal Dimensions of Foreign Policy«, American Political Science Review, 61/4, Dec. 1967, pp. 971–982.
–, »German Reunification, 1949–1963« in Roy C. Macridis, ed. Modern European Governments: Cases in Comparative Policy Making. Englewood Cliffs, N.J.: Prentice-Hall, 1968.
–, »International and Comparative Politics: Toward a Synthesis?« World Politics, April 1968, pp. 480–493.
–, »The International System: Bipolar or Multibloc?«, Journal of Conflict Resolution, 9, 3/1965, pp. 299–308.
–, West German Foreign Policy, 1949–1963: International Pressure and Domestic Response. Stanford, Calif.: Stanford University Press, 1967.
Harcourt, Robert d', L'Allemagne d' Adenauer à Erhard, Paris: Flammarion, 1964.
Hartmann, Frederick H., Germany between East and West – The Reunification Problem, Englewood Cliffs, N.J.: Prentice-Hall, 1965.
Hartwick, Hans-Hermann, »Konturen einer neuen Politik, Ein Jahr Große Koalition«, Zeitschrift für Politik, XIV (1967), pp. 428–458.
Hassner, Pierre, Change and Security in Europe, Part I: The Background, Adelphi Paper No. 45, London: Institute for Strategic Studies, Feb. 1968.
–, »German and European Reunification: Two Problems or One?« Survey, 61, Oct. 1966, pp. 14–37.
Hauck, Christian W., Endlösung Deutschland, München 1963.
Healey, Denis, A Neutral Belt in Europe?, London: Fabian Society, 1958.
Heidenheimer, Arnold, »Bonn Dispatch: The German Opposition«, The New Republic, Oct. 25, 1954, p. 17.
Heinemann, Gustav, Verfehlte Deutschlandpolitik: Irreführung und Selbsttäuschung, Frankfurt/M. 1966.
Hepp, Marcel, Der Atomsperrvertrag, Stuttgart – Degerloch 1968.
Herz, John H., »The Formation of the Grand Coalition«, in James B. Christoph and Bernard E. Brown, eds. Cases in Comparative Politics. Boston: Little, Brown, 1968.
–, International Politics in the Atomic Age. New York: Columbia University Press, 1959.
Hinshaw, Randall, The European Community and American Trade, New York: Praeger, 1964.
Hiscocks, Richard, Democracy in Western Germany, London: Oxford University Press, 1957.
–, The Adenauer Era, Philadelphia: Lippincott, 1966.
Hoesch, Jan, »Verfassungsrechtliche Aspekte der Deutschland-Politik«, Europa-Archiv, 4/1967, pp. 125–134.
Horn, Harald, Die Berlin-Krise 1958/61. Zur Funktion der Krise in der internationalen Politik, Frankfurt 1970.
Horner, Franz, »Der Atomsperrvertrag – politischer Idealismus oder Realismus?« Politische Studien, 176, Nov./Dec. 1967, pp. 691–704.
Howe, Günther, Kriegsverhütung und Friedensstrukturen, Gütersloh 1968.
Hubatsch, Walther, Deutsche Einheit, geschichtlich betrachtet – Erinnerungen und Ausblicke, Hannover 1957.
–, Die Deutsche Frage, Würzburg 1961.

Humphrey, Don D., The United States and the Common Market. New York: Praeger, 1964.
Hunt, Kenneth, NATO Without France, The Military Implications, Adelphi Paper No. 32, London: Institute for Strategic Studies. Dec. 1966.
Hyland, W., and R. W. Shryock, The Fall of Khrushchev. New York: Funk and Wagnalls, 1968.

Ismay, Lord, NATO, The First Five Years, Bosch-Utrecht, n.d.

Jacobsen, Hans Adolf, und Stenzl, Otto (edts.), Deutschland und die Welt: Zur Außenpolitik der Bundesrepublik 1949–1963, München 1964.
Jaksch, Wenzel, Westeuropa – Osteuropa – Sowjetunion: Perspektiven in wirtschaftlicher Zusammenarbeit, Bonn 1965.
Jansen, Thomas, Abrüstung und Deutschland-Frage, Mainz 1968.
Jaspers, Karl, Freiheit und Wiedervereinigung, München 1960.
–, The Question of German Guilt, New York: Capricorn Books, 1961.
–, Wohin treibt die Bundesrepublik?, München 1966.

Kaiser, Karl, German Foreign Policy in Transition: Bonn Between East and West, London: Oxford University Press, 1968.
–, Die neue Abhängigkeit der atlantischen Staaten, in Europa-Archiv, XVII/23(1962), S. 000
Kaiser, Karl, und Morgan, Roger (Hgs.), Strukturwandlungen der Außenpolitik in Großbritannien und der Bundesrepublik, München – Wien 1970
»Karlovy Vary Declaration.« Issued by the Conference of European Communist Parties, Apr. 26, 1967. (Reprinted in Survival, July 1967, pp. 208–213)
Kaufmann, Erich, Deutschlands Rechtslage unter der Besatzung, Stuttgart 1948.
Keller, John W., Germany, The Wall, and Berlin – Internal Politics During an International Crisis, New York: Vantage, 1964.
Kiesinger, Kurt, and Willi Stoph, »Letters« in »Efforts of the Government of the Federal Republic of Germany towards intra-German detente.« Mimeographed. Published by the German Federal Foreign Office, Bonn, Federal Republic of Germany.
Kimminich, Otto, Völkerrecht im Atomzeitalter, Der Atomsperrvertrag und seine Folgen, Freiburg/Brsg. 1969.
Kirchheimer, Otto, »Germany: The Vanishing Opposition«, in Robert A. Dahl, ed. Political Opposition in Western Democracies. New Haven: Yale University Press, 1966.
Kissinger, Henry A., The Necessity for Choice, Garden City, N.Y.: Doubleday, 1962.
–, »The Unsolved Problems of European Defense«, Foreign Affairs, July 1962, pp. 515–541.
–, Was wird aus der westlichen Allianz?, Wien – Düsseldorf 1965.
–, Die Souveränität der Bundesrepublik, Hamburg 1970.
Kitzinger, U. W., The Politics and Economics of European Integration: Britain, Europe, and the United States, New York: Praeger, 1963.
Klefisch, Johannes W., Schluß mit Deutschland?, Köln 1963.
–, »Brauchen wir Atomwaffen?«, Frankfurter Hefte, 9/1968, pp. 611–620.
–, »Deutschland und die Strategie der siebziger Jahre«, Frankfurter Hefte, 8/1968, pp. 531–539.
Kleiman, Robert, Atlantic Crisis, New York: W. W. Norton & Co., 1964.

Kluth, Hans, Die KPD in der Bundesrepublik – Ihre politische Tätigkeit und Organisation 1945–1956, Köln 1959.
Koch, Thilo, Wohin des Wegs, Deutschland? Ein Wiedersehen, München 1965.
Kogon, Eugen, Die unvollendete Erneuerung: Deutschland im Kräftefeld, 1945–1963, Frankfurt/M. 1964.
»Komponenten der europäischen Sicherheit: Eine Studie des Polnischen Instituts für Internationale Beziehungen, Warschau«, Europa-Archiv, 13/1968, pp. 469–477.
Kopp, Fritz, Kurs auf ganz Deutschland? Die Deutschlandpolitik der SED, Stuttgart 1965.
Knorr, Klaus (ed.), NATO and American Security, Princeton, N.J.: Princeton University Press, 1959.
Kraft, Joseph, The Grand Design, New York: Harper & Row, 1962.
Krengel, Rolf, Die Bedeutung des Ost-West-Handels für die Ost-West-Beziehungen, Göttingen 1967.
Kronech, Friedrich J., »Politische Aspekte des Aufbaus eines amerikanischen Raketenabwehrsystems«, Europa-Archiv, 19/1967, pp. 697–702.
Kuby, Erich, Das ist des Deutschen Vaterland: 70 Millionen in zwei Wartesälen, Stuttgart 1957.
Kulski, W. W., De Gaulle and the World: The Foreign Policy of the Fifth French Republic, Syracuse, N.Y.: Syracuse University Press, 1966.

Landauer, Carl, Germany: Illusion and Dilemmas, New York: Harcourt, Brace and World, 1969.
Larson, Thomas B., Disarmament and Soviet Policy, 1964–1968, Englewood Cliffs, N.J.: Prentice-Hall, 1969.
Lehmbruch, Gerhard, »The Ambiguous Coalition in West Germany«, Government and Opposition, 3, 2/1968, pp. 181–204.
Lemberg, Eugen (ed.), Die Vertriebenen in Westdeutschland – Ihre Eingliederung und ihr Einfluß auf Gesellschaft, Wirtschaft, Politik und Geistesleben (3 Bde.), Kiel 1959.
Levi, Mario, »Les Relations Economiques entre l'Est et l'Ouest en Europe«, Politique Étrangère, 32/4–5, 1967, pp. 477–492.
Lichtheim, George, The New Europe, New York: Praeger, 1963.
Linden, C. A., Khrushchev and the Soviet Leadership, 1957–1964, Baltimore, Md.: The Johns Hopkins Press, 1966.
Lindberg, Leon, The Political Dynamics of European Economic Integration, Stanford, Calif.: Stanford University Press, 1963.
Lippmann, Walter, Western Unity and the Common Market, Boston: Little, Brown, 1962.
Liska, George, Europe Ascendant, Baltimore, Md.: The Johns Hopkins Press, 1964.
–, Nations in Alliance, Baltimore, Md.: The Johns Hopkins Press, 1962.
–, Imperial America: The International Politics of Primacy, Baltimore 1967.
Loewenberg, Gerhard, Parliament in the German Political System, Ithaca, N.Y.: Cornell University Press, 1966.
Löwenthal, Richard, »Der Einfluß Chinas auf die Entwicklung des Ost-West-Konflikts in Europa«, Europa-Archiv, 10/1967, pp. 339–350.
–, (ed.) Ist der Osten noch ein Block?, Stuttgart 1967.
Löwke, Udo F., Für den Fall, daß . . . Die Haltung der SPD zur Wehrfrage 1949–1953, Hannover 1969.

Löwenstein, Hubertus Prinz zu, und Zühlsdorff, Volkmar von, Deutschlands Schicksal, 1945–1957, Bonn 1957.
London, Kurt (ed.), East Europe in Transition, Baltimore, Maryland: The Johns Hopkins Press, 1966.
Long, Franklin A., »Strategic Balance and the ABM«, Bulletin of the Atomic Scientists, Dec. 1968.
Ludz, Peter Christian, Parteielite im Wandel: Funktionsaufbau, Sozialstruktur und Ideologie der SED-Führung, Köln 1967.
Luza, Radomir, The Transfer of the Sudeten Germans – A Study of Czech-German Relations, 1933–1962, New York: New York University Press, 1964.

Maclennan, Malcolm et al., Economic Planning and Policies in Britain and Germany, New York: Harcourt, Brace and World, 1969.
Majonica, Ernst, Deutsche Außenpolitik – Probleme und Entscheidungen, Stuttgart 1965.
–, Möglichkeiten und Grenzen der deutschen Außenpolitik, Stuttgart – Berlin – Köln – Mainz 1969.
Mander, John, Berlin: Hostage for the West, Baltimore: Penguin Books, 1962.
Mann, Golo, Verzicht oder Forderung? Die deutschen Ostgrenzen, Freiburg 1964.
Marienfeld, Wolfgang, Konferenzen über Deutschland – Die alliierte Deutschlandplanung und -politik 1941–1948, Hannover 1962.
Markert, Werner (ed.), Deutsch-Russische Beziehungen von Bismarck bis zur Gegenwart, Stuttgart 1964.
Martin, Laurence W., »Ballistic Missile Defense and Europe«, Bulletin of the Atomic Scientists, May 1967, pp. 42–46.
Marzian, Herbert, Zeittafel und Dokumente zur Oder-Neiße-Linie, Würzburg 1969.
McInnis, Edger, Hiscocks, Richard, Spencer, Robert, The Shaping of Postwar Germany, New York: Praeger, 1960.
McNamara, R. S., Die Sicherheit des Westens, Wien, München, Zürich 1969
Meier, Christian, Trauma deutscher Außenpolitik, Stuttgart – Degerloch 1968.
Meissner, Boris, Rußland, die Westmächte und Deutschland: Die sowjetische Deutschlandpolitik, 1943–1953, Hamburg 1953.
–, Die deutsche Ostpolitik 1961–1970. Kontinuität im Wandel, Köln 1970.
Mendershausen, Horst, Troop Stationing in Germany: Value and Cost, Santa Monica, Calif.: RAND Corp. Memorandum RM-5881-PR, Dec. 1968.
–, »West Germany's Defense Problem«, Current History, May 1968, pp. 268–274.
Merkl, Peter, Germany, Yesterday and Tomorrow, New York: Oxford University Press, 1965.
–, The Origin of the West German Republic, New York: Oxford University Press, 1963.
Merritt, Richard L., »A Transformed Crisis: The Berlin Wall«, in Roy C. Macridis, ed. Modern European Governments: Cases in Comparative Policy Making, Englewood Cliffs, N.J.: Prentice-Hall, 1968.
Möller, Alex, Währung und Außenpolitik, Hannover 1968.
Morgan, R. P., »The Scope of German Foreign Policy«, The Yearbook of World Affairs, 1966, pp. 78–105.
Morgenthau, Hans J. (ed.), Germany and the Future of Europe, Chicago: University of Chicago Press, 1951.

Morton, Louis, »The Anti-Ballistic Missile: Some Political and Strategic Considerations«, Virginia Quarterly Review, Winter 1966, pp. 28–42.
Mosely, Philip E., »The United States and the East-West Detente: The Range of Choice«, Journal of International Affairs, Vol. XXII, No. 1 (1968), pp. 5–15.
–, The Kremlin and World Politics, New York: Random House, 1960.
Moser, Hugo, Sprachliche Folgen der politischen Teilung Deutschlands, Düsseldorf 1962.

Nau, Ludwig, »Die Sicherheitspolitik der Bundesregierung, II«, Frankfurter Hefte, 2/1968, pp. 97–103.
–, »Neue militärische Überlegungen in der Bundesrepublik«, Frankfurter Hefte, 11/1968, pp. 743–746.
Nemitz, Manfred (ed.), Machtwechsel in Bonn, Gütersloh 1970.
Nerlich, Uwe, »Die nuklearen Dilemmas der Bundesrepublik Deutschland«, Europa-Archiv, 17/1965, pp. 637–652.
Neumann, Erich P., and Elisabeth Noelle, Antworten, Allensbach am Bodensee: Verlag für Demoskopie, 1954.
Newhouse, John, Collision in Brussels: The Common Market Crisis of 30 June 1965, New York 1967.
Noack, Paul, Deutschland von 1945 bis 1960 – Ein Abriß der Innen- und Außenpolitik, München 1960.
Noelle, Elisabeth, Auskunft über die Parteien, Ergebnisse der Umfrage-Forschung in Deutschland, Allensbach am Bodensee: Verlag für Demoskopie, 1955.

OECD Economic Surveys: France, OECD Publications, Paris, January 1968.
OECD Economic Surveys: Germany, OECD Publications, Paris, March 1967.
Orlik, I., and V. Razmerov, »European Security and Relations Between the Two Systems«, International Affairs (Moscow), May 1967, pp. 3–8.
Osgood, Robert E., NATO: The Entangling Alliance, Chicago: University of Chicago Press, 1962.
Osten, Walter, Die Außenpolitik der DDR, Opladen 1969.

Papcke, Sven Gustav, Anpassung oder Wiederstand? Gewerkschaft im autoritären Staat, Frankfurt/M. – Wiesbaden 1969.
Peck, Joachim, Die Völkerrechtssubjektivität der Deutschen Demokratischen Republik, (Ost) Berlin 1960.
Peckert, Joachim, Die großen und die kleinen Mächte: Möglichkeiten der Weltpolitik heute, Stuttgart 1961.
Pfaltzgraff, Robert L., jr., »Britain and the European Community: 1963–1967«, Orbis, 12, 1/1968, pp. 87–120.
Planck, Charles R., The Changing Status of German Reunification, West Diplomacy: 1955–1966, Baltimore 1967.
–, Sicherheit in Europa: Die Vorschläge für Rüstungsbeschränkung und Abrüstung 1955_1965, München 1968.
Pritzel, Konstantin, Die wirtschaftliche Integration der sowjetischen Besatzungszone Deutschlands in den Ostblock und ihre politischen Aspekte, Bonn 1962.
–, »Der Interzonenhandel«, Das Parlament, B 48/67, Nov. 29, 1967.
Prybyla, Jan S., »The French Economy: Down the Up Staircase and Into the Market«, Current History, Mar. 1968, pp. 135–142.

Ranger, Robert, »NATO's Reaction to Czechoslovakia: The Strategy of Ambiguous Response«, The World Today, Jan. 1969, pp. 19–26.
Rasch, Harold, Bonn und Moskau, Stuttgart - Degerloch 1969.
Remington, R. A., The Changing Soviet Perception of the Warsaw Pact, Cambridge, Mass.: MIT Center for International Studies, 1967.
Reuther, Helmut (ed.), Deutschlands Außenpolitik seit 1955, Stuttgart 1955.
Richardson, James L., Germany and the Atlantic Alliance, Cambridge, Mass.: Harvard University Press, 1966.
–, »Germany's Eastern Policy: Problems and Prospects«, The World Today, Sept. 1968, pp. 375–386.
–, Deutschland und die NATO. Strategie und Politik im Spannungsfeld zwischen Ost und West, Köln - Opladen 1967.
Richert, Ernst, Das zweite Deutschland – Ein Staat, der nicht sein darf, Gütersloh 1964.
–, Die neue Gesellschaft in Ost und West. Analyse einer lautlosen Revolution, Gütersloh 1968.
Ruhm von Oppen, Beate (ed.), Documents on Germany under Occupation, 1945–1954, London, OUP, 1958.

Schack, Alard von, »Zum nächsten Abschnitt deutscher Ostpolitik«, Außenpolitik, 19/2, Feb. 1968, pp. 81–89.
Scheuch, Erwin, Politische Strukturen der Bundesrepublik, München 1968.
Schilling, Jürgen, »Der Euro-Staat – Noch immer die richtige Alternative für die Bundesrepublik?«, Frankfurter Hefte, 4/1969, pp. 227–238.
Schlamm, William S., Germany and the East-West Crisis, New York: McKay, 1959.
Schlesinger, Arthur M., jr., Die tausend Tage Kennedys, München – Bern 1965.
–, A Thousand Days, Greenwich, Conn.: Fawcett Publications, Inc., 1967.
Schlüter, Hilmar Werner, Die Wiedervereinigung Deutschlands – Ein zeitgeschichtlicher Leitfaden, Bad Godesberg 1964.
Schmidt, Giselher, Hitlers und Maos Söhne, NPD und Neue Linke, Frankfurt/M. 1969.
Schmidt, Helmuth, Verteidigung oder Vergeltung, Stuttgart 1961.
–, Strategie des Gleichgewichts, Stuttgart 1969.
Schmidt, Robert H., Saarpolitik 1945–1957 – 3 Bde., Berlin 1959–1962.
Schmitt, Walter E., Krieg in Deutschland: Strategie und Taktik der sowjetrussischen Deutschlandpolitik seit 1945, Düsseldorf 1961.
Schollwer, Wolfgang, Deutschland- und Außenpolitik, Frankfurt/M. 1967.
Schröder, Gerhard, »Germany Looks at Eastern Europe«, Foreign Affairs, Oct. 1965, pp. 15–25.
Schulz, Eberhard, An Ulbricht führt kein Weg mehr vorbei: Provozierende Thesen zur deutschen Frage, Hamburg 1967.
Schulz, Hans-Dieter, »Moskaus wichtigster Partner: Die Stellung der ›DDR‹ im Ostblock«, Europa-Archiv, 21/1964, pp. 785–794.
Schulz, Klaus-Peter, Berlin zwischen Freiheit und Diktatur, Berlin 1962.
Schütz, Wilhelm-Wolfgang, Die Stunde Deutschlands – Wie kann Deutschland wiedervereinigt werden?, Stuttgart 1954.
–, Das Gesetz des Handelns – Zerrissenheit und Einheit unserer Welt, Frankfurt/M. 1958.
–, Schritte zur Wiedervereinigung, Göttingen 1959.
–, West-Ost-Politik, Göttingen 1963.

Schütz, Wilhelm-Wolfgang, Modelle der Deutschlandpolitik: Wege zu einer neuen Außenpolitik, Köln 1966.
–, Reform der Deutschlandpolitik, Köln 1966.
–, Deutschland-Memorandum: Eine Denkschrift und ihre Folgen, Frankfurt/M. 1968.
Schumacher, Kurt, »Die Staatsgewalt geht von den Besatzungsmächten aus.« SPD pamphlet, n.d.
Schuster, Rudolf, Deutschlands staatliche Existenz im Widerstreit politischer und rechtlicher Gesichtspunkte 1945–1963, München 1963.
Schwarz, Hans-Peter, Vom Reich zur Bundesrepublik, Deutschland im Widerstreit der außenpolitischen Konzeptionen in den Jahren der Besatzungsherrschaft 1945–1949, Neuwied – Berlin: Luchterhand, 1966.
Schwarzkopf, Dietrich, »Die Idee des Gewaltverzichts: Ein Element der neuen Ostpolitik der Bundesrepublik«, Europa-Archiv, 24/1967, pp. 893–900.
Secher, Herbert P., »›Representative Democracy‹ or ›Chamber State‹: The Ambiguous Role of Interest Groups in Austrian Politics«, Western Political Quarterly, XIII (1960), pp. 890–909.
Sedivy, Jaroslav, »European Co-operation, European Security«, Literarni Noviny, 25.11.67., translated in Czechoslovak Press Survey, Munich: RFE Research, 1967.
Sethe, Paul, Zwischen Bonn und Moskau, Frankfurt/M. 1956.
–, Öffnung nach Osten: Weltpolitische Realitäten zwischen Bonn, Paris und Moskau, Frankfurt/M. 1966.
Shanks, Michael, and Lambert, John, The Common Market Today – and Tomorrow, New York: Praeger, 1963.
Shell, Kurt L., Bedrohung und Bewährung: Führung und Bevölkerung in der Berliner Krise, Köln 1966.
Shub, Anatole, »Lessons of Czechoslovakia«, Foreign Affairs, Jan. 1969, pp. 267–280.
Shulman, Marshall, »Europe Versus ›Detente‹«, Foreign Affairs, Oct. 1965, pp. 389–402.
–, Beyond the Cold War, New Haven, Conn.: Yale University Press, 1965.
–, Stalin's Foreign Policy Reappraised, New York: Atheneum Publishers, 1965.
Siegler, Heinrich von, Kennedy oder de Gaulle? Probleme der Atlantik- und Europapolitik, Bonn 1963.
Smith, Jean Edward, The Defense of Berlin, Baltimore: The Johns Hopkins Press, 1963.
–, Germany beyond the Wall: People, Politics and Prosperity, Boston: Little, Brown, 1969.
–, »Two Germanies and Two Chinas«, The Reporter, May 19, 1966, pp. 36–38.
Snyder, Glenn H., Deterrence and Defense, Princeton, N.J.: Princeton University Press, 1961.
Sommer, Th., »Bonn Changes Course«, Foreign Affairs, 4/1967, 477–491.
–, »Bonn's New Ostpolitik«, Journal of International Affairs, Vol. XXII, No. 1 (1968), pp. 59–78.
–, »The Objectives of Germany« in Alastair Buchan, ed. A World of Nuclear Powers?, Englewood Cliffs, N.J.: Prentice-Hall, 1966.
–, (ed.) Denken an Deutschland: Zum Problem der Wiedervereinigung, Hamburg 1966.
Sonnemann, Ulrich, Das Land der unbegrenzten Zumutbarkeiten – Deutsche Reflexionen, Hamburg 1963

Spaak, Paul-Henri, Memoiren eines Europäers, Stuttgart 1969.
Speier, Hans, and Davison, Philips W. (ed.), West German Leadership and Foreign Policy, Evanston, Ill., Row, Peterson, 1957.
Speier, Hans, German Rearmament and Atomic War, Evanston, Ill., Row, Peterson, 1957.
–, Divided Berlin: The Anatomy of Soviet Political Blackmail, New York: Praeger, 1961.
Stahl, Walter, The Politics of Postwar Germany, New York: Praeger, 1963.
Starlinger, Wilhelm, Die Grenzen der Sowjetmacht, Kitzingen 1954.
–, Hinter Rußland China, Vols. I–III, Würzburg 1957.
Steel, Ronald, The End of Alliance: American and the Future of Europe, New York: Viking Press, 1962.
Stehle, Hansjakob, Nachbar Polen, Frankfurt/M. 1963.
–, »Die blockierte Ostpolitik: Wechselwirkungen zwischen Bonns Bemühungen und Prager Reformkurs«, Die Zeit, Dec. 10, 1968, p. 8.
Stern, Carola, Ulbricht. Eine politische Biographie, Köln 1964.
Stiftung die Welt (ed.), Die Jugend und die Wiedervereinigung, Frankfurt/M. 1963.
Stolper, Wolfgang F., und Roskamp, Karl W., The Structure of the East German Economy, Cambridge, Mass.: Harvard University Press, 1960.
Stoler, Wolfgang F., Germany between East and West, Washington, D.C.: National Planning Association, 1960.
Storbeck, Dietrich, Berlin: Bestand und Möglichkeiten, Köln 1964.
Strauß, Franz Josef, The Grand Design – A European Solution to German Reunification, New York: Praeger, 1966.
–, Herausforderung und Antwort; Ein Programm für Europa, Stuttgart 1969.
Strausz-Hupé, Robert, et al., Protacted Conflict, New York: Harper & Brothers, 1959.
Studnitz, Hans-Georg von, Bismarck in Bonn – Bemerkungen zur Außenpolitik, Stuttgart 1964.
Szaz, Zoltan Michael, Germany's Eastern Frontiers, Chicago: Regnery, 1960.

Thilenius, Richard, Die Teilung Deutschlands, Hamburg 1957.
Tudyka, Kurt P., »Die DDR im Kräftefeld des Ost-West-Konflikts«, Europa-Archiv, 1/1966, pp. 16–27.

Ulam, Adam, Expansion and Coexistence, New York: Praeger, 1968.
Ulbricht, Walter, Die Entwicklung des deutschen Volksdemokratischen Staates 1945–1958, (Ost) Berlin 1959.

Váli, Ferenc A., The Quest for a United Germany, Baltimore, 1967.

Wagner, Wolfgang, »Der Rückschlag der Bonner Politik in den arabischen Staaten«, Europa-Archiv, 20/1965, pp. 359–370.
–, Die Entstehung der Oder-Neiße-Linie, Stuttgart: Brentano, 1953.
Wallich, Henry C., Mainsprings of the German Revival, New Haven: Yale University Press, 1955.
Warsaw Pact Political Committee, »Declaration on the Strengthening of Peace and Security in Europe«, Bucharest: Agerpress, 1966.
Watt, Donald, »Germany«, in Evan Luard, ed. The Cold War: A Reappraisal, New York: Praeger, 1964.

Wettig, Gerhard, »Der Dialog zwischen SPD und SED in der kommunistischen Deutschland-Politik«, Das Parlament, B 9/67, Mar. 1, 1967.
–, »Die europäische Sicherheit in der Politik des Ostblocks, 1966«, Osteuropa, No. 2–3 (1967), pp. 106–111.
–, Entmilitarisierung und Wiederbewaffnung in Deutschland, 1943–1955, Munich: Oldenbourg, 1967.
–, »Moskau und die Große Koalition in Bonn«, Das Parlament, B 10/68, Mar. 6, 1968.
–, »Soviet Policy on the Nonproliferation of Nuclear Weapons, 1966–1968«, Orbis, 12, 4/1969, pp. 1058–1084.
White, Theodore H., Fire in the Ashes: Europe in Mid-Century, New York: William Sloane Associates, 1953.
Wiesner, Jerome B., »The Cold War Is Dead, But the Arms Race Rumbles On«, Bulletin of the Atomic Scientists, June 1967, pp. 6–9.
Wildenmann, Rudolf, Macht und Konsens als Problem der Innen- und Außenpolitik, Frankfurt/M.: Athenäum Verlag, 1963.
Willis, F. Roy, France, Germany, and the New Europe, 1945–1967, Stanford, Calif.: Stanford University Press, 1968.
–, The French in Germany, 1945–1949, Stanford, Calif.: Stanford University Press, 1962.
Willrich, Mason, »West Germany's Pledge Not to Manufacture Nuclear Weapons«, Virginia Journal of International Law, Vol. VII, No. 1 (Dec. 1966), pp. 91–100.
Windsor, Philip, City on Leave, A History of Berlin, 1945–62, New York 1963.
Wiskemann, Elizabeth, Germany's Eastern Neighbours, London: Oxford University Press, 1956.
Witte, Barthold, Was ist des Deutschen Vaterland?, Mainz 1968.
Wolfe, James, Indivisible Germany: Illusion or Reality, The Hague: Nyhoff, 1963.
Wolfe, T. W., Soviet Power and Europe: The Evolution of a Political-Military Posture, 1945–1964, Santa Monica, Calif.: RAND Corp. Memorandum RM-5838-PR, Nov. 1968.
Wolfers, Arnold, Germany: Protectorate or Ally, New Haven, Conn.: Yale University Press, 1950.
–, Discord and Collaboration, Baltimore 1962.

Younger, Kenneth, Changing Perspectives in British Foreign Policy, London: OUP, 1964.

Zink, Harold, American Military Government in Germany, New York: Macmillan, 1947.
–, The United States in Germany, 1944–1955, Princeton, N.J.: Van Nostrand, 1957.
Zivier, Ernst R., Die Nichtanerkennung im modernen Völkerrecht, Berlin 1969.
Zundel, Rolf, »Das Ende der Doktrin?«, Die Zeit, June 10, 1969, p. 6.

Studienbücher zur auswärtigen und internationalen Politik

Herausgegeben von Ernst-Otto Czempiel und Gilbert Ziebura

Band 1
Wolfram F. Hanrieder
Die stabile Krise
Ziele und Entscheidungen der bundesrepublikanischen Außenpolitik 1949—1969

Band 2
Abraham Ashkenasi / Peter W. Schulze
Karl W. Deutsch: Nation und internationale Umwelt

Band 3
Gerhard Kiersch / Gilbert Ziebura
Einführung in die Außenpolitik Frankreichs seit 1944

Band 4
Gerd Junne
Spieltheorie und internationale Politik

Bertelsmann Universitätsverlag